Klaus-Rüdiger Mai

Der kurze Sommer der Freiheit

Klaus-Rüdiger Mai

Der kurze Sommer der Freiheit

Wie aus der DDR eine Diktatur wurde

FREIBURG · BASEL · WIEN

Gefördert mit Mitteln der Bundesstiftung zur Aufarbeitung der SED-Diktatur.

BUNDESSTIFTUNG AUFARBEITUNG

Verlag Herder GmbH, Freiburg im Breisgau 2023
Alle Rechte vorbehalten
www.herder.de

Satz: ZeroSoft, Timişoara
Herstellung: GGP Media GmbH, Pößneck
Printed in Germany

Abb. S. 10, 62 und 149: Mit freundlicher Genehmigung des Universitätsarchivs Leipzig

ISBN (Print): 978-3-451-39463-8
ISBN (EPUB): 978-3-451-83002-0

Inhaltsverzeichnis

Prolog
Zweierlei Arten des Erinnerns: Sophie Scholl und
Herbert Belter 7

I. Die Hoffnung auf Freiheit:
Jugend zwischen den Diktaturen 15
Der verführerische Charme der Utopie 15
Aufbruch an den Universitäten? 26

II. Das Gefühl der Freiheit:
Der Klassenkampf gegen die Demokratie 37
Luise Langendorf: Der Terror beginnt 37
Die „Gruppe Gallus": Wie sowjetische Militärgerichte
Spione produzieren 49
Werner Ihmels: Das Ende christlicher Jugendarbeit 58
Wolfgang Natonek: Die Befreiung von den Schatten des
Nationalsozialismus 65
Die bürgerlichen Parteien im Visier der Kommunisten ... 71
Die Manipulation der freien Wahlen 82
Der „Sturm auf die Wissenschaft" beginnt 88
Auf dem Weg in die Teilung 97
Die Gleichschaltung der Universitäten 104
Die Entscheidung der Machtfrage 110
Das Zusammenspiel von SED und sowjetischer
Staatssicherheit 124

III. Nach der Freiheit:
Das Beispiel der „Belter-Gruppe" 137
Die Vollendung der Diktatur 137
Der verschwundene Sohn 145

Die Mitglieder der „Belter-Gruppe" 154
Ankunft an der Universität 195
Wie die „Gruppe" sich findet 203
Die Verhaftungen 220
Die Verhöre...................................... 228
Der Prozess 249
Das Verschwinden................................ 266
Tod 273
Sowjetische Panzer garantieren die Diktatur 277

Epilog
Nur die Spitze des Eisberges:
Widerstand und Tod in der frühen DDR................ 291

Anhang 297
Danksagung 297
Quellen und Siglen 299
Verzeichnis der benutzten Literatur 299
Anmerkungen 305

Prolog
Zweierlei Arten des Erinnerns:
Sophie Scholl und Herbert Belter

Zu Recht bekannt und Teil unserer Erinnerungskultur ist die mutige Tat und das Schicksal der Studentin Sophie Scholl. Doch wer kennt Herbert Belter?

Herbert Belter aus Rostock war 20 Jahre alt, als er 1949 das Studium der Volkswirtschaft an der Gesellschaftswissenschaftlichen Fakultät (Gewifa) in Leipzig aufnahm. Sophie Scholl aus Ulm hatte gerade ihren 21. Geburtstag gefeiert, als sie in München 1942 begann, Biologie und Philosophie zu studieren. 21 Jahre zählte Sophie Scholl, als die Nationalsozialisten sie am 22. Februar 1943 in München durch das Fallbeil ermordeten. So alt war auch Herbert Belter, als die Kommunisten ihn am 28. April 1951 in Moskau durch Genickschuss hinrichteten. Wir wissen von Sophie Scholls Mut und Unerschrockenheit, wie sie unbeirrt in den Tod ging. Am Morgen vor dem Prozess im Münchener Justizpalast in der Prielmayerstraße unter dem Vorsitz des berüchtigten Präsidenten des Volksgerichtshofes Roland Freisler, der eigens aus Berlin nach München angereist kam – im Grunde ein Psychopath –, um selbst das Todesurteil über Sophie Scholl, Hans Scholl und Christoph Probst zu fällen, erzählte sie ihrer Zellenmitbewohnerin Else Gebel den Traum, den sie in der Nacht zuvor gehabt hatte. Im Traum brachte Sophie an einem schönen Sommertag ein Kind im weißen Kleid zur Taufe. Zur Kirche musste sie einen steilen Berg hinaufgehen, doch trug sie das Kind sicher in ihrem Arm. Plötzlich jedoch

Prolog: Zweierlei Arten des Erinnerns: Sophie Scholl und Herbert Belter

öffnete sich eine Gletscherspalte. Das Kind vermochte sie noch auf die sichere Seite zu legen, bevor sie in die Tiefe stürzte. Für Else Gebel legte Sophie den Traum so aus: Das Kind sei ihre Idee, die sich am Ende durchsetzen werde, auch wenn sie, die Wegbereiter, es nicht mehr erleben, sondern vorher sterben würden. Diese Idee bestand in der Freiheit der Bürger und der Ablehnung von Diktatur und Gesinnungszwang.

Das Vorletzte, was wir von Herbert Belter wissen, ist die Beschreibung eines Bildes, das sich seinen Mitverurteilten eingeprägt hat. Die Mitglieder der sogenannten Belter-Gruppe waren zu 25 bzw. zehn Jahren Arbeitslager verurteilt worden und befanden sich auf dem Weg nach Workuta. Herbert Belter hatten die Schergen des sowjetischen Staatssicherheitsdienstes von seinen Kommilitonen getrennt. Im weißrussischen Brest sahen die Gefährten Herbert Belter, den seine Bewacher über die Gleise führten, die Augen verbunden, als ginge es schon zur Erschießung und nicht zum Zug nach Moskau, zum letzten Mal. Ein erbarmungswürdiges Bild, ein Bild voller Einsamkeit, ein Bild der Verlorenheit. Das Letzte, was man von Herbert Belter weiß, ist, dass er am 28. April 1951 im Keller des Butyrka-Gefängnisses wahrscheinlich von einem der blutrünstigsten Henker Stalins, dem berüchtigten Wassili Blochin, auch ein Psychopath, per Genickschuss ermordet wurde.

Die Eltern kamen zu Sophie Scholls Beerdigung, noch heute kann man ihr Grab, das ihres Bruders sowie Christoph Probsts letzte Ruhestätte auf dem neben der Justizvollzugsanstalt Stadelheim gelegenen Friedhof am Perlacher Forst aufsuchen. Jahrelang schrieben die Eltern von Herbert Belter Briefe an die Behörden der DDR, den Ministerpräsidenten und den Präsidenten der DDR, um etwas über den Verbleib ihres Sohnes, der plötzlich verschwand, zu erfahren. Nichts hörten sie von der Hinrichtung ihres Sohnes, nie standen sie an seinem Grab. Es existiert auch kein Grab. Nach der Hinrichtung wurde sein Leichnam im Krematorium des angrenzenden Friedhofes Donskoje verbrannt und dann in einem Massengrab verscharrt, das die Asche von über

Prolog: Zweierlei Arten des Erinnerns: Sophie Scholl und Herbert Belter

800 Deutschen birgt, die seit Kriegsende nach Moskau verschleppt und dort ermordet worden waren. Herbert Belters Prozess fand unter Ausschluss der Öffentlichkeit in einem Keller am Hauptsitz der sowjetischen Staatssicherheit in Dresden in der Bautzener Straße statt. Ausdrücklich heißt es im Protokoll des Prozesses, dass die Verhandlung als „geschlossene Gerichtssitzung [...] ohne Teilnahme der Staatsanwaltschaft und der Verteidigung"[1] stattfindet.

Im Februar kam Herbert Belter in Moskau an, wurde in eine Todeszelle gesperrt, bis er zwei Monate später tief in der Nacht in den Keller geführt und erschossen wurde.

Niemand weiß von der Einsamkeit der letzten beiden Monate, von der Erschütterung, der Hoffnung vielleicht, niemand weiß, was Herbert Belter, ein junger Mann von 21 Jahren, in seinen letzten beiden Monaten durchgemacht hat. Keine Quelle wird je darüber Auskunft geben, kein Augenzeuge berichten. Vielleicht werden in einer Zeit nach Putin, in einer Zeit, in der Russland, wie zu hoffen steht, die Freiheit erlebt, die Archive sich wieder öffnen. Vielleicht wird doch noch ein Schriftstück auftauchen, das Auskunft über die letzten Tage dieses allzu kurzen Lebens gibt.

Es scheint so zu sein, dass diejenigen, die gegen das nationalsozialistische Regime Widerstand geleistet haben, ganz anders in unserer Erinnerungskultur beheimatet sind als diejenigen, die sich gegen den Kommunismus stellten und dafür ebenfalls mit dem Leben oder langen Haftstrafen bezahlten. Messen wir die beiden deutschen Diktaturen in unserer Erinnerungskultur mit unterschiedlichem Maß? Konkreter gefragt, gewichten wir die Opfer der beiden Diktaturen unterschiedlich? Ist es bestimmten politischen Kräften gelungen, die kommunistische Diktatur, den linken Totalitarismus im Zuge der Bereinigung ihres politischen Erbes zu verharmlosen? Doch wie kann man diese Frage beantworten, wenn sie sich aus dem einfachen Grund nicht stellt, weil man nichts von Herbert Belter weiß? Bevor also gefragt werden kann, ob und wie man an Herbert Belter erinnern kann, müssen wir uns vergegenwärtigen, wer er, wer Werner Ihmels, wer Wolfgang Natonek war.

Prolog: Zweierlei Arten des Erinnerns: Sophie Scholl und Herbert Belter

Das einzige Bild von Herbert Belter

In „1984", dem Roman, den die Studenten der sogenannten Belter-Gruppe als Tarndruck verteilt hatten, schrieb George Orwell: „Die Menschen verschwanden einfach, immer mitten in der Nacht. Der Name wurde aus den Listen gestrichen, jede Aufzeichnung von allem, was einer je getan hatte, wurde vernichtet; dass man jemals gelebt hatte, wurde geleugnet und dann vergessen. Man war ausgelöscht, zu Nichts geworden; man wurde vaporisiert, wie das gebräuchlichste Wort dafür lautete."[2]

George Orwell schildert in dem Roman, wie wichtig es für totalitäre Machthaber ist, die Geschichte auszulöschen und die Vergangenheit umzuschreiben. In ihren Geschichtskonstruktionen stören wirkliche Menschen, weil die Wirklichkeit stört. Um ihre neuen Utopien unters Volk zu bringen, eine große Transformation ins Werk zu setzen, müssen die Verbrechen, die bei der Umsetzung dieser Utopien begangen wurden, in Vergessenheit

Prolog: Zweierlei Arten des Erinnerns: Sophie Scholl und Herbert Belter

gebracht werden. Als man in der DDR die Verbrechen Stalins und seiner Partei nicht mehr totschweigen konnte, trennte man Stalin von dieser Partei, lud bei ihm alle Schuld ab und fand für die Opfer des Kommunismus den Begriff der Gestehungskosten des Fortschritts. Weil Diktaturen und totalitäre Machthaber mit dem Mittel der *damnatio memoriae*, mit der Auslöschung der Erinnerung an Menschen zum Zwecke der Auslöschung und des Umschreibens von Geschichte arbeiten, ist es so wichtig, ihren Opfern ihre Geschichte und damit auch ihre Würde zurückzugeben. Doch es geht nicht nur um sie. Es geht auch um uns. Friedrich Hans Eberle, der Vater einer der zehn jungen Männer, die im Januar 1951 in jenem Keller im sächsischen Hauptsitz des sowjetischen Staatssicherheitsdienstes verurteilt wurden, schrieb über die Zeit, als die Nationalsozialisten an die Macht kamen: „Was hätte ich denn tun können? Das hätte man am Anfang vielleicht verhindern können und da hat niemand gewusst, wo das alles hinführt." Seinem Sohn wurden diese Worte zur Mahnung, als in der Sowjetischen Besatzungszone (SBZ) und der jungen DDR wieder eine Diktatur etabliert wurde.

Darin besteht die große Aufgabe und der Sinn von Erinnerungskultur: den Opfern ihre Würde und ihre Geschichte zurückgeben, damit die Späteren dafür sensibilisiert werden können, „wo das alles hinführt" oder hinführen kann. Was wir erinnern wollen, ist, wo sich Menschen als Menschen verhalten haben und wo nicht, und was Freiheit und Demokratie kosten. Damit ist zugleich gesagt, dass eine abstrakte Erinnerungskultur eine *contradictio in adjecto* ist, sie darf kein Alibi oder eine akademische Eitelkeit sein, sondern muss konkret, muss biografisch präzise vorgehen, wenn sie eine Kultur des Erinnerns sein will und nicht nur Fundus für wohlfeile Sonntagsreden. Ihr Gegenstand sind Menschen, deren Lebensgeschichte sie zu erzählen hat, Menschen wie Sophie Scholl und Herbert Belter. Aber erst dann, wenn Herbert Belter so bekannt ist wie Sophie Scholl, können wir wirklich in Deutschland von einer vollständigen Erinnerungskultur reden.

Prolog: Zweierlei Arten des Erinnerns: Sophie Scholl und Herbert Belter

Herbert Belter war kein „Rechter". Er gehörte sogar der SED an – und dennoch empörte ihn, dass die angekündigten Wahlen von 1949, die gleich nach der Gründung der DDR stattfinden sollten, auf das Jahr 1950 verschoben wurden, um sie dann als sogenannte Blockwahl abzuhalten, die als reine Farce stattfand.

Sophie Scholl war keine „Linke". Gegen die Diktatur der Nationalsozialisten leistete sie Widerstand, weil sie es als ihre Pflicht als Mensch und als Christin ansah. Weil sie nicht links war, stufte sie ein linker Autor aus kommunistischem DDR-Adel als „ideologisch fragwürdig" ein.[3] So beginnen linke Diktaturen, indem Menschen als ideologisch zuverlässig oder „fragwürdig" markiert werden.

Das Buch wird Geschichten von Menschen erzählen und ihr Leben in den Mittelpunkt stellen, um jene Geschichtskonstruktionen zu vermeiden, die vorschnell versuchen, dem Ganzen einen Sinn zu verleihen, der nicht selten von einem ideologischen Interesse getrieben wird. Dem gelebten Leben werde ich nachgehen – auch und vor allem mithilfe persönlicher Zeugnisse und bisher wenig, kaum oder gar nicht ausgewerteter Quellen aus deutschen und russischen Archiven.

Die Frage, wie die DDR eine Diktatur wurde, lässt sich durch den Verweis auf die Konferenzen von Jalta und Potsdam erklären, und durch die Eroberung aller Institutionen in der Sowjetischen Besatzungszone durch die KPD – ab 1946 SED –, gestützt auf die Militärmacht der Panzer und die Terrormacht des sowjetischen Staatssicherheitsdienstes – beides wurde oft genug unternommen. So notierte der Leipziger Theologiestudent Werner Ihmels (Jahrgang 1926) ein halbes Jahr vor Churchills Rede in Fulton, in der dieser den „Eisernen Vorhang" in Europa konstatierte, am 22. September 1945 in sein Tagebuch: „Wir erleben heute in sechs Monaten die gleiche Entwicklung wie in den letzten zwölf Jahren. Stehen wir dann vor dem gleichen Ergebnis? – Die ersten Verhaftungen sind auch schon da."[4] Er fühlt sich ohnmächtig – und verfolgt dennoch

Prolog: Zweierlei Arten des Erinnerns: Sophie Scholl und Herbert Belter

weiter sein Ziel, das, wie er seinem Bruder am 30. März 1945 aus der amerikanischen Gefangenschaft in Meißen schrieb, in einer christlichen Jugend besteht: „Wir wollen eine deutsche Jugend unter Christus sein."[5]

Warum leisteten Menschen Widerstand in einem ungleichen Kampf, den sie nicht gewinnen konnten? Dieser Frage geht das Buch nach. Und warum wissen wir so wenig darüber, obwohl doch der Anschein besteht, dass wir darüber gut informiert seien? Denn man kann nicht behaupten, dass die Geschichte der SBZ und der DDR wenig erforscht sei, eher im Gegenteil. Trotzdem besitzen diese Geschichten als Teil der jüngsten Geschichte in der breiten Öffentlichkeit nicht die Bekanntheit, die ihnen eigentlich zukommen müsste.

I. Die Hoffnung auf Freiheit: Jugend zwischen den Diktaturen

„Wir leben alle ohne Ziel und wissen kaum noch, was zu hoffen. Die fortschreitende Ausplünderung wird kaum viel Möglichkeiten des Aufbaus lassen. Die Kommune wird uns den Rest nehmen – Elend! Und dabei herrscht ein grauenvoller Egoismus überall. Unvorstellbares Flüchtlingselend. Alles, was der 30jährige Krieg mit sich brachte, ist gar nichts mehr. Werden spätere Generationen noch erschauern, wenn sie davon lesen? 6 Kriegsjahre haben uns demoralisiert, sonst müsste mehr Kraft und Würde des Ertragens erkennbar sein. Wir hoffen zu viel von den andern! Freilich ist die kommunistische Führung ja völlig unfähig."

Prof. Dr. Ludwig Lendle, Tagebucheintrag vom 31. August 1945

Der verführerische Charme der Utopie

Im Sommer 1945 gestattet die sowjetische Verwaltung der sowjetischen Besatzungszone, die den Namen Sowjetische Militäradministration in Deutschland (SMAD) trägt, die Bildung von Antifaschistischen Jugendausschüssen, aus denen sich eine freiheitliche, überparteiliche Jugendorganisation bilden soll. Konfessionelle oder parteiliche Jugendverbände werden nicht erlaubt. Im zentralen Antifaschistischen Jugendausschusses („Antifa-Jugend") einigen sich die Kommunisten mit den Sozialdemokraten auf eine paritätische Besetzung des Zentral-Ausschusses. Am 30. August

I. Die Hoffnung auf Freiheit: Jugend zwischen den Diktaturen

1945 hält Werner Ihmels, der sich in der christlichen Jugendarbeit engagiert, fest, dass die Arbeit in den Antifaschistischen Jugendausschüssen begonnen habe. Da die SMAD den Parteien eigene Jugendorganisationen verboten hat, dafür aber die Bildung einer überparteilichen Organisation als Vertreterin der Belange der Jugend fördert, bleibt Werner Ihmels nur übrig, in den Jugendausschüssen mitzuarbeiten, wenn er Jugendarbeit leisten will. Er macht sich keine Illusionen darüber, dass die „Überparteilichkeit" von den Kommunisten nicht ernst gemeint ist, und es nur um die blanke Macht geht, darum, zu verhindern, dass starke bürgerliche Jugendorganisationen und Bünde entstehen, die tief in die Tradition kirchlicher Jugendarbeit zurückreichen. Gerade die Bekennende Kirche in Sachsen hatte während der nationalsozialistischen Diktatur gute Erfahrungen damit gemacht, die Jugendarbeit weit in das Innere der Kirche zu verlegen, in Bibellesekreise, in denen christliche und antifaschistische Bildungsarbeit erfolgen konnte, und wo sie vor dem Zugriff der Nationalsozialisten gesichert wurde. Werner Ihmels, Enkel des früheren Bischofs der sächsischen lutherischen Kirche, der in Leipzig im Bibelkreis gegen die nationalsozialistische Weltanschauung opponiert hatte, unterschätzt die kommunistische Strategie nicht, unter dem Deckmantel der Überparteilichkeit Parteiarbeit zu betreiben. Doch will er den Kommunisten die Jugendausschüsse nicht kampflos überlassen, zumal sie die einzige legale Möglichkeit für die Jugend bieten, politisch tätig zu werden.

Sowohl die Sowjets als auch die deutschen Kommunisten legen auf „die Jugend" großen Wert. Sie steht für das zu errichtende Neue. Natürlich ist die „Jugend", wie immer, wenn sie propagandistisch oder medial in den Mittelpunkt gestellt wird, eine Projektion. Der kleine Teil der Heranwachsenden, der für die eigenen ideologischen Belange instrumentalisierbar ist, wird zur Jugend schlechthin erklärt. Die Argumentation der Kommunisten zielt darauf, dass die Eltern die Katastrophe des Nationalsozialismus zu verantworten hätten, sie folglich die Schuld am Zusammenbruch Deutschlands trügen, und es deshalb nun auf die Jugend ankäme, die es besser, die es anders machen werde. Dass für das Neue zu sein, nach ihrer Auffassung nur bedeuten kann, für den Kommunismus zu kämpfen, verschweigen sie – noch. Allgemeine sozialistische Gedanken sind in diesen Jahren bis in die CDU hinein en vogue.

So entschließt sich Werner Ihmels, die einzige Chance, die sich ihm und anderen engagierten jungen Menschen bietet, zu nutzen: „Antifaschist bin ich in des Wortes eigentlicher Prägung. Mehr nicht. Die Demokratie halte ich, bei richtiger Durchführung, für die vernünftigste Regierungsform. Doch mit all dem Gefasel vom Kommunismus und Weltverbrüderung möchte ich nichts zu tun haben. Ich bin im Ausschuss als Christ mit politischer Verantwortung, weil ich mein Volk und mein Vaterland, an dem man oft verzweifeln könnte, trotz allem liebe! Ich bin überzeugt, dass nur noch Umkehr, innere Umkehr unser Volk retten kann. Nichts sonst. Da nützen keine Beschlüsse, Parteien, Programme, Erziehungsmaßnahmen: Ein Volk ohne Gott ist tot [...] Den Alten ist es oft genug gesagt, die wollen nicht mehr. Die Jugend ist aufgewachsen, ohne von Christus zu hören. Sie muss sich jetzt entscheiden. Gott gebe, dass sie sich recht entscheide."[1]

Am 6. März 1946 genehmigt die SMAD die Gründung der FDJ, am 7. März wird die Einheitsjugendorganisation gegründet.

Anfangs hatte Werner Ihmels wie viele andere auch in den Antifaschistischen Jugendausschüssen und etwas später in der FDJ mitgearbeitet, um für eine Pluralität in der Einheitsorganisation der Jugend zu kämpfen. Am Ende sah er ein, dass der Kampf verloren war, und riet den jungen Christen, mit denen er Umgang pflegte, aus der FDJ auszutreten. Das Argument der KPD und der Sowjetischen Militäradministration für die Einheitsjugend bestand darin, dass man die Jugend nicht spalten wollte, indem die Parteien eigene Jugendorganisationen aufbauten, sondern in einer überparteilichen Organisation Jugendliche mit unterschiedlichen Anschauungen und Überzeugungen in Achtung voreinander vereint sein würden. Deshalb ging die KPD sogar mit gutem Beispiel voran und verzichtete auf die Wiederbegründung des Kommunistischen Jugendverbandes Deutschland (KJVD), aber sie wusste, wie sich herausstellte, sehr wohl, dass die FDJ im Grunde nichts anderes als der KJVD sein sollte und schließlich sein würde.

Die Vorgehensweise war im Grunde schon von den Nationalsozialisten erfolgreich angewandt worden. Hatte sich die HJ 1933 zuerst der bündischen Jugend geöffnet, so wurde sie 1936 gleichgeschaltet und bündische Umtriebe durch die Gestapo verfolgt. Die Gestapo schätzte im Oktober 1935 die Situation folgendermaßen ein:

„Als Endziel schwebt den Bündischen die Gründung eines ‚Jungenstaates' vor, der frei von jeder gesetzlichen Ordnung geschaffen werden soll. Ein Verbot der dj.1.11 und aller ähnlichen Bünde wird in kürzester Zeit erfolgen, damit dadurch eine Handhabe zum Einschreiten gegen die Betätigung einzelner früher bündischer Gruppen gegeben ist."[2] Aus der überparteilichen Jugendorganisation HJ wurde die Parteijugend der NSDAP.

Warum hofften junge Menschen auf eine demokratische Gesellschaft im Osten, obwohl ihre täglichen Erfahrungen dazu im krassen Gegensatz standen? Und warum ließen sich andere von einer neuen Verheißung einfangen, wo sie doch die Katastrophe der letzten Verheißung erlebt hatten? In ihrem besten Roman, den 1976 veröffentlichten „Kindheitsmustern", erzählt Christa Wolf (Jahrgang 1929) die verzweifelte Orientierungslosigkeit der Heranwachsenden, die in ihrem jungen Leben nichts anderes als die nationalsozialistische Diktatur erlebt hatten, so: „Inzwischen überlegte Nelly bei sich, wie sie sich einer Werwolfgruppe anschließen könne, von denen man jetzt munkelte: Ein Zeichen dafür, dass sie sich der wirklichen Lage durch Verzweiflungstaten zu entziehen wünschte."[3] Im September 1944 hatte Heinrich Himmler für den sich abzeichnenden Fall der militärischen Niederlage versucht, eine Untergrundorganisation zu gründen, die den Krieg durch Terror-

Der verführerische Charme der Utopie

akte weiterführte. Obwohl Himmlers Aufrufe nur auf wenig Bereitschaft trafen, überschätzten die Alliierten die Gefahr, die vom Werwolf ausging, und machten Jagd auf vermeintliche Angehörige der Organisation, zumeist auf Kinder und Jugendliche. Unter den 28 000 Häftlingen im Speziallager Nummer zwei des sowjetischen Staatssicherheitsdienstes, im vormaligen KZ Buchenwald, befanden sich – unter Bedingungen, die sich nicht von denen der nationalsozialistischen Führung des Lagers unterschieden – auch 1300 Kinder und Jugendliche. Als Haftgrund genügte der bloße Verdacht oder ein unter Folter erpresstes Geständnis. Viele der von einem auf den anderen Tag verschwundenen Jugendlichen wurden erst 1950 entlassen.

Der später erfolgreiche DDR-Schriftsteller, Autor des legendären Aufbau-Romans „Spur der Steine", Erich Neutsch (Jahrgang 1931), der sich nach der Haft Erik nennen wird, wurde mit 13 Jahren zum Opfer des Terrors: „Im Jahr 1945, kurz vor Weihnachten, wurde ich von der sowjetischen Militärpolizei verhaftet, weil ich unter Verdacht stand, an einer Werwolfgruppe beteiligt gewesen zu sein, und in das Militärgefängnis Magdeburg eingeliefert." Neutsch wurde nach neun langen Monaten aus der Hölle entlassen. Der junge Erik Neutsch durfte in seinem Lebenslauf, der seiner Bewerbung zum Studium beilag, natürlich den Aufenthalt im sowjetischen Militärgefängnis nicht verheimlichen, denn der war aktenkundig, doch er nutzte ihn dramaturgisch geschickt, um ihn als großen Wendepunkt in seinem Leben zu inszenieren. In wenigen Sätzen skizzierte der Abiturient, wie er vom Nationalsozialismus verführt, kindliches Opfer der nationalsozialistischen Propaganda wurde und wie ihn schließlich der Gefängnisaufenthalt rettete und gleichzeitig erleuchtete.

Auch in einem biografischen Gesprächsbuch, das mehr als 20 Jahre nach dem Zusammenbruch der DDR und drei Jahre vor Neutschs Tod erschien, redete er das Gefängnis als die „Universität seines Lebens" schön und stellte damit einen Bezug zum Titel des dritten Bandes der autobiografischen Romantrilogie Maxim

Gorkis her: „Ich kam aus dem Gefängnis als ein anderer Mensch heraus, als ich hineingegangen war."⁴ Als der 15-jährige Neutsch aus der Haft entlassen wurde, stand er menschlich, geistig und intellektuell vor dem Nichts. „Jemand, der das nicht miterlebte, wird sich nicht denken können, dass man die Freiheit verlernen kann", resümierte der Abiturient in seinem Lebenslauf.⁵ Das klingt nicht nach einer Universität des Lebens. „Ich musste erst wieder lernen in das Leben hineinzuwachsen. Das dauerte lange."⁶ Diese Leere füllte nicht nur die Schule, sondern vor allem die FDJ. Der junge Neutsch beschönigte nichts, sondern gab in seinem Lebenslauf sogar unumwunden zu, dass er nicht aus Überzeugung der Jugendorganisation 1946 beigetreten war, sondern weil „ich diesen Schritt aufgrund meiner Inhaftierung (für) besser hielt."⁷ Nach nichts suchte der Jugendliche intensiver als nach einem neuen Lebenssinn, nach einer Orientierung, nach etwas, woran er glauben konnte.

Viele Jugendliche, viele junge Menschen, die in ihrem Leben bisher nichts anderes oder nicht viel anderes als den Nationalsozialismus erlebt hatten, suchten nach dem vollständigen Zusammenbruch nach einer Perspektive. Erik Neutsch fand sie wie viele andere auch im Marxismus, in sozialistischen Ideen: „Erst allmählich warf ich sämtliche Vorurteile über Bord und befasste mich eingehend mit dem Wissen um den Leninismus-Marxismus."⁸ Man wird weder den Biografien, dem gelebten Leben, noch der Geschichte gerecht, wenn man in ein Schwarz-Weiß-Denken verfällt und zwischen den Widerständigen auf der einen Seite und den vom Sozialismus Überzeugten auf der anderen Seite unterscheidet und womöglich dazwischen noch eine Kategorie der Mitläufer aufmacht.

Die DDR war ein Staat mit Utopieüberschuss: Sie unterbreitete mit der Vorstellung eines Paradieses ein metaphysisches Angebot, das auch deshalb so unwiderstehlich war und für manche immer noch ist, weil es innerweltlich verwirklicht werden könne. Dabei konnte man sich auf die deutsche Literatur und Dichtung stützen. Während die Nationalsozialisten Heinrich Heine mit einem Bann belegten, weil er Jude war, nutzten die Kommunisten ihn, weil Heine mit Marx eine Freundschaft verband. Besser konnte man den kommunistischen Traum einer innerweltlichen Erlösung kaum ausdrücken, als es Heinrich Heine in den Versen aus „Deutschland. Ein Wintermärchen" vermag:

„Ein neues Lied, ein bessres Lied,
O Freunde, will ich euch dichten!
Wir wollen hier auf Erden schon
Das Himmelreich errichten."[9]

Nicht wenige junge Leute sahen die Entwicklung in der SBZ und in der DDR als etwas grundlegend Neues an, als eine Chance, eine bessere, eine menschliche Gesellschaft zu errichten und in der eigentlichen Geschichte der Menschheit anzukommen und die blutige und elende Vorgeschichte hinter sich zu lassen. Ihnen wurde beigebracht, dass der Nationalsozialismus, den die Kommunisten konsequent Faschismus nannten, Resultat des Kapitalismus sei. In der Schule, im Studium, in Schulungen, Lehrgängen und Vorträgen wurde gebetsmühlenartig Georgi Dimitroffs Faschismusdefinition, die von der Komintern übernommen und kanonisiert worden war, wiederholt, wonach der „Faschismus an der Macht [...] die offene, terroristische Diktatur der reaktionärsten, chauvinistischsten, am meisten imperialistischen Elemente des Finanzkapitals" wäre. Diese einflussreiche und wirksame Definition erlaubte es den Kommunisten, den Bogen in die aktuellen Auseinandersetzungen zu schlagen, indem sie propagierten, dass im Westen der Kapitalismus restauriert werde, das Alte, Reaktionäre, das Antidemokratische an die Macht käme, während im Osten eine menschliche, helle, einer gerechten Zukunft zugewandte Gesellschaft entstünde. Das berühmte FDJ-Lied von Reinhold Limbach aus dem Jahr 1951 brachte genau diese Vorstellung populär auf den Punkt:

I. Die Hoffnung auf Freiheit: Jugend zwischen den Diktaturen

„Allüberall der Hammer ertönt, die werkende Hand zu uns spricht: Deutsche Jugend, pack an, brich dir selber die Bahn, für Frieden, Freiheit und Recht. Kein Zwang und kein Drill, der eigene Will' bestimme dein Leben fortan. Blicke frei in das Licht, das dir niemals mehr gebricht. Deutsche Jugend steh deinen Mann.

Bau auf, bau auf, bau auf, bau auf, Freie Deutsche Jugend, bau auf! Für eine bess're Zukunft richten wir die Heimat auf!"

Karl Marx hatte es mit dem verführerischen Charme der Utopie im Vorwort „Zur Kritik der Politischen Ökonomie" so formuliert: „Die bürgerlichen Produktionsverhältnisse sind die letzte antagonistische Form des gesellschaftlichen Produktionsprozesses, antagonistisch nicht im Sinn von individuellem Antagonismus, sondern eines aus den gesellschaftlichen Lebensbedingungen der Individuen hervorwachsenden Antagonismus, aber die im Schoß der bürgerlichen Gesellschaft sich entwickelnden Produktivkräfte schaffen zugleich die materiellen Bedingungen zur Lösung dieses Antagonismus. Mit dieser Gesellschaftsformation schließt daher die Vorgeschichte der menschlichen Gesellschaft ab."[10] Der Dichter Heiner Müller lässt in seinem Stück „Der Bau", das auf Neutschs Roman „Spur der Steine" zurückgeht, den Brigadier Barka sagen: „Mein Lebenslauf ist Brückenbau. Ich bin / Der Ponton zwischen Eiszeit und Kommune."[11] Ursprünglich stand für „Ponton" „Fähre", doch schien das Müller zu romantisch, Pontons werden auch für Panzer gebaut.

Man versteht die Geschichte der DDR, die Geschichte, wie aus Ostdeutschland eine Diktatur wurde, nicht, wenn man nicht auch sieht, dass sehr viele junge Leute eine Chance in dem neuen Staat, die Möglichkeit einer neuen, einer gerechten Gesellschaft sahen; ihre Begeisterung war so echt wie ihre Hoffnung. Im November 1950 beschloss auf einer Funktionärskonferenz der Zentralrat der FDJ den „Feldzug der Jugend für Wissenschaft und Kultur", was auf eine von vielen jungen Menschen enthusiastisch vorangetriebene Kulturrevolution hinauslief, d. h. in Wahrheit auf den Versuch der Gleichschaltung von Wissenschaft und Kultur. Doch in der Vorstellung von einer Revolution, die angeblich ein besseres Leben für alle Menschen schuf, verdrängte die Illusion des großen Aufbruchs die triste Wirklichkeit des Zwangs, der Einschüchterung, der Gleichschaltung.

Andere erkannten, dass die schönen Versprechungen der Kommunisten sich nicht erfüllen würden. Der 21-jährige Gerhard Schulz (Jahrgang 1924) vertraute schon am 18. November 1945 seinem Tagebuch an: „Je öfter ich in unsere heutigen Zeitungen schaue, desto verlogener und falscher erscheinen mir die kommunistischen Parolen und Phrasen vom Nationalbewusstsein, Zusammengehörigkeitsgefühl des deutschen Volkes, von der Betonung des Eigentumsprinzips und der Ablehnung des bolschewistischen Kollektivgedankens. Die Kommunisten tarnen sich."[12] Schulz fügte bitter hinzu, dass man die wahre Absicht der Kommunisten nur aus „gelegentlichen Entgleisungen" erführe. Obwohl Schulz recht hatte mit seiner Einschätzung, gestaltete sich die Realität auf kommunistischer Seite doch komplizierter. Zum einen gab es innerhalb der Führung der KPD und dann der SED einen Kampf zwischen Funktionären, die zuvor Exil im Westen, in Frankreich, in Mexiko oder Lateinamerika gefunden hatten, und den Moskauer Emigranten, die als Gruppe Ulbricht von den Sowjets eingeflogen wurden und dann von ihnen protegiert die Führung übernahmen. Funktionäre wie Anton Ackermann setzten auf einen nichtsowjetischen, spezifisch deutschen Weg zum Sozialismus. Doch nachdem Tito sich mit Stalin überworfen hatte und Jugoslawien einen eigenen, von Moskau unabhängigen Weg ging, wurde ein deutscher Weg zum Sozialismus als „titoistische" oder „rechte" Abweichung bekämpft, wurde stärker auf Lenin und Stalin statt auf Marx gesetzt und die SED durch Ulbricht und seine Anhänger stalinisiert. Im theoretischen Parteiorgan der SED

"Einheit" jubelte Ulbricht im November 1947, dass die SED auf dem besten Wege sei, eine „Partei neuen Typus" zu werden, eine „Kampfpartei", „geleitet von der wissenschaftlichen Theorie von Marx, Engels, Lenin und Stalin."[13] Am 29. Juni 1948 beschloss der Parteivorstand der SED die „Säuberung der Partei von feindlichen und entarteten Elementen." Ulbrichts Weg zum Sozialismus lässt sich in dessen Satz zusammenfassen, den Wolfgang Leonhard überliefert hat: „Es muss demokratisch aussehen, aber wir müssen alles in der Hand haben."[14]

Andere kämpften dafür, dass auch in ihrer Heimat, die sie nicht zu verlassen gedachten, ein demokratischer Weg eingeschlagen wird. Jedenfalls wollte man in den ersten Jahren die Hoffnung darauf noch nicht aufgeben – schließlich blieb trotz seiner frühen realistischen Einschätzung auch Gerhard Schulz bis 1950 in der SBZ und der DDR. Sogar ein kommunistischer Funktionär wie Fritz Selbmann, der während des Nationalsozialismus in Zuchthäusern und KZs inhaftiert war und später Industrieminister wurde, äußerte dem Philosophen Hans-Georg Gadamer gegenüber: „Wir haben doch nicht die braune Zwangsjacke ausgezogen, um eine rote Zwangsjacke anzuziehen."[15] Selbmann dürfte das sogar ehrlich gemeint haben. Er war der einzige hohe Funktionär, der am 17. Juni 1953 den Mut aufbrachte, auf die Straße zu gehen und mit den streikenden Arbeitern zu reden, die anderen, Pieck, Grotewohl, Ulbricht und Co., flohen lieber vor ihrem Volk unter den Schutz der Besatzungsmacht nach Karlshorst.

Die Tatsache, dass selbst in der KPD und SED unterschiedliche Konzepte vertreten wurden, sowie die Erwartung, dass auch in der SBZ und in der DDR freie Wahlen stattfinden würden, ließ viele hoffen. Demokratische Parteien, bürgerliche Parteien wie die Christdemokratische Union (CDU) und die Liberaldemokratische Partei (LDP), die sich 1951 in Liberaldemokratische Partei Deutschlands (LDPD) umbenannte, wurden 1945 gegründet und erstarkten sehr schnell. Doch es gelang der SED in einem, gestützt auf die Anwesenheit der sowjetischen Panzer und den Terror des sowjetischen Staatssicherheitsdienstes, perfid durchgeplanten und mit großer Scheinheiligkeit durchgesetzten Prozess, die Parteien in den sogenannten demokratischen Block, in die Nationale Front des demokratischen Deutschlands, einzubinden und ihnen politische Ziele und die Anzahl der Mandate im gemeinsamen Vorschlag vorzugeben. Es folgte die brutale Enttäuschung 1950, als die SED und die Blockparteien ihren gemeinsamen Wahlvorschlag für die Volkskammerwahlen hervorzauberten. Was in einem Flugblatt der Weißen Rose als Hoffnung geäußert worden war, war nun auch für Ostdeutschland enttäuscht worden: „[J]eder einzelne Mensch hat einen Anspruch auf einen brauchbaren und gerechten Staat, der die Freiheit des einzelnen als auch das Wohl der Gesamtheit sichert. Denn der Mensch soll nach Gottes Willen frei und unabhängig im Zusammenleben und Zusammenwirken der staatlichen Gemeinschaft sein natürliches Ziel, sein irdisches Glück in Selbstständigkeit und Selbsttätigkeit zu erreichen suchen."[16]

Als die Hochschulgruppe der FDJ an der Universität München sich 1950 den Namen „Geschwister Scholl" gab, versuchte Inge Scholl, die Schwester von Hans und Sophie, das rückgängig zu machen. So schrieb sie an die Hochschulgruppe Briefe. Einer dieser Briefe wurde 1951 in der RIAS-Sendung „Studenten kommen zu Wort" verlesen: „Sie können mich nicht glauben machen, dass Ihre Gruppe nicht mit dem Regime in der Ostzone in Einklang steht. Ihre propagandistischen Schlagworte beweisen es zu Genüge […] Selbst, wenn ich all das abstreichen würde, was über die politische Linie der FDJ in der westlichen Presse steht, würden mir die persönlichen Berichte von Freunden aus der Ostzone genügen, um festzustellen, dass der Name meiner Geschwister mit diesen Gruppen unvereinbar ist. Meine Geschwister waren Christen von einer tiefen, unerschütterlichen Überzeugung, dies wäre jedoch kein Grund, dass sich Andersdenkende ihnen verbunden fühlen könnten. Denn meine Geschwister waren sich bewusst, dass eine große Zahl von Überzeugungen und Meinungen in der heutigen Welt existieren und dass es uns auferlegt ist, in dieser Verschiedenheit zu leben, sie zu ertragen und zu achten. Sie waren Andersdenkenden gegenüber aufgeschlossen, suchten leidenschaftlich nach gemeinsamen Ansatzpunkten und achteten jede ehrliche und echte Überzeugung. Sie hatten in der tödlichen Gleichschaltung des Dritten Reiches eines begreifen gelernt, nämlich dass eine tiefe, wirkliche Toleranz allein das Leben in dieser Vielfalt von Meinungen möglich macht [...] Nur gegen etwas kannten sie keine Toleranz, gegen jede Art von totalitärem Regime, welcher Farbe, welcher Nation und welchen Programms es sich immer bediente. Sie sahen in der Diktatur einen Feind des Lebens und die Bedrohung jeder lebendigen Entwicklung, sie misstrauten tief jeder Weltanschauung und jedem Staat, der um scheinbar höherer, gemeinschaftlicher Ziele willen auch nur ein Menschenleben bewusst zerstört."[17]

Herbert Belter äußerte als Angeklagter vor dem sowjetischen Militärtribunal in Dresden im Januar 1951, dass er sich „illegal" betätigt habe, weil er „unzufrieden war mit der Situation an der Leipziger Universität, wir hatten keine Gewissensfreiheit, keine Redefreiheit und keine Pressefreiheit. Die Leipziger Universität ist eine Volksuniversität, ist Teil der DDR, und wenn die Studenten keine Freiheiten hatten, waren wir unzufrieden mit der Situation in der DDR. Wir kämpften für die Verfassungsrechte an der Universität, da die Universität eine Festung der Wissenschaft in der DDR ist."[18]

Aufbruch an den Universitäten?

In dem kleinen sächsischen Örtchen Mahlis lastet die ganze Traurigkeit seines Daseins an diesem Morgen auf Gerhard Schulz. Nicht wenig hat der 21-Jährige bereits durchgemacht. Im Oktober 1942 wurde er zum Kriegsdienst eingezogen. Im März erhielt er das Reifezeugnis, da befand er sich schon an der Front in Italien.

Im Januar 1944 erlitt er eine schwere Verletzung, einen Bauchschuss, den er knapp überlebte. Anfang 1945 wurde er schließlich entlassen und folgte seinen Eltern nach Mahlis, wo sie nach ihrer Flucht aus Sommerfeld in Schlesien, das an Polen fällt und heute Lubsko heißt, gestrandet waren. Im November 1945 schreibt er in sein Tagebuch: „In der letzten Nacht ist der erste Schnee gefallen; draußen ist alles weiß [...] Der Gedanke an Weihnachten aber ist zum ersten Mal voller Traurigkeit. Das Heimweh macht sich mit Heftigkeit bemerkbar. Der Gedanke an unser gutes Haus, den Garten, die warmen Stuben und die Geborgenheit daheim stimmt uns wehmütig und lässt manches Mal Tränen in die Augen treten."[19] Der Vater findet nur eine Anstellung als Waldarbeiter, weil er vorher der NSDAP angehört hat. Gerhard Schulz möchte vor allem nur eins, studieren, am liebsten in Leipzig, seiner „alten Liebe"[20], hat er doch dort die Wirtschaftsoberschule besucht. Aber die Universität Leipzig ist zu diesem Zeitpunkt noch geschlossen. Über die Wiedereröffnung entscheiden die Russen.

In der sowjetischen Besatzungszone wird 1945 als oberstes Verwaltungsorgan die Sowjetische Militäradministration in Deutschland (SMAD) gebildet, an deren Spitze zunächst Marschall Georgi Schukow steht, und deren Hauptquartier sich in Berlin-Karlshorst befindet. Schukows Stellvertreter, Armeegeneral Wassili Sokolowski, leitet die konkrete Verwaltungsarbeit. Für den Bereich der Zivilverwaltung wird Generaloberst Iwan Serow eingesetzt, ein skrupelloser Geheimdienstoffizier, der auch den sowjetischen Geheimdienst in der SBZ führt. Damit ist sichergestellt, dass der sowjetische Staatssicherheitsdienst eine mächtige Rolle innerhalb der Zivilverwaltung einnimmt. Von Anfang an gehört das Terror- und Spitzelsystem des NKWD (sowjetisches Innenministerium) zum Bestandteil der Zivilverwaltung in der SBZ. Die Broschüre „Der NKWD-Staat", die später im Zuge von Hausdurchsuchungen bei Studenten gefunden wird, stellt eine frühe Studie über das Terrorsystem dar, das von Serow nach dem Vorbild der Sowjetunion in Ostdeutschland installiert wird. Serow selbst kam aus dem Innenministerium, war am stalinistischen Terror, der Großen Säuberung in den 1930er Jahren, führend beteiligt und organisierte die brutalen Deportationen innerhalb der Sowjetunion während des Zweiten Weltkriegs, beispielsweise der Wolgadeutschen, der Tschetschenen, der Inguschen und der Krimtataren. Laut Schätzungen starben über 40 Prozent der Deportierten an Unterernährung und Seuchen. Wer sich weigerte, sich „umsiedeln" zu lassen, wurde erschossen oder, wie es auch vorkam, lebendig in einer Scheune verbrannt.

Als Fachmann für Deportationen organisiert Serow auch die Verschleppung von ungefähr 2500 deutschen Wissenschaftlern, Ingenieuren und Technikern aus der SBZ in die Sowjetunion. Da die Familien ebenfalls „umgesiedelt" wurden, werden in einer Geheimoperation in den frühen Morgenstunden des 22. Oktober 1946 ungefähr 6500 Personen deportiert. Nicht nur Menschen bringen die Züge an diesem Tag in die Tiefen der Sowjetunion, sondern auch Industrieanlagen, ganze Werke. Während im Westen bald schon der Marshallplan zu wirken beginnt, wird im Osten Deutschlands das, was der Krieg an Anlagen übriggelassen hat, demontiert und in die Sowjetunion gebracht.

In einem sind sich Werner Ihmels und seine kommunistischen Kontrahenten einig: dass dem, der die Jugend besitzt, die Zukunft gehört. Dieser Kampf wird deshalb mit aller Härte auf bildungspolitischem und vor allem auf akademischem Feld ausgetragen, schließlich geht es um nichts Geringeres als um die künftige Elite des künftigen Staates. Die Universitäten fallen in die Zuständigkeit der Sektion Wissenschaft und Hochschulwesen innerhalb der Verwaltung Volksbildung der SMAD. Im Zuge des Aufbaus deutscher Selbstverwaltungsorgane, in denen die Kommunisten die Schlüsselpositionen einnehmen, wird auf Befehl Nr. 17 der SMAD vom 27. Juli 1945 die Deutsche Zentralverwaltung für Volksbildung (DVV) gebildet, die der deutsche Kommunist Paul Wandel leitet. Die DVV stellt damit das Pendant der Abteilung Volksbildung der

SMAD unter Pjotr Solotuchin dar, in der für den Bereich Universitäten der Physiker Pjotr Nikitin tätig ist.

Nationalsozialismus und Krieg haben die Alma Mater Lipsiensis hart getroffen. Dozenten sind im Krieg gefallen oder befinden sich in der Gefangenschaft. Auch Leipziger Wissenschaftler und Hochschullehrer ließen sich mit den Nationalsozialisten ein, einige von ihnen wurden zu strammen Nazis und Verbrechern. Über die Hälfte der Mitglieder der Universität gehörten der NSDAP an. Der Professor für Kinderheilkunde Werner Catel etwa trieb in Leipzig die „Kindereuthanasie" voran, die Ermordung von Kindern, deren Leben er oder seine Mitarbeiter als „lebensunwert" einschätzten. Catel geht 1946 nach Westdeutschland und setzt dort seine Karriere fort.

An der Leipziger Universität erfolgt die Entnazifizierung in mehreren Wellen. Nachdem die Amerikaner abgezogen sind und die Russen Leipzig übernommen haben, forcieren sie den Prozess. Der Mediziner und Pharmakologe Ludwig Lendle schüttelt über die Art und Weise, wie die Entnazifizierung durchgeführt wird, nur den Kopf, weil sie „vielfach die Falschen trifft".[21] Unter dem Datum vom 25. Dezember 1945 hält er fest, dass „ein ehemaliges NS-Weib ohne PG-Mitgliedschaft" jetzt kommunistische Stadtbaumeisterin sei. Einige seiner Kollegen ziehen mit den Amerikanern in den Westen, doch Lendle beschließt, in Leipzig zu bleiben, wie auch der Philosoph und Heidegger-Schüler Hans-Georg Gadamer. Lendle, für den das Tagebuch sich zu seinem Selbstverständigungsmedium entwickelt, vergleicht im November 1945 die Nachkriegszeit mit der Nachkriegszeit nach dem Ersten Weltkrieg. Damals: „Aufbauwille […] Hoffnungen […] Keine Bedrohung der Gesamtexistenz." Heute: „Gefühl der Leere und Verlorenheit. – Alles unwiderruflich verloren. – Niemand weiß, was kommen wird. Leere."[22]

Ganz anders die Stimmung bei Werner Gumpel (Jahrgang 1930) zu diesem Zeitpunkt. Gumpels Vater, Chefarzt im Krankenhaus in Buchholz im Erzgebirge, bewahrte eine sehr gute Flasche

I. Die Hoffnung auf Freiheit: Jugend zwischen den Diktaturen

Rotwein Jahrgang 1933 im Keller für den Tag auf, an dem Hitler stirbt. Als die Nachricht vom Tod Hitlers die Familie Gumpel am 9. Mai 1945 erreicht, wird die Flasche feierlich geöffnet und auf die Nachricht angestoßen. Zwölf Jahre haben die Gumpels auf diesen Tag gewartet. Der 15-jährige Werner Gumpel beginnt sofort, im Antifaschistischen Jugendausschuss mitzuarbeiten.

Während für Werner Gumpel in Buchholz eine neue Zeit anbricht, gesteht sich der Kriegsheimkehrer Gerhard Schulz in Mahlis ein, dass man sich „abgewöhnen muss, in der Kommunistischen Partei eine politische Willensrichtung der Demokratie zu sehen"[23], und der Leipziger Professor Ludwig Lendle versucht sich irgendwie Mut zu machen: „Geduld, die wertvollste Eigenschaft. Nicht in Klagen und Verbitterung versinken! Das Leben bleibt immer noch Aufgabe – auch im Elend."[24]

Von den 108 Gebäuden der Alma Mater Lipsiensis können nach Kriegsende nur noch 16 uneingeschränkt genutzt werden. Einige der Professoren engagieren sich für die Wiedereröffnung der Universität und nehmen den Lehrbetrieb in kleinem Maßstab wieder auf, indem sie in ihren Wohnungen Seminare geben, Vorlesungen mit eingeschränktem Zuhörerkreis halten und sogar Prüfungen abnehmen. Zunächst soll die Universität am 1. Oktober 1945 neu starten, doch will die SMAD aus politischen Gründen die Leipziger Alma Mater nicht vor der Berliner Universität, die 1949 den Namen Humboldt-Universität erhalten wird, eröffnen, die am 29. Januar 1946 den Hochschulbetrieb für 2600 Studenten wieder aufnimmt. Hinzu kommen die Personalprobleme durch die strenge Entnazifizierung, die nicht nur von der SMAD, sondern vor allem von den deutschen Kommunisten betrieben wird. Es kommt zu dem Paradoxon, dass die russischen Offiziere, die in der SMAD für die Hochschulen zuständig sind, auf die Tradition der deutschen Universitäten setzen, während die deutschen Kommunisten die Universitäten nach sowjetischem Vorbild umgestalten wollen. Der Grund für diese Paradoxie liegt darin, dass im Gegensatz zu vielen deutschen Funktionären die zuständigen russischen Offiziere vor dem Krieg oft selbst Akademiker waren und Kenntnisse über die deutsche Universität besitzen, entweder, weil sie selbst in Deutschland studiert oder ihre Hochschullehrer deutsche Universitäten besucht haben.

Die rigide Entnazifizierung treibt Lendles Medizinische Fakultät in eine Situation, in der sie nicht mehr arbeitsfähig ist. Zur Fakultät gehören auch die Universitätskliniken, die für die medizinische Versorgung der Bevölkerung eine Rolle spielen. Der Rektor der Universität und der Dekan der Medizinischen Fakultät führen einen zähen Kampf gegen die Leipziger Behörden und die Funktionäre der KPD und SPD; gegen Doktrinäre wie Helmut Holtzhauer etwa, den späteren sächsischen Volksbildungsminister. Von den 259 Lehrkräften des Wintersemesters 1944/45 stehen Ende November 1945 nur noch 49 zur Verfügung. Die anderen sind in den Westen gegangen, umgekommen oder als Nazis nicht mehr zugelassen. Die richtige politische Einstellung ist auch bei der Studienzulassung nicht selten wichtiger als die Befähigung. Lendle notiert am 15. Januar 1946: „In Sprechstunde des Prüfungsvorsitzenden kommt kommunistischer Student mit Bescheinigung der Landesverwaltung – alles wie früher bei den Nazis! Entlarve seinen Schwindel." Und 14 Tage später resümiert er: „Nur 120 Mediziner (zum Studium) zugelassen [...] Partei empfiehlt vorweg ihre Leute (Studentenführer und Frau)."[25]

Am 5. Februar 1946 öffnet die Leipziger Universität endlich ihre Pforten für zunächst 767 Studenten. Als Rektor tritt der Archäologe Bernhard Schweitzer an, Dekan der Philosophischen Fakultät wird Hans-Georg Gadamer. Die Zahl derjenigen, die zu studieren wünschen, übertrifft allerdings die Anzahl der Studienplätze, die von der Universität aus Kapazitätsgründen vergeben werden können, um das Doppelte. Für Lendle ist der Tag der Wiedereröffnung der Universität zwiespältig, auf der einen Seite lobt er die Ansprache des „russischen Ministers" und schwelgt für Gadamers Schlussrede, die „ein Meisterwerk", auch „rhetorisch", gewesen sei.²⁶ Wenn man so will, das Gegenstück zu Heideggers Rektoratsrede 1934 in Freiburg. Einerseits gesteht Gadamer zu, dass eine neue Zeit anbricht, in der auch Arbeitern der Zugang zur Universität ermöglicht werden muss, andererseits stehe die Universität nicht im Dienst einer Ideologie. Lendle stellt resigniert fest: „Das neue Collegium erschreckend im Niveau. 3. Garnitur unter sich."²⁷

In Mahlis wartet indessen Gerhard Schulz auf seine Studienzulassung in Halle. Doch was ihm den Zugang zum Studium erschwert, ist die stalinistische Doktrin, die Stalin selbst in seiner Ansprache an die Jugend so zusammengefasst hat: „Vor uns steht eine Festung. Der Name dieser Festung ist die Wissenschaft mit ihren unzähligen Wissenszweigen. Diese Festung müssen wir um jeden Preis nehmen. Diese Festung muss die Jugend nehmen, wenn sie den Wunsch hat, der Erbauer des neuen Lebens zu sein, wenn sie den Wunsch hat, in der Tat die Ablösung der alten Garde zu sein."²⁸ Gerhard Schulz macht die Erfahrung, dass die „Türen der Alma Mater" für ihn verschlossen bleiben. Der Grund dafür ist alles andere als ermutigend und liegt ganz auf der politischen Linie, eine kommunistische Intelligenz zu schaffen: „Ich werde wohl immatrikuliert, für dieses Semester aber nicht zum Studium zugelassen, da ich keiner der beiden Arbeiterparteien angehöre. – So sieht die Demokratie in Wirklichkeit aus."²⁹

Vor allem die Studenten der kommunistischen Hochschulgruppen verstehen es von Anfang an als ihren Klassenauftrag, Proteste gegen Entscheidungen des Rektors zu organisieren. Klassenkampf nehmen sie ernster als das Studium. Im Streit um die Entnazifizierung verschleißt sich Bernhard Schweitzer und tritt zurück. Gadamer folgt ihm als Rektor. Er bemüht sich, die Universität durch die Kämpfe der Zeit zu führen und vertritt die Belange der Universität höchst geschickt. Doch gegen den Machtanspruch der Kommunisten, der von der Sowjetischen Militäradministration vollkommen unterstützt wird, scheitert jeder Versuch der Schaffung einer weltanschaulich unabhängigen, nur der Wissenschaft verpflichteten Forschungs- und Bildungseinrichtung. Für die Kommunisten ist laut ihrer Doktrin alles Weltanschauung, alles politisch, deshalb kann es in ihrer Vorstellungswelt kein Neutralitätsgebot für die Schulen, Hochschulen und Universitäten geben. Am 18. Oktober 1945 erlassen die Parteivorstände der KPD und der SPD einen Aufruf zur demokratischen Schulreform, in deren Zentrum „die Verwirklichung antifaschistisch-demokratischer Ziele" steht, die „mit dem Kampf um die Brechung des bürgerlichen Bildungsprivilegs, mit Maßnahmen zur besonderen Förderung von Arbeiter- und Bauernkindern und zur Heranbildung einer neuen, aus dem Volke stammenden Intelligenz" durchzusetzen sind, wie das offizielle Lehrbuch der DDR eines Autorenkollektivs unter Leitung von Rolf Badstübner 1984 rückblickend schreibt.[30] Dem entsprechen auch die Vorstellungen im gemeinsamen Aufruf zur Hochschulreform: „Der neue Geist eines wahrhaft fortschrittlichen Humanismus und kämpferischer Demokratie muss in den Hochschulen Einzug halten."[31] Was die Kommunisten unter „kämpferischer Demokratie" verstehen, wird sich bald schon zeigen.

Von Anfang an gehörte zum Plan der kommunistischen Machtergreifung die Schaffung einer sozialistischen Staatsintelligenz, einer kommunistischen Elite. Der von Stalin verkündete „Sturm auf die Wissenschaft" fand in der Sowjetischen Besatzungszone und in der frühen DDR mit aller Brutalität statt. Das Kernanliegen erst der KPD, dann der SED besteht daher in Bezug auf die Universitäten darin, nach sowjetischem Vorbild eine Kaderschmiede für eine der SED ergebene, sozialistische Intelligenz zu schaffen. Um die Anzahl der bürgerlichen Studenten zurückzudrängen, werden die Vorstudienanstalten geschaffen, in denen in einer Art Notabitur junge Leute vor allem aus der Arbeiterklasse, aus den „werktätigen Schichten", mehr schlecht als recht zum Studium befähigt werden. Unter der Losung: „Arbeiterstudenten an die Universität" starten im Februar 1946 die KPD und die SPD einen Aufruf, der letztlich vorsieht, dass Absolventen der Vorstudienanstalten bevorzugt zum Studium zugelassen werden. Man setzt durch, dass die Vorstudienanstalten an den Universitäten angesiedelt werden, damit diese „Kader" auch in den Studentenvertretungen Sitz und Stimme erlangen können.

Es fällt zwar anfangs der KPD und SPD, später der SED schwer, genügend geeignete Bewerber für das Studium oder für die Vorstudienanstalt unter den Arbeitern zu gewinnen, und zuweilen finden sich auch nicht die geeignetsten Personen bereit, dennoch wird die Diskussion um die Arbeiterstudenten zum Feld grundsätzlicher Auseinandersetzung. Dabei lehnen die bürgerlichen Studenten den Gedanken nicht ab, Arbeitern den Zugang zur Universität zu ermöglichen, sie erheben lediglich Einspruch dagegen, dass Absolventen der Vorstudienanstalten in der Konkurrenz um die knappen Studienplätze extrem bevorzugt und die soziale Herkunft höher als die Leistungen bewertet wird. Für die Bevorzugung wird das Argument ins Feld geführt, dass die bürgerlichen Studenten aufgrund ihrer Herkunft einen Bildungsvorsprung besäßen.

In der sächsischen Provinz schlägt sich Gerhard Schulz derweil als Neulehrer durch. Im Schuljahr 1945/46 beginnen etwa 15 000 Neulehrer, die in kurzen Lehrgängen von einigen Wochen bis wenigen Monaten für diese Aufgabe ausgebildet werden, zuweilen parallel zum Unterricht, den sie bereits erteilen. Manch ehemaliger Neulehrer erinnert sich, dass er anfangs oft nur eine Stunde weiter war als seine Schüler.

So recht zum Lehrer fühlt sich Gerhard Schulz jedoch nicht berufen, zumal er ohne größere pädagogische Ausbildung eine Klasse mit Kindern unterschiedlichen Alters zu unterrichten hat, die Krieg und Zusammenbruch erlebt haben und in deren Familien nicht die Bildung im Mittelpunkt steht, sondern das Überleben. Zwar meint er, dass dem Lehrer eine verantwortungsvolle Aufgabe anvertraut sei, denn schließlich liege es an ihm, „ob unsere Jugend einmal eine Blüte unseres Volkes wird hervorrufen können oder ob sie von Anfang an verdirbt und unser Volk von unten her abstirbt."[32] Aber auch ihm fällt auf: „Das Wort Demokratie ist eine Lüge. Wer es gebraucht, sucht etwas zu überdecken, was das Licht des Tages scheut. Noch niemals ist von der Demokratie so oft geredet worden wie heute. Diese Tatsache wirft ein bezeichnendes Licht auf unser Zeitalter."[33]

Schulz beneidet Luise Langendorf, die er von der Wirtschaftsschule in Leipzig her kennt, wo sie wie er das Abitur machte. Nach kurzer Zeit als Neulehrerin kann sie mit dem Studium der Geschichte an der Leipziger Universität beginnen. Sogar die Partei, die LDP, in die er eintrat, ist womöglich die falsche, denn: „Luise und ihre Mutter sind sehr aktive Personen in der Parteiarbeit der CDU, die ich als das tätigste Zentrum gegen den Bolschewismus ansehen muss. Sie scheint tatsächlich die repräsentativsten Köpfe in dieser Zeit zu vereinen und beachtlicher zu sein als die Liberalen, deren Name etwas Unangenehmes, etwas veraltet Klingendes an sich hat. Die CDU sammelt alle Elemente – ganz gleich, welcher Konfession –, die die alten abendländischen kulturellen Welten, die sittlichen und moralischen Werte, die das Christentum in die Menschheit gebracht hat, bejahen", notiert er am 3. April 1946 in sein Tagebuch. Da ist Luise bereits auf dem Weg ins Studium, das ihm weiterhin versagt bleibt.

II. Das Gefühl der Freiheit: Der Klassenkampf gegen die Demokratie

„Nach der Erkenntnis, dass man einem furchtbaren Irrtum erlegen war, eröffneten sich für einen kurzen Zeitraum ganz neue Horizonte. Wir fanden Zugang zu dem reichen humanistischen Erbe unserer deutschen Kultur und lernten den unschätzbaren Wert der Freiheit der Persönlichkeit kennen [...] So waren wir dann besonders sensibilisiert, als Lüge und Gewalt wieder Bestandteil des gesellschaftlichen Lebens wurden. Dagegen versuchten wir anzukämpfen jeder auf seine Weise [...] Doch die Gewalt wurde immer stärker und unsere Ohnmacht immer größer. So ergab sich häufig eine Gratwanderung zwischen scheinbarer äußerer Anpassung und innerem Widerstand."

Hans Günter Aurich[1]

Luise Langendorf: Der Terror beginnt

Luise Langendorf ist eine bemerkenswerte junge Frau. Am 12. April 1925 in Schleswig geboren, zieht sie nach der Scheidung der Eltern mit ihrer Mutter, einer Konzertpianistin, nach Leipzig und legt dort 1943 das Abitur ab. In einem ihrer Lebensläufe schreibt sie: „Ich gehöre jener Generation an, die ihre Kindheit und einen Teil der Jugend unter dem Faschismus verlebte. Ich wurde zu Hause antifaschistisch erzogen [...]"². Das dürfte stimmen, denn der Vater, Peter Langendorf, arbeitet bis 1933 als Redakteur einer Regionalzeitung, schlägt sich zwischen 1933 und 1945 als kaufmännischer Angestellter durch und kehrt erst 1945 als Redakteur in die Zeitung zurück. Ostern 1938 tritt sie in die Wirtschaftsoberschule in Leipzig ein, um das Abitur zu machen. Dort lernt sie auch Gerhard Schulz kennen. Nach dem Abitur 1943 tritt sie beruflich in die Fußstapfen des Vaters und übernimmt die Schriftleitung des *Greizer Boten* in Thüringen. Die Stelle dient nicht nur dem notwendigen Gelderwerb, sondern auch ihrer Ausbildung. Mit dem nahenden Zusammenbruch kehrt Luise Langenfeld im April 1945 nach Leipzig zurück. Zunächst arbeitet sie aushilfsweise in einer Gärtnerei und gibt nebenbei Nachhilfestunden. Sie ist politisch interessiert und engagiert sich. Ab Dezember 1945 unterrichtet sie als Neulehrerin an ihrer alten Grundschule in Leipzig Lindenthal. Im August gelingt es ihr, freie Mitarbeiterin beim mdr zu werden.

Im Austausch mit ihrem Vater, der von der Ausbildung her promovierter Historiker ist, entscheidet sie sich für Geschichte als Studienfach und bewirbt sich nach ihrer Rückkehr nach Leipzig an der Philosophischen Fakultät. Sie beginnt im Wintersemester 1946/47 mit dem Studium. Sie ist voller Elan und voller Hoffnung auf den demokratischen Neuanfang, für den sie ihre ganze Kraft einsetzt. Zwar lebt man in Ruinen und auf Lebensmittelkarten, doch viele Wege stehen offen und die Zukunft scheint gestaltbar. Im Frühjahr 1946 tritt sie der CDU bei und wird Pressesprecherin der Leipziger CDU. Neben Geschichte studiert sie Geografie und Publizistik. Gerhard Schulz schwärmt in seinem Tagebuch in den höchsten Tönen über diese aktive und attraktive junge Frau, die er seit seiner Schulzeit kennt, die für ihn, der sich auf dem platten Lande abgeschnitten vom großen Aufbruch fühlt, immer mehr zu einer wichtigen Bezugsperson, zu einer Verbindung zur neuen Zeit wird, und die ihm ermöglicht, zumindest als Zaungast die Entwicklung in Leipzig mitzuverfolgen. Für ihn stellt die CDU „den Konservativismus im besten Sinne des Wortes dar, das einzige Element, das als positive Weltanschauung dem Kommunismus gegenübersteht [...] Die CDU stellt in dieser Übergangszeit das positive Moment in unserem Volk dar. Vielleicht lässt sich noch viel aus ihr machen."[3]

Der Befehl Nr. 2 der SMAD erlaubt die Gründung von Parteien. Nachdem sich KPD und SPD wieder konstituiert haben, wird am 26. Juni 1945 in Berlin die CDU von Andreas Hermes, Walther Schreiber, Ernst Lemmer und Jakob Kaiser gegründet. Andreas Hermes, der gegen die nationalsozialistische Diktatur gekämpft hatte, dem Kölner Kreis angehörte und Kontakte zu Carl Friedrich Goerdeler, dem ehemaligen Leipziger Oberbürgermeister, und zum Kreisauer Kreis unterhielt, wurde am 11. Januar 1945 zum Tode verurteilt. Noch am 3. April wurden von den neun zum Tode verurteilten Gegnern des Naziregimes sieben aus den Luftschutzkellern geholt und ermordet. Nur Andreas Hermes und Theodor Hans Friedrich Steltzer überlebten. Hermes wurde zum ersten Vorsitzenden der CDU gewählt. Die offizielle „Geschichte der DDR" von 1984 gibt dem jungen Gerhard Schulz in seiner Einschätzung nur aus anderer Perspektive durchaus recht, wenn sie resümiert: „Zu den Gründern der CDU in Berlin gehörten Interessenvertreter der deutschen Monopolbourgeoisie wie Andreas Hermes als erster Parteivorsitzender und Jakob Kaiser, aber auch bürgerliche Demokraten wie Otto Nuschke, die bereit waren, gemeinsam mit den Arbeiterparteien an der Errichtung antifaschistisch-demokratischer Verhältnisse mitzuwirken."[4] Otto Nuschke erwirbt später seine Lorbeeren, indem er die CDU im Osten gleichschaltet und zur willigen Blockpartei macht.

Die Gründung der CDU in Leipzig mit einer liberal-konservativen Ausrichtung vollzieht sich im August 1945 indes nicht ohne einige Turbulenzen. Zunächst versammeln sich die bürgerlichen Kräfte in Leipzig in der Deutschen Demokratischen Partei. Doch bald schon erweisen sich die Unterschiede in den Auffassungen als zu groß, als dass sie programmatisch sinnvoll zu überbrücken wären. Ein christlicher Kreis um den Rechtsanwalt Carl Günter Ruland und den Verlagsleiter Karl Arthur Buchheim erkennt, dass eine Spaltung der Partei nicht zu vermeiden ist. So schicken Ruland und Buchheim als Emissär den Studienrat Ernst Eichelbaum nach Berlin, um mit dem Kreis um Jakob Kaiser, der am 26. Juni 1945 in Berlin die CDU gegründet hat, in Verhandlungen zu treten. Außerdem wird Kontakt mit christdemokratischen Kreisen in Chemnitz aufgenommen. Als sich die Leipziger Mitglieder der Deutschen Demokratischen Partei am 4. August 1945 zu einer Sitzung treffen, in der es um grundsätzliche Fragen gehen soll, haben Buchheim und Ruland noch keine Nachrichten von Eichelbaum aus Berlin. Doch die Zeit drängt. Deshalb prescht Ruland auf der Sitzung vor und stellt den Antrag, dass die DDP Leipzig der Berliner CDU beitritt. Doch die Mehrheit zieht es zur LDP (Liberal-Demokratische Partei). Karl Arthur Buchheim erinnert sich: „Die christliche Gruppe wurde überstimmt. Da erhob sich Ruland sofort und erklärte unsern Austritt. Er verließ zusammen mit mir den Tagungsraum und gab nur noch bekannt, daß sofort in seiner Wohnung ein neuer Ausschuss gebildet werden sollte, an dem jeder teilnehmen könnte, der ihm jetzt folge. Das kam so plötzlich, daß niemand mehr das Wort nehmen konnte. Einige der Anwesenden gingen sogleich mit uns zusammen hinaus, einige andere folgten uns nach einiger Besinnung. In Rulands Wohnung konstituierten wir uns als Leipziger Vorstand der CDU. Mir fiel es zu, die Konstituierung nach Berlin am Telefon mitzuteilen [...] Am nächsten oder übernächsten Tage kam Eichelbaum zurück und bestätigte, dass man in Berlin unsern Beschluss dankend zur Kenntnis genommen habe."[5]

Im Jahr 1945, auf dieser denkwürdigen Sitzung in Rulands Wohnung, glauben Carl Günter Ruland, Karl Arthur Buchheim, Pater Aurelius Arkenau, Paul Nowak, Georg Schneider, Heinz Lohmann, Eva Hippler, Joseph Rambo, Anneliese Weisbender und Otto Gallus noch daran, dass eine demokratische Entwicklung, wenn auch nicht ohne Widerstand und politischen Kampf, auch in der SBZ möglich sein würde. Zum Vorsitzenden wählt man mit Bedacht den Protestanten Ruland, weil man den Eindruck zu vermeiden sucht, als handele es sich bei der Leipziger CDU lediglich um eine Fortsetzung der alten katholischen Zentrumspartei. Bald nach der Gründung stößt auch Luise Langendorf zur CDU in Leipzig und kümmert sich um die Pressearbeit.

Gerhard Schulz ringt sich zu dem Entschluss durch, ein Studium in einer Fachrichtung zu beginnen, die ihn zwar nicht interessiert, doch glaubt er, dass es besser sei, überhaupt etwas zu studieren, als weiter in Mahlis als Neulehrer festzusitzen. So lässt er sich ab Herbst 1946 an der Pädagogischen Fakultät der Technischen Hochschule Dresden zum Berufsschullehrer ausbilden. Von Dresden aus betreibt er konsequent den Wechsel nach Leipzig, von Luise Langendorf mit Rat und Tat und Zuspruch unterstützt. Vor allem bestechen die Klarheit, der praktische Verstand, das Zupackende und die Fröhlichkeit der jungen Frau. So oft es geht, besucht er sie in Leipzig. Schließlich hat er es ihrer Vermittlung zu verdanken, dass er im Frühjahr 1947 von Dresden nach Leipzig zum Studium der Geschichte wechseln kann. Noch bevor alle Formalitäten erledigt sind, zieht er nach Leipzig um und besucht bereits Vorlesungen. Der Philosoph und Pädagoge Theodor Litt begeistert ihn – und mit dieser Bewunderung steht er nicht allein. Auch Lendle achtet den Kollegen, auch Gadamer.

Während der Nazidiktatur hatte Theodor Litt Lehrverbot. Ein Vortrag, den der Gelehrte in Berlin anlässlich einer Tagung der Deutschen Zentralverwaltung für Volksbildung (DVV) zum Thema „Die Bedeutung der pädagogischen Theorie für die Ausbildung des Lehrers" hält, lässt ihn beim DVV-Leiter Wandel und seiner Entourage in Ungnade fallen – und wieder wird es Litt verboten, Vorlesungen zu halten, wenn auch nur vorübergehend. Gerhard Schulz lässt sich die seltene Gelegenheit, die Vorlesungen des Mannes zu hören, der „etwas Geniales an sich" hat, der „strukturell zu sehen und klar darzustellen" vermag, nicht entgehen.

II. Das Gefühl der Freiheit: Der Klassenkampf gegen die Demokratie

Bei all der Begeisterung für das Studium wird auch das Leben leichter, studentischer, jugendlicher. Schulz hört Vorlesungen und besucht Seminare. Er lauscht bei Luise und ihrer Mutter amerikanischen Schallplatten, Jazz, Schlager, geht ins Theater, ins Konzert, verschlingt Bücher geradezu. „Das Leben in den Straßen flutet dahin, bunt und flink, dabei gar nicht einmal so armselig, wie man es in dieser Zeit zu sehen gewohnt ist. Man glaubt fast nicht, sähe man nicht hin und wieder Trümmer, dass Leipzig wie alle anderen Städte diesen schrecklichen Krieg durchgemacht hat."[6] Die Semesterferien im Spätsommer 1947 verbringt er in Mahlis. Dort erreicht ihn ein verstörender Brief von Luises Mutter: „Eine Nachricht aus Leipzig versetzt mich in Unruhe. Frau Kindscher schreibt mir, dass Luise Langendorf seit dem 10. [September] verschwunden ist. Frl. Z., von der ich auch einen Brief erhielt, spricht von einer längeren Reise. Ich vermag das nicht von politischen Gründen zu trennen."[7] Er ahnt Schlimmes, denn auch er weiß, dass Menschen von heute auf morgen in der SBZ plötzlich verschwinden, sie wie vom Erdboden verschluckt sind, und die Angehörigen bei keiner Dienststelle über ihren Verbleib Auskunft erhalten. Diese standardisierte Vorgehensweise gehört zu den brutalen und menschenverachtenden Methoden des sowjetischen Staatssicherheitsdienstes, zum alltäglichen Terror des Staates gegen seine Bürger.

Gerhard Schulz beobachtet ohnehin seit einiger Zeit, dass an der Leipziger Universität das politische Klima rauer wird. Es soll ja alles nur demokratisch aussehen, aber die Macht in den Händen der Kommunisten bleiben. Der Kalte Krieg verschärft die Auseinandersetzung zwischen den vor Kurzem noch verbündeten Staaten der Anti-Hitler-Koalition. Der junge Student stellt fest, dass dort, wo gestern die Rede vom Frieden ging, alle nur noch vom Krieg reden und man gezwungen wird, sich für eine Seite zu entscheiden. Dazwischen existiert nichts. Knapp 14 Tage vor der Nachricht von Luises Verschwinden hatte er seinem Tagebuch anvertraut: „‚Weltanschauung' ist das schrecklichste Wort unserer Zeit. In ihm wird allem Elend das Mäntelchen einer Art Legitimität umgehängt; erstickt es doch alles Streben nach Wahrheit, wie sie nur der Wissenschaftlichkeit zu eigen ist. Mit diesem Wort endet alles Denken [...] Aller Unsegen, dessen Höhepunkt wohl in unserer Zeit liegt, rührt aus der Flucht vor der Wissenschaftlichkeit [...] Es ist nichts weiter als eine Konsequenz dieser traurigen Erscheinung, wenn der Professor für Wirtschaftsgeschichte an der Universität Berlin, Kuczynski, laut und für alle Welt vernehmlich verkündet, der Hochschullehrer habe Propaganda zu treiben. Das sei die ihm eigene Aufgabe."[8] In der offiziellen Studentenzeitschrift *Forum* fordert Jürgen Kuczynski, nachdem er mit großem rhetorischen Bombast Max Webers Wissenschaftsbegriff – die strikte Trennung zwischen Wissenschaft und Politik, zwischen Wissenschaft und Propaganda – als „wissenschaftliche Verantwortungslosigkeit" denunziert hat: „Auf die Katheder unserer Universitäten aber gehören Professoren, Bekenner eines demokratischen Deutschland, Propagandisten und Verkünder deutscher Kultur, Menschen, die ihre Pflicht tun als Forscher, Lehrer und Staatsbürger, die die Einheit von Wissenschaft und Leben, von Forschung und Politik, von Universität und Gesellschaft verkörpern."[9] Diese Vorstellung markiert den Anfang des Weges in die Diktatur, die immer den ganzen Menschen vereinnahmen und instrumentalisieren will, und die Privatheit deshalb nicht akzeptiert, weil alles politisch ist, jeder Lebensbereich. Am Anfang der europäischen Erfolgsgeschichte, von Wissenschaft und Technik, von Kunst und Kultur, steht die Entdeckung des Individuums. Mit ihm einher gehen Freiheit und Privatheit. Beides bedingt einander. Existiert keine Privatheit, gibt es auch keine Freiheit. Das Private ist die letzte Verteidigungslinie der Freiheit. Deshalb richten totalitäre Diktaturen ihre Bemühungen darauf, die Privatheit zu brechen, alles öffentlich, alles kontrollierbar, alles überwachbar, manipulierbar, bewertbar zu machen und jeden zu jedem Zeitpunkt seines Lebens unter die von oben verordnete Norm zu zwingen. Auch wenn der junge Gerhard Schulz das mehr fühlt als analysiert, entspricht das den Erfahrungen, die von den „bürgerlichen" Studenten in ihrem Studienalltag immer stärker gemacht werden. Denn die

Kommunisten belassen es nicht bei Verlautbarungen, sie besitzen die Macht, ihre Forderungen auch durchzusetzen.

Schulzes Tagebucheintrag spiegelt die neue Realität an den Universitäten und Hochschulen wider. Ende 1946 wird für die Studenten aller Fachrichtungen der Besuch der Vorlesungsreihe „Politische und soziale Probleme der Gegenwart" zur Pflicht. Aus dieser Vorlesungsreihe wird sich im Laufe der Zeit – wiederum verpflichtend für alle Studenten – das „marxistisch-leninistische Grundlagenstudium" entwickeln, in dessen drei Bereichen dialektischer und historischer Materialismus, politische Ökonomie und wissenschaftlicher Sozialismus Prüfungen abzulegen sind. Mit der Schaffung der Vorstudienanstalten gelingt es der SED zudem, „Arbeiterstudenten" in immer größerer Zahl an den regulären Instanzen der Universität vorbei ins Studium zu bringen. Auf dem 1. Studentenkongress in der SBZ im Juni 1947 antwortete Hans-Georg Gadamer als Rektor der Leipziger Universität auf die diesbezügliche Frage eines Studenten aus Würzburg, dass die Universität keinen Einfluss auf die Zulassung von Arbeiterstudenten habe, da Vertreter der Universität nicht an deren Aufnahmeprüfungen teilnehmen dürften. Deshalb trage die Universität für die getroffene Auswahl keine Verantwortung.[10]

Nach der Schaffung der Vorstudienanstalten erfolgt mit dem Befehl Nr. 333 der SMAD vom 2. Dezember 1946 die Gründung der Gesellschaftswissenschaftlichen Fakultäten (Gewifa) an den Universitäten Leipzig, Jena und Rostock. Mit der Gründung der Gewifa verfolgen die Kommunisten zwei Ziele: erstens eine Kaderschmiede für eine sozialistische Intelligenz, um aus ihr eine sozialistische Elite zu schaffen. Und zweitens, den kommunistischen Einfluss auf die Universität zu vergrößern, indem sie gemeinsam mit der Pädagogischen Fakultät die Institutionen der Universität mit zuverlässigen Kadern besetzen, um den Einfluss der „bürgerlichen" Kräfte nach und nach zu eliminieren. Eine „selbständige Ausbildung mit Oberschulabschluss" und eine einjährige Tätigkeit in „staatlichen, wirtschaftlichen und gesellschaftlich-demokratischen Einrichtungen und Organisationen" werden anstatt des Abiturs als Zugangsvoraussetzung für die Gewifa akzeptiert.[11]

Ab dem Wintersemester 1947/48 können Studenten sich zwischen vier Studienrichtungen entscheiden: Wirtschaftspolitik, Sozialpolitik, Außenpolitik und Kulturpolitik. Lesen zuerst bürgerliche Wissenschaftler wie Hans-Georg Gadamer (Methodenlehre der Wissenschaften und Grundprobleme der Philosophie), Georg Menz (Betriebswirtschaftslehre), Erwin Jacobi (Verfassungsgeschichte der Neuzeit) neben Marxisten wie Friedrich Behrens (Theorie und Geschichte der politischen Ökonomie), und als Gäste der Berliner Historiker Alfred Meusel (Geschichte der sozialen Bewegungen), Arthur Baumgarten (Dialektischer und historischer Materialismus) und schließlich Walter Markov (Russische Geschichte von der Bauernbefreiung 1861 bis Stalingrad 1943), so treten mit der Profilierung der Studienrichtungen immer stärker marxistische Lehrinhalte in den Vordergrund wie marxistische Wirtschaftstheorie der sozialistischen Planwirtschaft oder die Grundlagen marxistischer Kulturtheorie. Die Wirtschaftspolitikstudenten erhalten zudem Unterricht in den Fächern Steuerrecht, Wirtschaftsstatistik und Finanzmathematik. Die Sozialpolitikstudenten beschäftigen sich darüber hinaus mit Sozialstatistik, Gewerkschaftspolitik und Arbeits- und Verfassungsrecht. In Weltwirtschaftslehre, Geschichte der deutschen Außenpolitik 1870 bis 1914, deutsche Außenpolitik, russische und chinesische Geschichte werden die Außenpolitikstudenten speziell geschult und die Kulturpolitikstudenten in Publizistik, Museumskunde, deutsche Literatur, Ideologie- und Kulturgeschichte. Friedrich Behrens stützt sich in seinen Vorlesungen, Seminaren und Übungen in der Hauptsache auf Autoren wie Karl Marx, Friedrich Engels, Wladimir Iljitsch Lenin, Josef Wissarionowitsch Stalin, Rosa Luxemburg, Rudolf Hilferding und Henryk Grossmann. Für alle Studenten sind Grund- oder nach heutigem Sprachgebrauch Ringvorlesungen in Staatslehre, dialektischem und historischem Materialismus, allgemeiner Geschichte, Geschichte der Arbeiterbewegung,

II. Das Gefühl der Freiheit: Der Klassenkampf gegen die Demokratie

Staat und Außenpolitik, Hauptergebnisse der Naturwissenschaft in ihrer gesellschaftlichen Bedeutung sowie Grundzüge der modernen Kunst und Literatur verpflichtend.[12]

An dem Tag, an dem Gerhard Schulz von Luise Langendorfs Verschwinden erfährt, entnimmt er einem Bericht der Göttinger Universitätszeitung, dass „eine Reihe von Dozenten der Medizinischen Fakultät" der Universität Leipzig „ihre Lehrtätigkeit einstellen". Außerdem legt der Rektor der Universität, der brillante Philosoph Hans-Georg Gadamer, sein Amt nieder, um über den Umweg Frankfurt am Main schließlich die Nachfolge von Karl Jaspers in Heidelberg anzutreten. Kurz, knapp und resigniert heißt es in seinem Tagebuch: „Der Rektor verlässt Leipzig."[13] In dem Satz schwingt mit, dass sich Gerhard Schulz wie viele andere Studenten auch vom Rektor, der ihnen als Garant gegen die ideologische Gleichschaltung der Universität gilt, verlassen fühlt.

Seit Churchills grandioser Rede in Fulton wird der Kalte Krieg, der sich immer stärker entfaltet, zur Lebensrealität in der gesamten Gesellschaft, auch an den Universitäten. Hat man in der SBZ anfangs die Entnazifizierung auch dazu benutzt, das bürgerliche Bollwerk der Universität aufzusprengen, geht man seitens der SMAD und der deutschen Kommunisten ab 1946 dazu über, den „Klassenkampf" – oder schlicht den Kampf um die Macht, denn nichts anderes bedeutet der marxistische Begriff Klassenkampf – als Kampf der „Demokraten" gegen „undemokratische Kräfte" zu führen. Dass die Kommunisten, die laut ihrer Doktrin die Diktatur des Proletariats und die Herrschaft der kommunistischen Partei als bewussten Vortrupp des Proletariats anstreben, sich als die einzigen und als die wahren Demokraten darzustellen vermögen, funktioniert nur durch den Zirkelschluss, dass die Diktatur des Proletariats die höchste, die demokratischste Form der Demokratie ist. Es gehört zu den kommunistischen Techniken, im „ideologischen Klassenkampf" Begriffe zu besetzen und sie in ihr Gegenteil zu verkehren. Die sogenannte antifaschistisch-demokratische Ordnung wird zur ideologischen Nebelwand, hinter der die Verwirklichung der „Diktatur des Proletariats" durchgesetzt wird. Selbst diejenigen, die das erkennen, agieren taktisch in der Hoffnung, die neue Diktatur verhindern zu können. Doch wer sich auf die schiefe Ebene begibt, hält nichts auf, wie er vermeint, sondern rutscht selbst mit herunter.

Der Kalte Krieg ermöglicht den Sowjets, auf die Meinung im Westen überhaupt keine Rücksicht mehr nehmen zu müssen. „Und hinzu kommen die immer drohender werdenden Wolken am Himmel der Weltpolitik. Noch nie sah die Zukunft so ungewiss aus wie heute."[14] Gerhard Schulz wird im Zusammenhang mit Gadamers Weggang aus Leipzig in seinem Tagebuch am 29. September 1947 die langsam gewachsene Befürchtung nicht abweisen können, dass „die armseligen Bausteine einer neuen Existenz, die man unter Mühen zusammengetragen hat", erneut verloren gehen.[15]

Alles in Gerhard Schulz ist in Aufruhr. Am 9. Oktober 1947 ist er zurück in Leipzig, doch die Fortsetzung des Studiums beginnt deprimierend, zumal er über das Schicksal von Luise Langendorf nichts in Erfahrung zu bringen vermag. „Luise ist am 10. September verhaftet worden. Seitdem fehlt jede Nachricht von ihr. Ich vermag kaum die Kraft aufbringen, diese Nachricht zu fassen." Einen Tag später besucht er Luises Mutter und erfährt die Umstände der Verhaftung.

SED und SMAD nutzen im Kampf um die Stalinisierung Ostdeutschlands skrupellos alle Mittel, beginnend bei der Täuschung über die Verbreitung von Propagandalügen durch ihre Medien bis hin zu offenem Terror und brutaler Gewalt. Schulz fühlt, dass „eine dunkle, nicht angreifbare Macht [...] mit rücksichtslosen Mitteln das Ziel" verfolgt, „politische Aktivitäten – vor allem der Jugend – einer bestimmten Richtung auszuschalten."[16] Was Gerhard Schulz erlebt, bringt in London der Schriftsteller George Orwell, der die brutalen Methoden des Kampfes um die Macht im Spanienkrieg am eigenen Leib erfahren hat, in dem Roman „1984" allegorisch zu Papier. Zuvor hat er schon die Herrschaft der „Schweine" in der

Fabel „Farm der Tiere" vorgeführt und in dem beeindruckenden Bericht „Mein Katalonien" seine Erlebnisse in Spanien dargelegt. Orwell wird Augenzeuge des stalinistischen Terrors, den die sowjetischen „Militärberater" gegen Kämpfer der Interbrigaden hinter der Front entfalten. Republikaner, Kämpfer für die spanische Republik, werden nur deshalb ermordet, weil sie keine Stalinisten, sondern Anarchisten, Sozialisten oder Trotzkisten sind oder sie nur als solche denunziert werden.

Einer von Stalins Henkern in Spanien ist der Mörder vom Berliner Bülowplatz, Erich Mielke, der seit dem 30. November 1945 als Abteilungsleiter Polizei und Justiz im Zentralkomitee der KPD arbeitet. Das nennt man, den Bock zum Gärtner zu machen. Denn am 9. August 1931 hatte Erich Mielke als Mitglied einer paramilitärischen Gruppe der KPD auf dem Bülowplatz zwei Polizeioffiziere ermordet und war daraufhin in die Sowjetunion geflohen. Dass Mielke von den Nationalsozialisten in Abwesenheit zum Tode verurteilt worden wäre, gehört zu den vielen Lügen im Leben des Mehrfachmörders. Im Juli 1946 wird Mielke Vizepräsident der Deutschen Verwaltung des Innern (DVdI) und mit Gründung des Ministeriums für Staatssicherheit im Februar 1950 einer der Stellvertreter des Ministers Wilhelm Zaisser, im Range eines Staatssekretärs.

Die Verhaftung von Luise Langendorf zeigt die wirkungsvolle Absurdität des Terrors des sowjetischen Staatssicherheitsdienstes, der in einer Mischung aus Missachtung von Recht und Menschlichkeit, sturer Planerfüllung in der Jagd nach Feinden und Paranoia typisch ist. Getreu der These von Stalin, dass mit dem erfolgreichen Aufbau des Sozialismus die Feinde des Sozialismus immer zahlreicher, immer hinterlistiger und immer gefährlicher werden, hat der Staatssicherheitsdienst demzufolge immer wachsamer zu werden. Wachsamkeit, d. h. stete Denunziationsbereitschaft und ungebrochener Liquidationswille, gilt als erste Pflicht eines Kommunisten, der für die Sache sogar Familienmitglieder zu verraten hat. Und diese Wachsamkeit kann der Staatssicherheitsdienst nur dadurch unter Beweis stellen, dass die Zahl der Enttarnung und Verhaftung von Feinden der Sowjetmacht ständig steigt, weil eben mit den Erfolgen des Sozialismus die Zahl seiner Gegner exponentiell wächst. In der Quantität der Verhaftungen zeigt sich die Qualität des Dienstes. Werner Ihmels hat schon 1945 seinem Tagebuch die Beobachtung anvertraut: „Man schimpft über den Hass, den sie [die Nazis] gepredigt hätten, und verkündet den Klassenhass und die Ausrottung einzelner Schichten (Nazis). Auf Hass will man aufbauen. Ist das nicht paradox? Deutschland wohin?"[17]

Die „Gruppe Gallus": Wie sowjetische Militärgerichte Spione produzieren

Was war mit Luise Langendorf im Herbst 1947 eigentlich geschehen? Dazu müssen wir nach München schauen. Dort hat Alfred Schwingenstein 1946 den Christlichen Nachrichtendienst (CND) gegründet. Alfred ist der Sohn des Verlegers August Schwingenstein, der mit Franz Josef Schöningh und Edmund Goldschagg als Verlagsleiter der neuen *Süddeutschen Zeitung* vorsteht. Aus dem Christlichen Nachrichtendienst wird später (1952) die Katholische Nachrichten-Agentur (KNA) entstehen. Alfred Schwingenstein hatte das „Dritte Reich" nicht nur abgelehnt, sondern auch die Gefahr, in der sich der deutsche Katholizismus befand, deutlich erkannt. Es bestand für ihn kein Zweifel daran, dass die Nationalsozialisten sich nach der Vernichtung der Juden den Katholiken zuwenden würden. Wie jede Nachrichtenagentur sammelt der CND Informationen für die Presse. So ist es nur natürlich, dass Schwingenstein Nachrichten aus der SBZ über Bekannte wie den Mitbegründer der CDU in Leipzig, Otto Gallus, zu erhalten versucht. Als Teil ihrer Arbeit für die Pressestelle der CDU Leipzig wird Luise Langendorf von Otto Gallus darum gebeten, kleine Pressemitteilungen zu verfassen.

Zur selben Zeit studiert in München der aus Leipzig stammende Edmund Bründl. Seine Eltern leben weiter in der Heimatstadt. Edmund Bründls Großvater war ein Russlanddeutscher, im Nordosten der Ukraine geboren, Nachfahre von Einwanderern aus der Oberpfalz. 1929 oder 1930 kehrte die Familie nach Deutschland zurück und kam nach Leipzig. Dort besuchte Edmund Bründl auch die Schule und blieb Mitglied der von den Nationalsozialisten verbotenen Katholischen Jugend. Nachdem er 1943 zunächst zum Reichsarbeitsdienst, anschließend zur Wehrmacht eingezogen worden war, kehrte Bründl nach kurzer amerikanischer Gefangenschaft 1945 nach Leipzig zurück und beendete die Schule, um schließlich in München Zahnmedizin zu studieren. Die Eltern arbeiten aufgrund ihrer Russischkenntnisse als Dolmetscher für die SMAD. Mithilfe des CND erhält Edmund Bründl einen Presseausweis für die Leipziger Messe und kann daher im Frühjahr und im Herbst 1947 seine Eltern besuchen.

Doch am 7. September 1947 wird Edmund Bründl aus dem Messesonderzug auf der Rückfahrt von Leipzig nach München verhaftet und nach Dresden in das Hauptquartier des Sowjetischen Staatssicherheitsdienstes (MGB) überstellt. Dass der Student so gezielt verhaftet wird, geschieht aufgrund einer Denunziation. Durch wen und in Bezug worauf? Die Antwort auf diese Frage führt wiederum in die Nachwendezeit, Ende der 1990er Jahre nach Leipzig.

Am 27. Juli 1999 lehnt die 3. Strafkammer des Landgerichts Leipzig ein Verfahren gegen den ehemaligen Vorsitzenden der DDR-Blockpartei LDPD (Liberal-Demokratische Partei Deutschlands), Manfred Gerlach, wegen Freiheitsberaubung ab. Vorgeworfen wird Gerlach, Edmund Bründl, aber auch Werner Ihmels, Horst Krüger, Wolfgang Weinoldt sowie später die Mitglieder des „Antikommunistischen Aktionskomitees" Walter Nienhagen, Helmut Stelling und Rudolf Georgi beim sowjetischen Staatssicherheitsdienst denunziert zu haben, so dass sie verhaftet und nach dem berüchtigten Artikel 58 des Strafgesetzbuches der RSFSR

(Russische Sozialiastische Föderative Sowjetrepublik) wegen Spionage, antisowjetischer Propaganda und illegaler Gruppenbildung zu langjährigen Freiheitsstrafen verurteilt werden. Werner Ihmels stirbt in Haft.

Leipziger Liberale wie Walter Nienhagen, Helmut Stelling und Rudolf Georgi sind die ständigen Behinderungen in der politischen Arbeit durch die SMAD leid. Analog zum kommunistischen Aktionskomitee nennen sie sich „Antikommunistisches Aktionskomitee" und wollen ihre politische Tätigkeit über die Grenzen des von der SMAD reglementierten Maßes hinaus ausdehnen. Auch Manfred Gerlach gehört zu ihnen. Sie diskutieren im kleinen Kreis, entwerfen Flugblätter mit Texten wie „An die deutsche Bevölkerung in der sowjetischen Besatzungszone: Unterstützt nicht die Machenschaften auf dem Rücken der Bevölkerung von Berlin" oder mit Blick auf die Berliner Blockade: „Wir wollen uns nicht zum Handlanger der Kommunisten machen." Am 11. November 1948 wird das Antikommunistische Aktionskomitee verhaftet. Walter Nienhagen wird bis zum 26. November 1956 im Sonderlager Bautzen, das die Sowjets dann den Behörden der DDR übergeben, gefangen gehalten. Helmut Stelling wird im November 1955 und Rudolf Georgi im Sommer 1956 aus der Haft entlassen. Manfred Gerlach dagegen wird 1948 binnen Kurzem wieder auf freien Fuß gesetzt.

1997 beschuldigt die Staatsanwaltschaft Dresden Manfred Gerlach der Freiheitsberaubung in drei Fällen. Durch Gerlachs Denunziationen beim sowjetischen Staatssicherheitsdienst sollen Werner Ihmels und seine beiden Freunde Horst Krüger und Wolfgang Weinoldt, aber auch Edmund Bründl, Otto Gallus und Luise Langendorf, Walter Nienhagen, Helmut Stelling und Rudolf Georgi verhaftet und zu hohen Haftstrafen verurteilt worden sein. Die 3. Strafkammer des Landgerichts Leipzig kommt am 27. Juli 1999 zu der Überzeugung, „dass die Verhaftungen und Verurteilungen der Geschädigten Ihmels, Krüger, Weinoldt, Bründel [sic], Stelling, Nienhagen und Georgi auf die von dem Angeschuldigten an den sowjetischen Geheimdienst NKWD weitergegebenen Informationen zurückzuführen sind."[18] Obwohl das Landgericht inhaltlich die Anklagepunkte der Staatsanwaltschaft teilt, sieht es von einer Gerichtsverhandlung ab. Nicht etwa, weil die Denunziationen nicht beweisbar oder die Vorwürfe verjährt seien, sondern weil nach der „In dubio pro reo"-Regel nicht nachgewiesen werden könne, dass der Angeklagte die Folgen seiner Denunziationen habe absehen können. Die Beschwerde der Staatsanwaltschaft führt dazu, dass das Verfahren wieder aufgenommen wird, aber nun wegen „Verhandlungsunfähigkeit" des Angeschuldigten endgültig niedergeschlagen wird.[19]

Nachdem Manfred Gerlach die Volks- und Mittelschule absolviert hatte, arbeitete er ab 1944 als Justizangestellter. Ab 1945 gehörte er der LDP (später LDPD) an, durch deren Gleichschaltung sich ihm eine steile Karriere eröffnet. 1946 gründet Gerlach die FDJ in Leipzig mit, wird Mitglied im Zentralrat der FDJ, ist Mitglied des Landesverbandes Sachsen und Mitglied des Beirates für Jugendfragen beim Zentralverband der LDPD. Durch die Tätigkeit in der FDJ trifft er auch Werner Ihmels und Mitglieder der Katholischen Jugend. 1949 wird Manfred Gerlach Mitglied der ersten, nicht gewählten Volkskammer. Im April 1950 wählt ihn das Leipziger Stadtparlament zum Bürgermeister mit allen Stimmen der SED, die Gegenstimmen kommen aus seiner eigenen Partei und von der CDU. Von 1952 bis 1954 amtiert Gerlach als stellvertretender Oberbürgermeister von Leipzig. Ab 1960 bis zum Ende der DDR wird Gerlach einer der Stellvertreter des Staatsratsvorsitzenden und stellvertretender Vorsitzender des Volkskammerausschusses für Nationale Verteidigung und schließlich von Dezember 1989 bis April 1990 letzter Staatsratsvorsitzender der DDR sein. Ab 1967 steht er dann auch als Vorsitzender der LDPD vor.

Walter Nienhagen schreibt in seinen Erinnerungen: „Gerlach war es, der uns alle an die Russen verriet. Das bestätigte Kapitän Braverman [Offizier der SMAD in Leipzig] auch meiner Mutter, als sie ihn nach meiner Verhaftung darauf angesprochen hatte. Nachdem wir alle hinter Gitter saßen, machte Gerlach eine große Karriere […]."[20] Gerlach behauptet später in einer Rechtfertigungsschrift, er habe die Schwere der auf die Denunzierten zukommenden Strafen nicht voraussehen können. Zudem könne nicht übersehen werden, „daß laut Ermittlungsakten E. Bründel [sic!], K. Schwarze, L. Langendorf und O. Gallus einer Spionagegruppe zugehörten, dafür ausgebildet und gemeinsam verurteilt wurden!"[21] Aus welchen Ermittlungsakten weiß Gerlach, dass Edmund Bründl und Luise Langendorf erstens zu einer Spionagegruppe gehörten und zweitens vor allem dafür ausgebildet worden sind? Das ist die Übernahme der stalinistischen Verschwörungstheorie, die gegenüber den Verhafteten aufgebaut wird.

Edmund Bründl läuft 1947 in eine Falle, die, wie es nach Aktenlage aussieht, der zu dieser Zeit aufsteigende Jungfunktionär Manfred Gerlach mit stellte. Gerlach soll am 5. September Edmund Bründl „schriftliche Hintergrundinformationen über die ersten Studentenratswahlen in Leipzig in der Absicht gegeben haben, hierüber den NKWD zu informieren. Aufgrund dieser Information wurde der Geschädigte Bründl am 7.9.1947 aus dem Messesonderzug heraus verhaftet."[22]

In Dresden wird nach Art des sowjetischen Staatssicherheitsdienstes wie üblich eine konterrevolutionäre Verschwörung aus Menschen konstruiert, die teils einander nicht kennen und die auch kaum etwas miteinander zu tun haben. So wird im sächsischen Hauptquartier des sowjetischen Staatssicherheitsdienstes die „Gruppe Gallus" erfunden, zu der nach der Fantasie der Ermittler Otto Gallus als Führer der Spione, Luise Langendorf und der Student der Rechtswissenschaft Karl Schwarze gehören. Der Christliche Nachrichtendienst wird einfach zur amerikanischen Spionageorganisation erklärt und Edmund Bründl zum geheimen Kurier ernannt. Im Haftbeschluss vom 7. Oktober heißt es: „Im Juni 1946 hat GALLUS den Edmund BRÜNDL als seinen Agenten und Kurier angeworben, dieser überschritt mehrfach die Grenze zur amerikanischen Zone, insbesondere München, wo er Spionageinformationen über die Lage in der sowjetischen Besatzungszone Deutschlands an den Leiter des christlichen Informationsdienstes SCHWINGENSTEIN übergab, dessen Tätigkeit in engem Zusammenhang mit dem amerikanischen Geheimdienst stand."[23]

Edmund Bründl erklärt in Dresden, dass seine Informationen lediglich darin bestanden, dass er in Leipzig Otto Gallus vom Christlichen Nachrichtendienst ausrichten sollte, dass Hilfsgüter der Caritas über Berlin nach Leipzig verschickt worden seien. Von Otto Gallus erfuhr Edmund Bründl umgekehrt, dass die Spenden noch nicht angekommen seien. Es handelte sich um Bücher, um Hilfsleistungen der Katholischen Jugend für das Friedensfest und um Material für Vorträge über den Schriftsteller Reinhold Schneider, der dem katholischen Widerstand gegen die Nationalsozialisten angehörte und dem sich auch Edmund Bründl verbunden fühlt.

Edmund Bründl erklärt den Ermittlern, dass er für das Friedensfest der Katholiken in Leipzig und für Vorträge in München Material von und über den Schriftsteller besorgen und dieses Material beim nächsten Besuch zu Weihnachten und zur Silbernen Hochzeit seiner Eltern mitbringen wollte. Und dann verspricht Edmund Bründl dem sowjetischen Staatssicherheitsdienst: „Nächstes Mal werde ich aus München keinen Brief und keine Informationen über Hilfsaktionen der kirchlichen Jugend mitbringen. Ich wusste nicht, dass ich deswegen Unannehmlichkeiten bekommen würde, sonst hätte ich das niemals getan." Seine Verbindung zu den Freunden in Leipzig verdeutlicht Edmund Bründl mit den Worten: „Während der Naziherrschaft habe ich illegal in der Organisation ‚Katholische Jugend' gearbeitet, denn sie war verboten [...] die Freunde und die Kameraden aus früher Jugend sind auch jetzt meine Freunde. Ich war mit ihnen zusammen und habe alles gemacht, was ich damals in der Katholischen Jugend tat." Das holprige und entstellende Deutsch erklärt sich aufgrund der doppelten Übersetzung.

Vom Material über die erste Studentenratswahl in Leipzig, das er, wie es aussieht, von Gerlach erhalten hat, spricht Bründl nicht. Dieses Material aber wird die Grundlage für die Anklage wegen Spionage bilden. Auf dieser Grundlage wird der Haftbefehl erstellt, auf dieser Grundlage wird die „Gruppe Gallus" konstruiert, auf dieser Grundlage werden am 10. September 1947 Otto Gallus und Luise Langendorf verhaftet, die gleichfalls nach Dresden überstellt werden. Der Student Karl Schwarze wird am 7. Dezember 1947 festgenommen.

Am 11. Mai 1948 findet der Prozess vor dem Sowjetischen Militärtribunal statt, geheim, ohne Publikum, ohne Ankläger, ohne Verteidiger. Man nennt diese Art des Gerichts „Troika": ein Richter und zwei Beisitzer führen den Prozess durch und fällen das bereits vorher gefundene Urteil. Für die Troika ist es nur eine Formalie, Routine und im Grunde Fließbandarbeit. Otto Gallus, Karl Schwarze, Edmund Bründl und Luise Langendorf werden zu 25 Jahren Lagerhaft im Sonderlager verurteilt, alle auf der Grundlage von Artikel 58 des Strafgesetzbuches der RSFSR, und zwar nach dem Abschnitt 6, der die „Spionage, d. h. Weitergabe, Entwendung oder zwecks Weitergabe vorgenommene Sammlung von Nachrichten, die sich ihrem Inhalt nach als ein besonders schutzwürdiges Staatsgeheimnis darstellen, zugunsten ausländischer Staaten, konterrevolutionärer Organisationen oder Privatpersonen" unter Strafe stellt. Was als „schutzwürdig" gilt, legt der Richter fest. In einer geschlossenen Gesellschaft, in der es keine kritische, eigentlich überhaupt keine wirkliche Öffentlichkeit gibt, kann selbst das Wetter ein Geheimnis darstellen.

Nach dem Artikel 58, Abschnitt 10 des Strafgesetzbuches der RSFSR wird „die Propaganda oder Agitation, die zu Sturz, Unterhöhlung oder Schwächung der Sowjetherrschaft oder zur Begehung einzelner konterrevolutionärer Verbrechen (Art. 58.2–58.9 dieses Gesetzbuches) auffordert, sowie die Verbreitung, Herstellung oder Aufbewahrung von Schriften gleichen Inhalts" unter Strafe gestellt. Nach Abschnitt 11 wird die auf „die Vorbereitung oder Begehung der in diesem Kapitel vorgesehenen Verbrechen gerichtete organisatorische Tätigkeit jeglicher Art sowie die Teilnahme an einer Organisation, die zur Vorbereitung oder Begehung eines in diesem Kapitel vorgesehenen Verbrechens gebildet worden ist", bestraft. Auf viele Vergehen steht, wie im Artikel 58.2 des Strafgesetzbuches der RSFSR beschrieben, unter anderem die Todesstrafe: „die schwerste Maßnahme des sozialen Schutzes – Erschießung oder Erklärung zum Feind der Werktätigen, verbunden mit Vermögenskonfiskation, Aberkennung der Staatsangehörigkeit der Unionsrepublik und damit der Staatsangehörigkeit der Union der SSR und dauernder Verweisung aus dem Gebiet der Union der SSR; bei Vorliegen mildernder Umstände ist Herabsetzung bis zu Freiheitsentziehung nicht unter drei Jahren, verbunden mit völliger oder teilweiser Vermögenskonfiskation, zulässig [...]."[24]

Glück im Unglück ist für die unschuldig Verurteilten, dass die Todesstrafe zu dieser Zeit vorübergehend ausgesetzt ist. Otto Gallus wird seine Haftstrafe bis zum 10. August 1956 in Bautzen und Torgau verbüßen, Edmund Bründl bis zum 25. Juli 1956 in Bautzen, ebenso Karl Schwarze bis zum 1. Januar 1954. Luise Langendorf wird nach Sachsenhausen verschleppt, in das ehemalige KZ der Nationalsozialisten, das die Sowjets als Speziallager weiterführen, dann 1950 in das berüchtigte Frauengefängnis Hoheneck. Von dort wird sie nach Berlin-Hohenschönhausen verlegt und schließlich am 1. Januar 1955 entlassen.

Über Luise Langendorf schreibt Gerlach: „Die am Ende der Ermittlungen eingeführte Zeugin Luise Langendorf (S. 17), die sagt, ihr sei von den sowjetischen Richtern explizit mitgeteilt worden, Gerlach habe sie der Spionage bezichtigt, ist – wenn man ihr Aussageprotokoll liest – wohl nicht ernst zu nehmen. Ich habe diese Frau nie gesehen und von ihrer Existenz keine Kenntnis gehabt; und die ganzen Jahre hat laut Akten auch niemand auf sie verwiesen. Nicht übersehen werden kann allerdings, daß laut Ermittlungsakten E. Bründel [sic!], K. Schwarze, L. Langendorf und O. Gallus einer Spionagegruppe zugehörten, dafür ausgebildet und gemeinsam verurteilt wurden!"²⁵ Für Manfred Gerlach wurde Luise Langendorf also zu Recht verurteilt.

Sieben Jahre verbringt Luise Langendorf hinter Gittern. Schwere gesundheitliche Schäden werden von der Haft zurückbleiben. Das alles nur, weil sie sich im Rahmen der geltenden Bestimmungen politisch betätigt und Artikel geschrieben hatte. Ihre Mutter übersiedelt nach ihrer Verhaftung nach West-Berlin und geht ganz in ihrer politischen Tätigkeit gegen die entstehende Diktatur in der SBZ auf. „Nun hat sie auch mehr als jemals Grund dazu. Luise ist inzwischen zu einer unbekannten Strafe verurteilt, ihr Vermögen beschlagnahmt worden"²⁶, hält Gerhard Schulz am 8. September 1948 nach seiner Rückkehr aus Berlin nach Leipzig in seinem Tagebuch fest.

Der Tagebucheintrag beginnt damit, dass Schulz zitiert: „Der Mob stürmte vorgestern das Stadthaus". Als am 6. September 1948 die Stadtverordnetenversammlung von Groß-Berlin im Neuen Stadthaus im Ostteil zusammentreten will, haben von der SED aufgehetzte Demonstranten das Gebäude umstellt, so dass die Abgeordneten keinen Zutritt bekommen. Da die Ost-Berliner Polizei und die sowjetischen Besatzer den „Mob" unterstützen, beruft der Vorsitzende der Stadtverordnetenversammlung, Otto Suhr, eine Sitzung im Studentenheim der TU in Charlottenburg ein, an der lediglich die Abgeordneten der Westsektoren teilnehmen. Damit beginnt die Spaltung der Stadt. Für Gerhard Schulz stellt sich immer drängender die Frage, wie für viele andere Studenten und Akademiker auch, ob sie im Osten bleiben oder in den Westen gehen sollen. Schulz sieht sich jedenfalls einmal an der Freien Universität um. Schließlich kann er nicht die Augen davor verschließen, dass den bürgerlichen, den wirklich demokratischen Kräften auch in Leipzig die Felle wegschwimmen. Selbst der couragierte Vorsitzende des Studentenrats, Wolfgang Natonek, lässt gegenüber Schulz durchblicken, dass er „zu Beginn des kommenden Wintersemesters zurücktreten" will. Schulz erfährt, dass er verschiedentlich als Nachfolger Natoneks vorgeschlagen worden sei, doch er gibt zu verstehen, dass seine „Wünsche nicht nach diesem Posten gingen."[27]

1946 und 1947 existieren trotz willkürlicher Verhaftungen wie die der „Gruppe Gallus" Hoffnungen auf eine demokratische Entwicklung. Ludwig Lendle, der als Prorektor für die Freiheit der Universität streitet, notiert über die Kommunalwahl 1946 in Sachsen noch hocherfreut: „Freue mich jetzt erst richtig über das kaum erhoffte Wahlergebnis. Sachsen hat also doch Mut gehabt, Rußland u. SED eine Absage zu geben."[28] In Leipzig erzielten die bürgerlichen Parteien eine Mehrheit, eine knappe zwar, aber immerhin. Doch die SMAD lässt sich von dem Wahlergebnis nicht beeindrucken, und die SED lernt daraus. Sarkastisch vermerkt Lendle in seinem Tagebuch: „Demokratisierung muss fortschreiten entgegen"[29] den Wahlergebnissen, denn demokratisch ist für die SED nur, was ihre Macht stärkt, was sie schwächt, sieht sie als Wirken demokratiefeindlicher Kräfte, die mit allen Mitteln bekämpfte werden müssen, an. Zu den demokratiefeindlichen, zu den undemokratischen, zu den rechten Kräften gehört bald schon der Theologiestudent Werner Ihmels, der zu dieser Zeit noch als Verbindungsmann der lutherisch-evangelischen Kirche zum Zentralrat der FDJ wirkt.

Werner Ihmels: Das Ende christlicher Jugendarbeit

Der Theologiestudent Werner Ihmels, Sohn des Direktors der Evangelisch-Lutherischen Mission in Leipzig, steht bereits den Nationalsozialisten ablehnend gegenüber und gerät, weil er eine kirchliche Jugendgruppe leitet, mit dem NS-Regime in Konflikt. Zwischen Reichsarbeitsdienst und dem Einzug in die Wehrmacht immatrikuliert er sich 1944 an der Leipziger Universität. Kaum aus dem Krieg 1945 zurückgekehrt, wird er Mitglied der CDU, arbeitet als Praktikant des kirchlichen Jugendamtes, wovon er 1946 entbunden wird, weil er sich auf das Studium der Theologie konzentrieren will. Außerdem leistet er christliche Arbeit unter den Studenten. Unter seiner Mitwirkung entwickeln sich aus der altersmäßig abgestuften Bibelarbeit unter Schülern die „Jungen Gemeinden". Nicht ohne große Zweifel arbeitet er in den antifaschistischen Jugendausschüsen mit. „Ich habe nun doch die Berufung in den Unterausschuss der Jugend angenommen, aus dem Gefühl der Verantwortlichkeit heraus. Vielleicht kann ich da doch manches verhindern und abbremsen. Gott möge mir dabei helfen und nach seinem heiligen Willen leiten."[30]

Als es in verschiedenen Orten zu Übergriffen kommunistischer FDJ-Funktionäre in die Arbeit der Jungen Gemeinden kommt, beruft die Sächsische Landeskirche einen Verbindungsmann zur Landesleitung der FDJ, damit die Konfliktfälle angesprochen und geprüft werden. Werner Ihmels rückt in diese Position, nachdem sein Vorgänger in den Westen geflohen ist. Doch können die Kirchenvertreter immer weniger ausrichten. Zwar sitzen im Zentralrat der FDJ ein Beauftragter der katholischen und ein Beauftragter der evangelischen Kirche. Im Frühjahr 1947 wird jedoch der katholische Vertreter verhaftet, sein evangelischer Kollege flieht nach West-Berlin. Im Sommer geraten FDJ-Chef Honecker und der Beauftragte der lutherisch-sächsischen Kirche Werner Ihmels heftig aneinander. Honecker erklärt, dass es ausreichen müsse, dass christliche FDJ-Mitglieder den Gottesdienst am Sonntag besuchen können, damit endeten aber ihre Sonderrechte. Ansonsten hätten sich auch die christlichen FDJ-Mitglieder genau an die vom Zentralrat vorgegebene Leitlinie zu halten und in ihren Zusammenkünften die vom Zentralrat vorgegebenen Themen zu behandeln. Nach dieser Auseinandersetzung mit Honecker ist Ihmels klar, wie illusorisch es ist, in der FDJ für die Überparteilichkeit zu kämpfen. Die Jugendorganisation ist in ihren Leitungspositionen vollkommen von Kommunisten unterwandert. Die vorgegebene

Überparteilichkeit stellt sich als große Lüge heraus. Der Antifaschismus entpuppt sich, um ein Wort von Kurt Schumacher zu verwenden, als rot lackierter Faschismus.[31]

Werner Ihmels betreibt den Wechsel von der Leipziger zur Tübinger Universität und erhält schließlich auch die Zusage auf einen Studienplatz. Das Gespräch mit Honecker hat ihm unabweisbar vor Augen geführt, dass in der Sowjetischen Besatzungszone eine kommunistische Diktatur errichtet werden soll. An seinen Bruder schreibt Werner Ihmels am 22. August 1947, als er sich in dem kleinen Städtchen Frohburg, das auf halbem Weg zwischen Leipzig und Chemnitz liegt, aufhält: „Unser Verhältnis zur FDJ möchte ich jetzt lösen. Ich empfehle allen, aus der FDJ auszutreten. Doch soll das geschickt gemacht werden. Das, was ich in den letzten Wochen erlebt habe, genügt mir vollauf."[32] Er beginnt, Material über die Vorgänge in der SBZ zu sammeln, andere Schüler und Studenten helfen ihm. Als sich Werner Ihmels am 16. September 1947 von seiner Familie und von seinen Freunden verabschiedet, um nach Tübingen zu fahren, dem Studium in dieser alten Universitätsstadt entgegen, ahnt er nicht, dass es ein Abschied für immer sein wird. Zu dem Zug, der ihn nach Tübingen bringen soll, kommt er nicht mehr. Am Bahnhof erwartet ihn die Polizei. Außer ihm geraten auch der 16-jährige Oberschüler Horst Krüger und der Immatrikulationsreferent im Studentenrat der Leipziger Universität Wolfgang Weinoldt (CDU) in die Fänge des sowjetischen Staatssicherheitsdienstes.

Das im vorigen Kapitel schon zitierte Landgericht Leipzig kommt zu dem Schluss: „Nach dem Ergebnis der vorläufigen Ermittlung ist wahrscheinlich, dass der Angeschuldigte [Manfred Gerlach] Kenntnis davon hatte, dass der Geschädigte Ihmels im August 1947 die Geschädigten Weinoldt und Krüger zum Zweck der Beschaffung von Informationen über die Sowjetische Besatzungszone angeworben hatte."[33] Das Landgericht Leipzig nimmt an, dass Manfred Gerlach nach Absprache mit Werner Ihmels Horst Krüger im September Material über die Demontage und über den Abtransport von Industrieanlagen aus der Region Borna übergeben hat. Horst Krüger soll das Material an einen Kurier am 15. September 1947 an der Paul-Gerhard-Kirche in Leipzig unter Verwendung einer Parole übergeben haben. Wenn das Material tatsächlich von Manfred Gerlach stammt, dann wurde Werner Ihmels durch Gerlach eine Falle gestellt.

Horst Krüger erinnert sich, dass beim Luftangriff auf Leipzig am 4. Dezember 1943 nicht nur das Leben seiner Großeltern, sondern auch sein Kinderglaube zerstört wurde. Auch der Konfirmandenunterricht bringt ihm nicht den Glauben an Gott zurück. Das gelingt erst dem 20-jährigen Theologiestudenten Werner Ihmels im Bibelunterricht. Bei Ihmels geht es nicht autoritär zu, alles darf in Bezug auf die Bibel diskutiert, jede Ansicht darf vertreten, jede Frage gestellt werden. Die Ausfahrt ins Dörfchen Sehlis wird zum Erlebnis und zum Abenteuer für seine Jungs. Im Literaturzirkel, den auch Werner Ihmels leitet, lesen die Jungen und Mädchen, die zu diesem Kreis stoßen, Werke von Dostojewski, Eichendorff und Goethe. Laut Horst Krüger besitzt Werner Ihmels die Gabe, lebendig zu erzählen, zu argumentieren und zu interpretieren. Damit die Jungen und Mädchen des Bibelkreises und des Literaturzirkels lernen, wie Demokratie funktioniert, nimmt er sie mit in die Universität zu einer Studentenversammlung, in der er öffentlich erklärt: „[D]er Marxismus wird am falschen Menschenbild scheitern."[34] Horst Krüger vermutet, dass er bereits auf dieser Versammlung im Sommer 1947 „ins Fadenkreuz der sowjetischen Geheimpolizei geriet."[35] In der sächsischen Zentrale des sowjetischen Staatssicherheitsdienstes sieht Horst Krüger kurz nach seiner Verhaftung Werner Ihmels, den er schon in Tübingen glaubt, zufällig durch den Spion seiner Zelle.

Am 12. November 1947 gelingt es Werner Ihmel, einen Kassiber an die Eltern aus dem Gefängnis zu schmuggeln. Er klingt wie ein Abschiedsbrief: „Liebe Eltern! Lebt wohl, wo und wann wir uns wiedersehen, steht allein in Gottes Hand, der mich ach

II. Das Gefühl der Freiheit: Der Klassenkampf gegen die Demokratie

so wunderbar führt. Habt Dank für alle Eure Liebe – verzeiht mir all den Kummer, den ich Euch machte. Auch jetzt mit meiner Haft. Doch habe ich oft Segensreiches getan. Was aus mir wird, weiß ich nicht, ob Deutschland oder Rußland (ist) unbekannt. Gottes Arm reicht auch dorthin. Bis jetzt geht es mir sehr gut. Macht Euch weder Sorgen noch Vorwürfe. Es war gut so ... Vergesst mich nicht, aber trauert nicht. Gott hat einen Weg für mich, der mich zu ihm in sein Reich führt. Ich habe nur zu danken. Viel denke ich an Euch und an Eure Liebe. Ihr habt mich damit überreich beschenkt. Ach könnte ich Euch noch einmal meine Liebe beweisen. Im Gebet finden wir uns vor Gottes Thron schon jetzt und einstmals für immer. Lebt wohl. In Liebe Werner."[36]

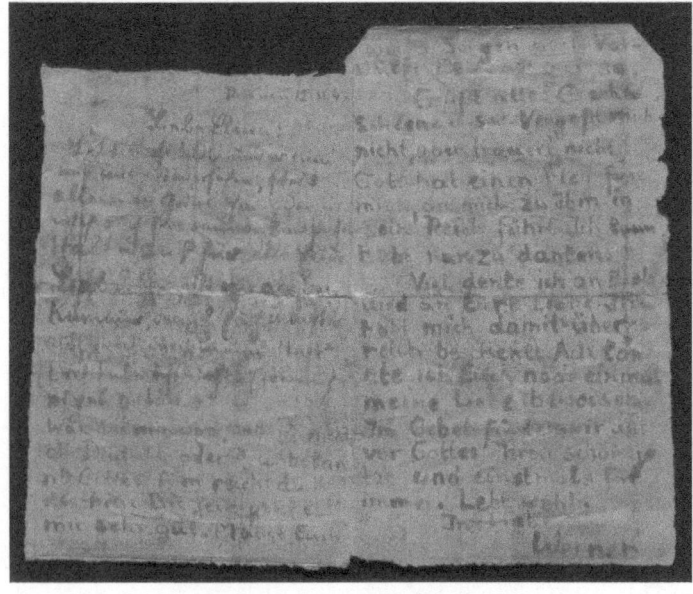

Aus dem Gefängnis geschmuggelter Kassiber Werner Ihmels, November 1947

Werner Ihmels: Das Ende christlicher Jugendarbeit

Am 2. Dezember 1947 sehen sich Werner Ihmels, Horst Krüger und Wolfgang Weinoldt unter den deprimierenden Umständen ihrer Gerichtsverhandlung vor dem sowjetischen Militärtribunal wieder. Werner Ihmels und Horst Krüger werden zu 25 Jahren, Wolfgang Weinoldt zu 15 Jahren Arbeitslager verurteilt. Man verschleppt sie nicht nach Sibirien, sondern in das Sowjetische Speziallager Nr. 4 nach Bautzen, das im Volksmund das „Gelbe Elend" heißt. Im schriftlichen Urteil, das Horst Krüger erst 50 Jahre später vorliegen wird, „wird auch Manfred Gerlach als Mittäter genannt. Er war aber nicht mit anwesend."[37]

In Bautzen sind die drei Gefangenen unzertrennlich. Doch die Haftbedingungen sind mörderisch, die Todesrate unter den Häftlingen ist enorm. Typhus, Diphterie und vor allem Lungentuberkulose grassieren. In dem sonst so lauten Gefängnis wird es immer dann still, wenn der Leichenkarren über das Kopfsteinpflaster rumpelt, der die verstorbenen „Leidensgefährten in die Chlorkalkgruben brachte. An manchen Abenden fuhr er mehrmals, denn die Sterblichkeit war 1948 hoch."[38]

Horst Krüger zählt damals 17 Jahre. Nicht nur seinen minderjährigen Zellengenossen tröstet Werner Ihmels, sondern er hält auch Andachten, was wie das Schachspielen, in dem er sich mit Horst Krüger misst, streng verboten ist. Im Januar 1949 erleidet Werner Ihmels einen Blutsturz und wird auf die Tuberkulosestation verlegt. Am 27. Mai 1949 darf Ihmels endlich auch offiziell einen Brief an seine Eltern schreiben. Bedenkt man die Umstände, bekommen die Worte, mit denen er seinen Brief einleitet, eine besondere Bedeutung: „Immer wieder muss ich an Mutters Worte denken: Junge, der Abschied fällt mir so schwer. Ja, es ist manches anders gekommen, als wir es gewünscht und gedacht haben." Dann informiert er die Eltern, dass er zu 25 Jahre Arbeitslager verurteilt worden ist. „Das ist eine sehr lange Zeit! Dass jetzt die Zeit der Ungewissheit vorbei sein soll, dass ich nun von Euch Nachricht bekommen kann, dünkt wie ein Wunder […] Ich bin ja so glücklich, Euch endlich ein Lebenszeichen geben zu können." Er ringt mit sich, ob er über seine Erkrankung schreiben soll, schließlich will er den Eltern weder Sorge noch Kummer bereiten. Da ihn aber die Mutter lehrte, immer die Wahrheit zu schreiben, berichtet er darüber, dass er an Lungentuberkulose (Tbc) erkrankt sei; in den Nachkriegsjahren ist Tbc nicht nur im Gefängnis eine äußerst gefährliche Krankheit. Man merkt, wie Werner Ihmels um einen optimistischen Grundton kämpft. Obwohl die Tbc leicht sei und er „nur links eine Verschattung" habe, „wurde mir doch ein Pneumothorax angelegt, um die Heilung zu garantieren. Ich habe seitdem schon 16 Pfund zugenommen. Augenblicklich habe ich als Komplikation eine Rippenfellentzündung, doch hoffe ich, sie im Wesentlichen schon gut überstanden zu haben. Macht Euch um mich wirklich keine unnötigen Sorgen. Das alles klingt viel schlimmer, als es in Wirklichkeit ist, zudem meine Heilung schreitet gut vorwärts. Wenn Ihr mich sehen würdet, unsere fröhlichen Augen und unser gutes Aussehen hier, Ihr würdet viel beruhigter sein."[39]

Am 27. Juni wird auch bei Horst Krüger Tbc festgestellt. Trost ist ihm, dass er Werner Ihmels wiedersehen wird. Kaum auf der Tuberkulosestation angekommen, fragt er auch schon nach ihm. Die Antwort ist kurz, sachlich, hart: „Werner Ihmels ist vorgestern gestorben." Am selben Tage tragen der Leiter der Sanitätsabteilung, ein Major Baskow, und der Feldscher Leutnant Gulyj ins Totenbuch des Sonderlagers über den „gefangenen Deutschen Ihmels Werner" ein: „Der Verstorbene wurde 1926 in Leipzig geboren und lebte in Leipzig Paul-Lost-Straße 19. Der Tod trat ein am 25. Juni 1949 um 15 Uhr durch offene Tbc des linken Lungenflügels, Lungenembolie."

Vier Tage zuvor hat jemand in Leipzig, in der Verwaltung der Universität, auf Werner Ihmels handschriftlich verfassten Lebenslauf vom 26. April 1946 mit rotem Stift vermerkt: „exma. 21.6.1949 aus politischen Gründen".

Da man im September 1947 weiß, dass Werner Ihmels in den Westen gehen wird, warum hat man den „Störenfried" nicht einfach ziehen lassen? Warum musste man ihm eine Falle stellen? Die Antwort findet sich im Vernichtungswillen der kommunistischen Gesinnungsethiker begründet, die keine andere Meinung zulassen können, die gegen alle mit tödlichem Hass erfüllt sind, die ihre Utopie nicht teilen. Horst Krüger wird 1950, Wolfgang Weinoldt 1954 aus der Haft entlassen.

Die Ereignisse um Werner Ihmels zeigen, dass die SED- und FDJ-Funktionäre den Kampf um die Universität Leipzig mit allen Mitteln führen und bereit sind, über Leichen zu gehen. Es herrscht Klassenkampf, Pardon wird nicht gegeben. Nachdem die Kommunisten massiv gegen die Christdemokraten an der Universität vorgegangen waren, geraten nun die Liberaldemokraten ins Fadenkreuz, zumal die LDP-Gruppe der Universität unter der Führung politisch außerordentlich begabter Studenten die Machtübernahme von FDJ und SED im Studentenrat verhinderte.

Wolfgang Natonek: Die Befreiung von den Schatten des Nationalsozialismus

Wie schreibt man nach acht Jahren an einen Vater, „von dem jede Spur verloren zu sein schien und dessen Schicksal sich scheinbar in einem Nichts verlor"[40]? Vor dieser Frage steht der Student der Philosophischen Fakultät der Universität Leipzig, Wolfgang Natonek, seitdem er am 13. November 1946 einen Brief seines Vaters im Leipziger Polizeipräsidium in Empfang genommen hat, in dem sich dieser bei der Polizei nach seinen Kindern erkundigt. Seit seiner Flucht von Prag nach Paris, die ihn später weiter in die USA führen sollte, hat Hans Natonek nichts mehr von seiner Familie gehört. Wolfgang, den er zum letzten Mal als Jugendlichen gesehen hat, ist inzwischen ein erwachsener Mann von 26 Jahren geworden, der mit Wiedereröffnung der Leipziger Universität im Februar 1946 die Fächer Philosophie und Germanistik und daneben noch Englisch, Geschichte und Publizistik belegt. Das Ende des

Nationalsozialismus eröffnet ihm endlich die Möglichkeit, seine Fähigkeiten zu entfalten.

Wolfgang Natonek versucht, das Ungewöhnliche der Lebensumstände der getrennt lebenden Familie zu verallgemeinern und ihnen damit das Besondere zu nehmen. Doch ist seine Verunsicherung hinter der disziplinierten Sachlichkeit deutlich spürbar, die er jedoch, obwohl er um sie in ausufernden Sätzen ringt, letztlich nicht durchhält. Da die „Menschen eines ganzen Kontinents von Ost nach West und von Westen nach Osten getrieben wurden", schreibt er in seinem ersten Brief an den fremden Vater, „da gehört es auch nicht mehr zu den Sonderfällen, dass Väter und Kinder jahrelang getrennt sind und nichts voneinander hören. Dass bei allem über dieses Land, ja ich möchte sagen über ganz Europa hereinbrechenden Elend unser Schicksal eines von den wenigen war, das sich durch eine kaum erahnte Härte auszeichnete und bereits seine Schläge auszuteilen begann, da das Leben anderer ‚in einem unbeschreiblichen Taumel' sich auf nie erhoffte Höhepunkte zu bewegen schien, dass unsere Trennung also im Grunde schon in jenen verhängnisvollen Wochen des Jahres 1933 einsetzte, als sich über Deutschland das zu legen sich anschickte, was man heute hier als eine ‚zwölfjährige Nacht' bezeichnet, das erscheint mir heute, da ich Deine Zuschrift in den Händen halte, als der Vollzug eines Gesetzes, das aufzuhalten und zu verhindern weder in unserer noch in eines anderen Menschen Macht lag."[41]

Wolfgang Natonek nimmt sich Zeit für diesen Brief an den Vater, er wird lang und geschliffen formuliert. Er will sich vor dem Schriftstellervater stilistisch keine Blöße geben. Der Brief wird nicht nur ein Bericht über die Zeit im Nationalsozialismus und über das Aufatmen und die Rückkehr des Lebens seit seinem Ende, sondern auch Anlass zur Rechenschaft, Selbstbefragung und Positionsbestimmung. Den Schock der Trennung hat der Sohn fest eingekapselt und tief im Herzen verwahrt.

Im Jahr 1933 ist Wolfgang Natonek 14 Jahre alt. Der bewunderte Vater, eher ein Schriftsteller, doch als Journalist sehr erfolgreich, ist Feuilletonchef der *Neuen Leipziger Zeitung*. 1892 in Prag als Sohn eines Direktors der Versicherungsgesellschaft des Triester Lloyd geboren, studiert Hans Natonek während des Ersten Weltkrieges in Wien und Berlin. In Halle volontiert er bei der *Saale-Zeitung* und lernt dort die 18-jährige Tochter eines Handwerkers kennen, die im Schuhgeschäft ihrer Verwandten arbeitet, heiratet die sechs Jahre jüngere Frau und geht mit ihr nach Leipzig. Dort reüssiert er als Redakteur des *Leipziger Tageblatts*, das 1926 mit der *Neuen Leipziger Zeitung* vereinigt wird und dem Ullstein-Verlag gehört. In Leipzig wird am 3. Oktober 1919 Wolfgang Natonek geboren, 1924 folgt die Tochter Susanne. Hans Natonek publiziert nebenher in zahlreichen Blättern und Zeitungen und bringt es dabei zu einem hübschen Einkommen.

Wolfgang bekommt nicht allzu viel von seinem Vater mit, der nach seiner Beschreibung ein Mann ist, „der in seiner Tätigkeit voll aufging. Sein Leben war ganz und gar der Beruf. Seine eigene Freizeit hat er auf null gesetzt. Er kam nachts nach Hause. Wenn Premiere am alten Theater war, kehrte meine Mutter allein zurück. Er saß in der Johannesgasse und schrieb seine Kritik."[42] 1927 erscheint Natoneks erstes erzählerisches Buch, „Schminke und Alltag", 1929 der Roman „Der Mann, der nie genug hat", 1930 „Geld regiert die Welt", 1932 „Kinder der Stadt". Hans Natonek findet zu seiner Bestimmung als Romancier und beginnt, sich als Schriftsteller durchzusetzen. Thomas Mann schätzt ihn, Joseph Roth, mit dem ihn bald schon eine Freundschaft verbindet, noch mehr. Doch in dem Moment, in dem sich sein literarischer Durchbruch gerade vollzieht, zerstört die Machtübernahme durch die Nationalsozialisten seine Lebensgrundlage als Schriftsteller. Seine Karriere wird sich davon nicht mehr erholen und auch Hans Natonek selbst nicht, für den das Leben zur Flucht wird.

1933 zerbricht nicht nur die Welt des Vaters, sondern auch die Welt des Sohnes, und das in doppelter Weise. Denn ausgerechnet in diesem Jahr verlässt der Vater, der sich in eine junge Redakteurin verliebt hat, die Familie, zurück bleibt bei der verlassenen

Ehefrau nur eine tiefe Verletzung und schließlich Hass. Als Kinder eines staatenlosen Juden, denn Hans Natonek wird die deutsche Staatsbürgerschaft aberkannt, was die gesamte Familie trifft, verändert sich ihre Welt schlagartig und wird ihnen fremd. Hans Natonek hat ein Konto für die Ausbildung der Kinder eingerichtet, doch das Konto wird gesperrt, die Familie überlebt vorerst durch Überweisungen Hans Natoneks und des Vaters seiner neuen Liebe. Der Schriftsteller, der sich selbst nur mühevoll über Wasser hält, flieht erst nach Prag, dann nach Paris. Exil ist eine triste Existenz, wenn man nicht Thomas Mann heißt. Die neue Frau, für die er seine Familien verlassen hat, bleibt nicht bei ihm. Während sie nach London emigriert, gelingt es Hans Natonek auf abenteuerlichen Wegen, mit viel Glück und mit Unterstützung von Thomas Mann gemeinsam mit der Schauspielerin und Schriftstellerin Hertha Pauli und dem Schriftsteller Walter Mehring in die USA zu fliehen. Pauli, befreundet mit Walter Mehring und Ödön von Horvath, arbeitete mit Letzterem an dessen Stück „Die Unbekannte aus der Seine", war in den USA journalistisch tätig und verfasste Kinder- und Jugendbücher. Walter Mehring gehörte zu den bedeutenden Dichtern, die vor allem in den 1920er Jahren in Berlin reüssierten und zeigten, dass deutsche Literatur satirisch, scharfzüngig, elegant und leichtfüßig sein kann. Der Schriftsteller Ernst Weiß, der nicht mehr an die Rettung glaubte, nahm sich in Paris das Leben. „Im Tumult der Panik vergaßen wir ihn", schreibt Natonek, „liefen über ihn hinweg, nur fort, blindlings, schlechte Soldaten der Flucht [...]."[43]

In den USA heiratet er erneut und zieht schließlich nach Tucson, in die Provinz, in die Wüste von Arizona. Obwohl der Schriftsteller sich müht, seine Bücher in amerikanischer Sprache zu verfassen, bleibt ihm der Erfolg versagt. Von Arizona schreibt er nach Leipzig, und schließlich gelangt der Brief in die Hände seines nunmehr 26-jährigen Sohnes, der noch vor Kurzem in die Spalte seines „Antrages auf Immatrikulation" nach dem Vater gefragt eingetragen hat: „seit 1938 verschollen".

Wolfgang Natonek: Die Befreiung von den Schatten des Nationalsozialismus

Die in Leipzig zurückgelassene und verlassene Familie schlägt sich in größter Not durch. Den wachen und adoleszenten Sohn verletzt der Makel, mehr noch aber die Peinlichkeit tief, dass oft das Schulgeld nicht aufgebracht werden kann. Wegen der Mietschulden werden die Möbel gepfändet. Die Familie zieht in ein Zimmer, schließlich ausgebombt, die gesamte Habe von Mutter und Tochter findet in einem Koffer Platz, der ihnen auch noch gestohlen wird. Mit eisernem Willen, sich nicht unterkriegen zu lassen, um eines Tages Mutter und Schwester helfen zu können, gelingt es Wolfgang Natonek, am Leipziger Petri-Gymnasium das Abitur zu bestehen, und er studiert zunächst Veterinärmedizin. 1940 wird er zur Wehrmacht eingezogen, doch als Staatenloser und als „Halbjude" als „wehrunwürdig" wieder entlassen. Möglicherweise rettet ihm dieser Umstand auch das Leben. Zurück in Leipzig beginnt der hochbegabte junge Mann, in der Kfz-Firma von Ernst Wiegand zu arbeiten. Überhaupt als „Halbjude" eine Arbeit zu bekommen, bedeutet für ihn ein Glück und ist ein Akt von Mitmenschlichkeit seines Chefs. Zwar ist er jetzt in der Lage, „Mutti und Susi in schwerster finanzieller Notlage zu erhalten", um den Preis aber, dass er „geistig ziemlich verkümmerte".[44] Den jungen Wolfgang Natonek quält der geistige Hunger, der nicht gestillt werden kann. Ausgerechnet in einem Alter, in dem die große Sehnsucht nach Wissen, nach Welterkenntnis ihn antreibt, daran gehindert zu werden, dieser Sehnsucht zu folgen, erzeugt das weglose Gefühl einer ungelebten Jugend. Er kann nur darauf hoffen, dass die Niederlage und Hitlers Ende eher früher als später kommen. Gefährdet ist er allemal, von den Bomben, die auf Leipzig fallen, die ihr tödliches und zerstörerisches Werk verrichten, und von Hitlers Kolonnen, die im Namen nationalsozialistischen Fortschritts alle töten, die sie als Feinde oder als rassisch Minderwertige definieren. Die Einberufung zum Volkssturm in den letzten Kriegstagen ignoriert er. Er versteckt russische Kriegsgefangene, die der Werkstatt zugeteilt wurden, und rettet ihnen so womöglich das Leben.

II. Das Gefühl der Freiheit: Der Klassenkampf gegen die Demokratie

In seinem Lebenslauf für die Universität fasst Wolfgang Natonek die Zeit so zusammen: „Mein Vater, der Leipziger Dichterpreisträger [...], wurde im Jahr 1934 durch die deutsche Nazigesetzgebung der deutschen Staatsangehörigkeit für verlustig erklärt und musste seine Stellung als Schriftleiter der damaligen ‚Neuen Leipziger Zeitung' aufgeben. Diese Ausbürgerung erstreckte sich auf die ganze Familie! Die Schriften meines Vaters wurden von den Nazis öffentlich anlässlich der ‚Scheiterhaufen-Aktion' als verfemte Literatur verbrannt. Infolge der weiteren Maßnahmen war mein Vater gezwungen, im Jahr 1937 Deutschland zu verlassen und wandte sich nach der Tschechoslowakei. Auch dort konnte er nach dem Raubüberfall Hitlers nicht länger bleiben und wandte sich nach Frankreich. Seit Ausbruch des Krieges fehlt von meinem Vater jede Spur und er gilt bis heute als verschollen; über sein weiteres Schicksal ist nichts bekannt."[45]

1946 kann der hochbegabte junge Mann endlich mit dem Studium beginnen, zumal er ein Stipendium erhält, mit dem er auch seine Mutter und Schwester finanziell unterstützen kann. Für Wolfgang Natonek bringen die amerikanischen Panzer die Befreiung von „einem kaum noch zu ertragenden Druck [...], der sich in den letzten Kriegsjahren ins Unermessliche gesteigert hatte." Es ist, um ein Wort von Gottfried Keller zu benutzen, für den Sohn des Emigranten so, als ob die Berge sich auftun. Voller Optimismus beschreibt er 1946, nun schon rückblickend, dass sich in den April- und Maitagen 1945 das „deutsche Volk wieder auf sich selbst" besann und „eine große Erbitterung für die wirklich Schuldigen und ehemaligen Machthaber [...] sich Luft" machte. Doch die Beschreibung wird eher von Hoffnung als von Realismus getragen. Es ist die Hoffnung auf einen echten Neuanfang, die ihn „viele gute und ehrliche Ansätze hier in Deutschland" erkennen lässt, „besonders bei uns in der Ostzone wird der Wiederaufbau ernst und mit einer bewunderungswürdigen Initiative in Angriff genommen."[46] Zwar sind zu Kriegsende alle Leipziger Theater zerstört, doch kann der Sohn dem Vater im fernen Tucson schon 1946 mitteilen, das

Leipzig „seit einigen Monaten" ein „völlig neuerbautes" Theater hat, in dem Lessings „Nathan der Weise" gegeben wird und „besonders bei der Jugend große Zustimmung" findet. In diesem großen Aufbruch will und kann der Student Wolfgang Natonek nicht abseitsstehen: „Ich selbst bin Mitglied der Vertretung der Leipziger Studentenschaft und gehöre dem Vorstand des Studentenausschusses der Liberal-Demokratischen Partei an."[47]

Schon am 15. September 1945 tritt er der LDP bei und folgt damit dem Zug der Zeit, denn die LDP ist eine junge Partei, eine Partei, in der sich unter dem Motto „Liberal im Denken – Sozial im Handeln – Deutsch im Fühlen" vor allem die bürgerliche Jugend versammelt – und das mit Begeisterung. In dem sich seinem Ende zuneigenden Jahr 1946, in dem er den Brief an den Vater schreibt, steht für ihn noch alles auf Anfang. Trotz Zerstörung, trotz Armut und Hunger euphorisieren ihn Studium, Politik und Kampf für eine freiheitliche Gesellschaft. Nie wieder Diktatur, denkt in diesen Tagen auch Wolfgang Natonek.

Die bürgerlichen Parteien im Visier der Kommunisten

Am 10. Juni 1945 hat die SMAD im Befehl Nr. 2 verfügt: „Auf dem Territorium der sowjetischen Besatzungszone in Deutschland die Gründung und Tätigkeit aller antifaschistischen Parteien zu erlauben, die sich die endgültige Ausrottung der Reste des Faschismus und die Festigung der demokratischen Grundlagen und bürgerlichen Freiheiten in Deutschland zum Ziel setzen und in dieser Richtung die Initiative und freie Betätigung der breiten Massen der Bevölkerung fördern."[48] Bereits einen Tag später veröffentlicht die bestens vorbereitete KPD ihren Gründungsaufruf. Das Ziel der Sowjets und der KPD, die immer stärker von der Moskauer Clique um Ulbricht beherrscht wird, besteht von Anfang an in der Schaffung des Sozialismus in Deutschland, wobei ganz Deutschland unter kommunistische Herrschaft gezwungen werden soll. Wie gründlich der dosierte Putsch der Kommunisten gegen eine demokratische Entwicklung vorbereitet worden ist, verrät ungewollt viel später die offizielle „Geschichte der DDR", mit der Geschichtsstudenten in die Geschichte ihres Landes eingewiesen wurden, wenn sie zusammenfasst: „Dem Aufruf lagen die programmatischen Positionen zugrunde, die sich die KPD – ausgehend vom VII. Weltkongress der Kommunistischen Internationale – auf der Brüsseler und der Berner Konferenz 1935 und 1939 erarbeitet hatte, insbesondere die Volksfrontpolitik auf der Grundlage der Aktionseinheit der Arbeiterklasse zur Errichtung einer deutschen demokratischen Republik."[49]

Unter Volksfront – und dann weiterentwickelt unter Volksdemokratie als Gegensatz zur pluralistischen oder parlamentarischen Demokratie – versteht die KPD den öffentlichen Einsatz von „nützlichen Idioten" aus dem bürgerlichen Lager, damit die kommunistische Unterwanderung weitegehend unbemerkt unter demokratischem Anschein erfolgen kann.

Der Begriff „nützliche Idioten" soll von Lenin stammen, auch wenn ihn bisher niemand in seinen Texten aufgefunden hat. Dennoch bringt dieser Begriff sein Denken über die bürgerlichen Intellektuellen und Politiker, die man instrumentalisieren kann, so genau auf den Punkt, dass man ihn in der Tat für ein wörtliches Zitat halten möchte, oder zumindest als ein Kürzel seines Denkens über Strategie und Taktik.

Die „Aktionseinheit der Arbeiterklasse" ist übrigens ein euphemistischer Ausdruck für die Zwangsvereinigung der SPD mit der KPD, die sich letztlich als Anschluss der SPD an die KPD vollzieht. Ulbricht hat die Volksdemokratie im internen Kreis so erklärt: „Es ist doch ganz klar: Es muss demokratisch aussehen, aber wir müssen alles in der Hand haben."[50] Übrigens fand die Brüsseler Konferenz 1935 in Wahrheit in Kunzewo in der Nähe Moskaus und die Berner Konferenz 1939 in Draveil nahe Paris statt. Aus Gründen der Konspiration hatte man andere Ortsnamen publiziert.

Im Gefolge der Roten Armee kehren über 400 kommunistische Kader, die in der Sowjetunion ausgebildet und auf die Vasallentreue zur Sowjetunion eingeschworen worden sind, nach Deutschland zurück. Bereits am 30. April 1945 fliegen die Russen die sogenannte Gruppe Ulbricht, der auch der junge Wolfgang Leonhard angehört, nach Berlin ein. Nach Sachsen wird die Gruppe Ackermann und nach Mecklenburg die Gruppe Sobottka entsandt. Ihre Aufgabe besteht darin, in enger Zusammenarbeit mit der sowjetischen Besatzungsmacht, zunächst regionale Selbstverwaltungen der Deutschen aufzubauen, in denen die Kommunisten die Schlüsselpositionen einnehmen. Leonhard kommentiert Ulbrichts Aufgabenstellung an seine Leute mit den Worten: „Ich bekam den Eindruck, dass ich den Kursus der Kominternschule nicht umsonst besucht hatte, denn nun spielte sich haargenau das ab, was ich vor zweieinhalb Jahren in Baschkirien in den Seminaren üben musste – Volksausschüsse ‚richtig' zusammenzusetzen, mit dem Unterschied, dass es sich hier nicht um Volksausschüsse, sondern um Bezirksverwaltungen handelte."[51]

Offiziell darf die „Gruppe Ulbricht" nur Vorschläge für die Besetzung von Stellen in der entstehenden deutschen Selbstverwaltung unterbreiten, doch in der Praxis folgen die sowjetischen Offiziere der SMAD den Vorschlägen der deutschen Kommunisten. Andererseits verleihen die kommunistischen Kader den sowjetischen Maßnahmen ein deutsches Gesicht, wenn die KPD Beschlüsse und Texte der SMAD leicht redigiert als eigene ausgibt oder auf der Grundlage sowjetischer Vorlagen „eigene" Texte erarbeitet, die dann jedoch in der Endversion doch nochmal den sowjetischen Kontrolloffizieren vorgelegt werden müssen.

Als Oberst Sergej Tulpanow Anfang Oktober 1945 an die Spitze der Informationsabteilung der SMAD gestellt wird, beginnen sich die Machtverhältnisse in der KPD zu verschieben, denn Tulpanow wird zu Ulbrichts Förderer und Ulbricht zu Tulpanows Protegé. Ulbricht selbst führt konsequent, skrupellos und mit allen Mitteln zwei Kämpfe: den innerparteilichen Kampf, um der deut-

II. Das Gefühl der Freiheit: Der Klassenkampf gegen die Demokratie

sche Stalin, d. h. die parteiintern unangefochtene Nummer eins zu werden; und den Kampf in der SBZ, um die Errichtung der kommunistischen Diktatur durchzusetzen. Da es demokratisch aussehen soll, besteht die Taktik darin, an die repräsentative Spitze Bürgerliche oder Sozialdemokraten zu stellen, die Schlüsselpositionen aber mit Kommunisten zu besetzen und in allen Gremien die Mehrheit innezuhaben. Schiefgehen kann ohnehin nichts, weil die SMAD jederzeit eingreifen kann – und die Sowjets vertrauen Ulbricht wie sonst nur noch Wilhelm Pieck. Aber der „Alte", wie ihn Ulbricht in den Besprechungen nennt, an denen Pieck nicht teilnimmt, gilt ohnehin mehr und mehr als Elder Statesman.

Nachdem sich am 11. Juni 1945 die KPD in der SBZ gegründet hat, folgten am 15. Juni die SPD und am 26. Juni die CDU. Zeitgleich treffen sich Wilhelm Külz, Eugen Schiffer, dessen Schwiegersohn Waldemar Koch und weitere sieben Liberale, um die „Deutsche Demokratische Partei" zu gründen. Überlegt wird, ob man mit der CDU eine gemeinsame liberale Partei gründet, doch findet man nicht zusammen, so dass am 5. Juli der Gründungsaufruf für die Liberal-Demokratische Partei (LDP) publiziert wird. Ein Dissens mit der CDU besteht in der Frage des Privateigentums an den Produktionsmitteln, denn zu dieser Zeit existieren in der CDU noch starke Vorstellungen eines christlichen, nichtmarxistischen Sozialismus, während sich die LDP konsequent für den Erhalt des Privateigentums an den Produktionsmitteln einsetzt und sich gegen die Verstaatlichung von Bodenschätzen, gegen die staatliche Kontrolle des Bergbaus und anderer wichtiger Industriezweige stellt. KPD und SMAD sehen in der LDP von Anfang an den größten politischen Gegner. Tulpanow schätzt später in seinem Deutschlandbericht die LDP so ein, dass schon ihre ersten Schritte deutlich machten, „dass der erste Vorsitzende der Partei, Dr. Koch, und seine Anhänger einen reaktionären Kurs verfolgten, der auf die Verteidigung der Konzerne, der Banken und der Monopole und gegen die Bodenreform und überhaupt gegen die demokratische Umgestaltung in der Zone gerichtet war [...] Um Koch als Parteivorsitzenden begannen sich reaktionäre Elemente zu scharen, die sich gegen einen demokratischen Kurs der Partei wandten und die Partei auf einen reaktionären Kurs zu führen suchten."[52]

Man darf nicht vergessen, dass die KPD selbst sich von der SPD dadurch unterscheidet, dass sie keine Mitglieder-, sondern eine Kaderpartei ist. In der KPD wird der demokratische Zentralismus durchgesetzt, d. h. eine strikte Leitung der Partei bis in ihre Gliederungen hinein von oben nach unten. Die Parteimitglieder sind an die Weisungen der Parteiführung durch die Parteidisziplin gebunden. Die Vorstellung, dass sich die Partei aus den Ortsvereinen bildet wie bei den Sozialdemokraten, ist den Kommunisten fremd, wie überhaupt jegliche Vorstellung eines Vereinswesens im Aufbau der Partei. Kompass für jegliche Parteiarbeit ist der Kampf um die Macht, der auch das Spiel zwischen Strategie und Taktik bestimmt. Die Hauptfrage, die zuallererst geklärt werden muss, ist die Frage der Macht oder die Machtfrage. Die Wahrheit ist für sie nur eine Variable der Macht und die Erringung der Macht der Kompass ihres Handelns, was sich in der sogenannten Dialektik zwischen Strategie und Taktik ausdrückt. Im Kampf um die Macht ist alles erlaubt, auch Undenkbares, siehe beispielsweise den Hitler-Stalin-Pakt oder die Verbrüderung der Sowjetunion mit dem ägyptischen Staatschef Gamal Abdel Nasser, der Moskaus Genossen einsperren ließ.

Die Lizenzierung der LDP steht – wie bei allen Parteien – unter dem Vorbehalt des Beitritts zum „Block der antifaschistisch-demokratischen Parteien", der von der KPD, der SPD, der CDU und der LDP gebildet wird und am 27. Juli 1945 seine Geschäftsordnung beschließt, die vorsieht, dass Beschlüsse im antifaschistisch-demokratischen Zentralausschuss einstimmig zu erfolgen haben.

Zur ersten großen Auseinandersetzung kommt es im Herbst 1945, als auf der Grundlage des Befehls Nr. 124/126 der SMAD Wirtschaftsunternehmen enteignet werden und die Bodenreform durchgesetzt wird. Im Ergebnis der Krise wird der LDP-Vorsitzende Waldemar Koch durch „progressive Kräfte" innerhalb der LDP, „welche die neuen Umstände nüchterner betrachteten, denen Deutschland nach Zerschlagung des Faschismus ausgesetzt war"[53], vom Vorsitz verdrängt und durch den den Sowjets und den Kommunisten gegenüber devoten Külz ersetzt. Befriedigt stellt Tulpanow in seinem Bericht fest: „Im November 1945 wurde Koch zum Rücktritt genötigt."[54] Der sowjetische Oberst hat allen Grund zufrieden zu sein, haben doch auf Regional- und Landesebene die SMAD und der sowjetische Staatssicherheitsdienst Druck gemacht und Intrigen gesponnen, um Koch zu stürzen. Die Landesorganisationen spielen bis zur Durchsetzung des „demokratischen Zentralismus" noch eine große Rolle, weil gerade Mitgliederparteien wie die LDP, die CDU und die SPD von unten nach oben aufgebaut sind. Tulpanow und seine Leute spinnen ihre Intrigen häufig über die Provinz, über die Länder, weil sie dort eine größere Macht besitzen als in der viergeteilten Stadt Berlin. Zu den von den Sowjets und von Ulbricht ausgewählten Anführern des Putsches in der LDP gegen Waldemar Koch werden Wilhelm Külz und Arthur Lieutenant. In der Sprache des Lehrbuchs zur DDR-Geschichte wird Waldemar Koch nach dem Klassenkampfdogma als „ein Exponent großbürgerlicher Interessen" markiert, während der der KPD genehme Wilhelm Külz „ein Repräsentant der antifaschistisch-demokratischen Kräfte des Bürgertums" ist.[55]

Die Weimarer Republik wird von den Kommunisten nicht als Demokratie eingeschätzt, sondern als die Diktatur des Monopolkapitals definiert, als Demokratie gilt ihnen nur die Diktatur des Proletariats. Wenn die KPD oder später die SED von Demokratie und Antifaschismus sprechen, meinen sie stets ihre Diktatur. Um sie errichten zu können, hat es eben noch eine Weile demokratisch auszusehen, weil man ganz Deutschland haben will. Als der SED klar wird, dass dies erstens am Widerstand der Westmächte und zweitens vor allem am Fehlen so nachdrücklicher Argumente wie sowjetische Panzer und eines sowjetischen Staatssicherheitssystems scheitern wird, muss der demokratische Anschein nicht länger mehr gewahrt werden, denn man ist gewillt, die Machtfrage nun immer offener und immer öffentlicher zu klären. Doch 1945/46 ist es noch nicht so weit. Bereits der demokratische Block „ermöglichte die Durchsetzung und die Festigung der führenden Rolle der Arbeiterklasse in einem breiten Klassen- und Parteienbündnis und begünstigte das Wirken kleinbürgerlich-demokratischer Kräfte in CDU und LDPD und damit eine Vorwärtsentwicklung dieser Parteien in Wechselwirkung mit der Höherentwicklung des revolutionären Prozesses."[56]

Die Kommunisten finden in den bürgerlichen Parteien auf der einen Seite „kleinbürgerlich-demokratische Kräfte", also die „nützlichen Idioten", und auf der anderen Seite die reaktionären Kräfte des Monopolkapitals, die es zu bekämpfen und von denen es die Parteien zu „säubern" gilt. Die Personalpolitik für die bürgerlichen Parteien ist seitens der KPD eindeutig. Als die Ost-Vorsitzenden der CDU Andreas Hermes und Walther Schreiber sich im Dezember 1945 weigern, den Aufruf der KPD „Helft den Neubauern" zu unterschreiben, geraten sie ins Visier des SMAD, weil sie angeblich „die demokratische Entwicklung in unserer Zone in erheblichem Maße gefährdeten."[57] Ulbricht hat im internen Kreis schon vor der Gründung der CDU im Juni 1945 gegen Hermes gestänkert: „Wir müssen aufpassen, der Hermes zieht die Sache hinaus; er will nicht das ‚Zentrum', sondern eine einheitliche bürgerliche Partei organisieren."[58] Während Ulbricht mithilfe der Russen die SPD schlucken will, intrigiert er nach Kräften, damit die bürgerliche Seite zersplittert bleibt. Später werden die Kommunisten auch die NDPD, die Nationaldemokratische Partei, gründen, um die LDP, ab 1951 LDPD, zu schwächen.

Am 19. Dezember 1945 werden um 7 Uhr morgens die beiden Mitbegründer der Ost-CDU, Jakob Kaiser und Ernst Lemmer, einzeln und ohne dass einer vom anderen Kenntnis hatte, zum Sitz der SMAD nach Karlshorst genötigt. In getrennten Zimmern wird ihnen mitgeteilt, dass die Reaktionäre Schreiber und Hermes von der SMAD nicht länger akzeptiert werden. Sowohl Lemmer

II. Das Gefühl der Freiheit: Der Klassenkampf gegen die Demokratie

als auch Kaiser lehnen eine Entscheidung darüber ab, die sie auch gar nicht fällen können, aber sie versprechen, den Parteivorstand zu informieren. Da ahnen sie noch nicht, dass sie bereits Marionetten einer typisch kommunistischen Farce sind. Sie werden zum Mittagessen gebeten und treffen hier zum ersten Mal aufeinander. Der Mittagstisch wird absichtlich in die Länge gezogen. Inzwischen treffen die von den Sowjets herbeigeholten Vorstandsmitglieder ein, so Hugo Hickmann aus Sachsen, Reinhold Lobedanz aus Mecklenburg, Georg Grosse aus Thüringen, Otto Nuschke aus Brandenburg, Ferdinand Friedensburg aus Berlin und Leo Herwegen aus Sachsen-Anhalt. Letzterer sollte übrigens Opfer des ersten großen Schauprozesses der DDR im Jahre 1950, im Zusammenhang der sogenannten Äffäre Conti, werden. Zunächst prüfte dabei Werner Fischl, Generalstaatsanwalt von Sachsen-Anhalt, die gegen Herwegen erhobenen Vorwürfe und wies diese sowie eine Anklageerhebung zurück. Daraufhin entzog am 28. Februar 1950 die SED-Führung Fischl den Fall und setzte den Generalstaatsanwalt der DDR, Ernst Melsheimer, ein, der unter Brechung des Rechts im Sinne seiner Auftraggeber handelte. Richterin war Hilde Benjamin, die am 29. April 1950 Leo Herwegen wegen „illegaler Wertpapiertransaktionen" zu 15 Jahren Zuchthaus verurteilte. Mit ihm wurden sieben weitere Angeklagte, unter ihnen der spätere Oberbürgermeister von Frankfurt am Main, Willi Brundert, verurteilt. Nach seiner Haftentlassung 1958 floh Leo Herwegen in die Bundesrepublik.

Nachdem Tulpanow am 19. Dezember 1945 alle CDU-Vorständler versammelt hat, schwört er sie auf das Komplott ein. Gegen 22 Uhr beginnt im Parteibüro der CDU in der Jägerstraße die Vorstandssitzung. Tulpanow erscheint in Begleitung mehrerer Offiziere, deren martialisches Auftreten einschüchternd wirken soll. Die Offiziere lässt Tulpanow auf dem Flur zurück, während er selbst den Vorsitz der Versammlung übernimmt. Tulpanow wirft Hermes und Schreiber vor, eine reaktionäre Politik zu verfolgen.

Hermes verlangt von Tulpanow, dass er seine Behauptung belege oder erläutere. Daraufhin „Tulpanow: „Die Festlegung genügt. Treten Sie zurück!"

Hermes: „Ich bitte um eine Begründung. Solange Sie mir diese nicht geben, trete ich nicht zurück."

Tulpanow: „Ich sage Ihnen nochmals: Treten Sie zurück!"

Hermes: „Ist das ein Befehl?"

Tulpanow: Ja, das ist ein Befehl der SMAD!"

Hermes: „Einem Befehl muss ich mich beugen."

Daraufhin befiehlt Tulpanow dem Vorstand, neue Vorsitzende zu wählen. Gewählt werden als erster Vorsitzender Jakob Kaiser und als zweiter Vorsitzender Ernst Lemmer, die nach 48 Stunden Bedenkzeit die Wahl annehmen.[59] Hübsch verdreht gibt das offizielle Lehrbuch der DDR-Geschichte aus dem Jahr 1984 diese Episode wie folgt wieder: „Als Politiker wie Andreas Hermes (CDU) und Walther Schreiber (CDU) sowie Waldemar Koch (LDPD) sich öffentlich als Feinde der Bodenreform exponierten, isolierten sie sich innerhalb ihrer Parteien und verloren ihre Führungspositionen."[60]

Besonders Kaiser dürfte unter der Führung der CDU den Kommunisten am nächsten gestanden haben, denn er kam aus den christlichen Gewerkschaften und ist Mitglied des FDGB, vertritt die Idee eines nicht-marxistischen, christlichen Sozialismus und gilt in der deutschen Christdemokratie als Gegenpol zu Konrad Adenauer. Doch geholfen hat das am Ende wenig, denn zwei Jahre später, im Dezember 1947, werden Jakob Kaiser und Ernst Lemmer nach bekanntem Muster von Tulpanow abgesetzt. Während junge Leute wie Werner Ihmels, Luise Langendorf, Wolfgang Natonek, Karl-Hermann Flach, Hans-Dietrich Genscher, Burkhard Hirsch und Wolfgang Mischnick noch daran glauben, dass auch in der SBZ eine demokratische Entwicklung möglich ist, haben SMAD und KPD bereits die wesentlichen machtpolitischen Weichenstellungen für den Weg in die kommunistische Diktatur vorgenommen.

Zwar besitzt die KPD alle Machtmöglichkeiten, zwar hat sie in den Jahren des Moskauer Exils in der Komintern und mit den Russen gemeinsam eine Strategie ausgearbeitet, um den Deutschen die nicht gerade beliebte kommunistische Diktatur aufzuzwingen, doch ist auch diese Strategie kein Selbstläufer und die Kommunisten haben beständig taktisch nachzubessern. Außerdem finden innerhalb der KPD und später der SED unter den Kommunisten Machtkämpfe statt. Eine der Bruchlinien innerhalb der KPD bezieht sich auf den Ort des Exils: ob die Funktionäre im Westen im Exil lebten oder in der Sowjetunion. Moskau setzt ganz auf seinen Günstling Ulbricht und auf diejenigen Funktionäre, die in der Sowjetunion den nationalsozialistischen und den stalinistischen Terror überlebt haben. Für ganz Deutschland wird die Strategie der KPD nicht aufgehen – und in Ostdeutschland wie in allen osteuropäischen Ländern, in denen russisches Militär stationiert ist, gelingt die Durchsetzung der Diktatur nur durch Lug, Trug und Terror, nur auf der Grundlage der militärischen, polit-polizeilichen und propagandistischen Macht der Sowjetunion.

In Leipzig glauben indessen die jungen Leute, die sich zur CDU oder zur LDP bekennen, noch fest daran, dass eine demokratische Entwicklung möglich ist. Dafür engagieren sie sich, für ein besseres, für ein demokratisches Deutschland. So schreibt Wolfgang Natonek in seinem Brief an den Vater: „Hier mühen sich junge Menschen, unter denen die meisten infolge der Verhältnisse in meinem Alter stehen oder zum Teil auch noch darüber sind, ehrlich um eine Form akademischen Lebens, sind bemüht, wieder wirklich wissenschaftlich zu arbeiten, und wollen doch mithelfen, die großen und schweren Problemen unserer Zeit zu lösen."[61] Stolz berichtet er dem Vater, dass in der Universität einige den Namen Natonek nicht nur kennen, sondern er bei ihnen auch einen guten Klang habe. „Ich stehe jetzt im dritten Fachsemester und höre bei verschiedenen Professoren, die Dich kennen und die sich sehr nach Deinem Schicksal erkundigen, so z. B. Prof. Korff, Prof. Gadamer

(Rektor der Universität). Viele von ihnen haben selbst unter dem vergangenen Regime zu leiden gehabt."[62] Das wichtigste Werk des bedeutenden Germanisten Herrmann August Korff ist das vierbändige Kompendium „Geist der Goethezeit", in dem er die Zeit des ausgehenden 18. und des beginnenden 19. Jahrhunderts als Epoche begreift, die literarisch von Goethe und philosophisch von Hegel geprägt wurde. An den Orten, wo Germanistik noch als Wissenschaft und nicht als Ideologie im Rahmen dekonstruktivistischer oder diskursiver Theorien betrieben wird, bleibt Korffs Werk bis auf den heutigen Tag unverzichtbar. Die Vorlesungen des Philosophen Gadamer und des Germanisten Korff werden für Wolfgang Natonek zu Sternstunden. Nicht minder schätzt er die Vorlesungen von Theodor Litt.

Den Brief beendet der Sohn mit den Worten: „Es ist wahr, ich habe viel an Dich gedacht, und viele andere mit mir. Und eins kannst Du mir glauben – und vielleicht freut es Dich noch, es zu hören –, den Namen Hans Natonek haben auch zwölf Jahre nicht auszulöschen vermocht, er ist hier noch lebendig, auch wenn zwischen hier und seinem Träger Tausende von Kilometern liegen. Gerade in letzter Zeit waren die Fragen, die mir nach Deinem Schicksal gestellt worden sind, so zahlreich – und immer musste ich mit dem Hinweis auf das völlige Dunkel, das über Deinem Lebensweg lag, antworten. Es war daher sehr eigenartig, als ich vorgestern auf der Polizei Deinen Brief vorgelegt bekam, der über Kontinente und Meere hinweg doch seinen Weg nach hier gefunden hatte, der mir die Gewissheit brachte, dass Du lebst [...]. Vergiss nicht, dass es in einem schwer getroffenen Lande zwei Kinder gibt, die auf die Nachricht ihres Vaters warten!"[63]

Wolfgang Natonek entwickelt eine beeindruckende Aktivität, als Student, als Liberaler, als Studentenvertreter. Er lässt sich zum Redner schulen, denn in ihm schlummert ein großes rhetorisches Talent. Ob beim Einsatz für die LDP im Umland, in Leipzig oder an der Universität, Wolfgang Natonek genügen ein paar Stichpunkte, er spricht immer frei – und begeistert die Hörer. Er weiß, dass nicht alle Freunde der Freiheit sind, die über Freiheit reden, und nicht alle, die sich Demokraten nennen, für die Demokratie eintreten, aber das gehört zur Freiheit und zur Demokratie dazu, dass es zu einem Wettstreit unterschiedlicher Vorstellungen und Konzepten kommt.

Die Manipulation der freien Wahlen

Während Studenten wie Wolfgang Natonek sich für eine demokratisch gewählte Studentenvertretung im Rahmen der Selbstverwaltung der Universität engagieren, arbeiten die Kommunisten daran, in allen Bereichen des Lebens, auch an den Universitäten und Hochschulen, geradezu handstreichartig die Macht zu übernehmen. Die Vorstellung von weltanschaulicher Neutralität ist ihnen fremd. Ihr Menschenbild leugnet die Privatheit und will den Menschen nur als politisches Wesen sehen, das stets und ständig für das große Ziel der kommunistischen Gesellschaft einzutreten und entsprechende Haltung zu zeigen hat. Das Ende der 1960er Jahre herausgekommene FDJ-Lied trifft diese Vorstellung:

> „Zurück oder vorwärts, du musst dich entschließen.
> Wir bringen die Zeit nach vorn Stück um Stück.
> Du kannst nicht bei uns und bei ihnen genießen,
> denn wenn du im Kreis gehst, dann bleibst du zurück.
> Sag mir, wo du stehst, sag mir, wo du stehst,
> sag mir, wo du stehst und welchen Weg du gehst."

In dem Roman „Wie der Stahl gehärtet wurde" von Nikolai Ostrowski, auf den Hans Mayer in seinem DDR-Buch „Der Turm von Babel. Erinnerung an eine Deutsche Demokratische Republik" anspielt, heißt es: „Das Wertvollste, was der Mensch besitzt, ist das Leben. Es wird ihm nur ein einziges Mal gegeben. Und benutzen soll er es so, dass er sterbend sagen kann: Mein ganzes Leben, meine ganze Kraft, habe ich dem Herrlichsten der Welt, der Befreiung der Menschheit gewidmet."[64] Der Roman wird in der DDR Schulstoff werden und zeitweilig besteht sogar die Forderung an die Schüler, die Passage auswendig zu lernen, Aufsatzthema ist sie ohnehin.

Der „Sturm auf die Festung Wissenschaft" stellt für die Kommunisten deshalb auch kein theoretisches Konzept dar, sondern ein praktisches Programm, das es zu verwirklichen gilt. Mit Blick auf die Wiedereröffnung der Leipziger Universität gründen sie bereits im September 1945 einen antifaschistischen Studentenausschuss, in dem sie Führung und Mehrheit innehaben. Allerdings gelingt es den kommunistischen Funktionären und Mitgliedern der Betriebsparteigruppe der KPD an der Universität nicht, in den vor der Eröffnung der Universität stattfindenden Studentenversammlungen ihre „führende Rolle" durchzusetzen, sind sie in diesen Veranstaltungen doch zu einem Großteil mit bürgerlichen Studenten konfrontiert, die auch Krieg und Diktatur erlebt haben. So kommt es bei Vorträgen über die große und ruhmreiche Sowjetunion und den noch größeren und noch ruhmreicheren Stalin, den „Vater der Völker", zu lautstarken Protesten, die offiziell schnell als „faschistisch" denunziert werden.

Vielen bürgerlichen Studenten – auch Wolfgang Natonek – fällt auf, dass die notwendige Entnazifizierung von der SMAD im Zusammenspiel mit den Funktionären der KPD auch dazu benutzt wird, um missliebige Opponenten beruflich und gesellschaftlich ins Abseits zu drängen und unter ihrem Deckmantel kommunistische Kaderpolitik zu betreiben. So wird Ende 1947 ein Mitarbeiter des Rektorats vom Kriminalamt als Kriegsverbrecher abgesetzt. Ludwig Lendle schreibt über den Mann in seinem Tagebuch: „Ein correkter Beamter, klar und zuverlässig. Unsinn als Methode. So erobert man Schlüsselstellungen."[65] Hintergrund für die Denunziation und für die Absetzung dürfte der Konflikt zwischen diesem Mitarbeiter und dem Verwaltungsleiter der Universität Hubert Jusek, einem SED-Mann, gewesen sein.[66] Über Jusek, der als Kommunist im KZ Buchenwald inhaftiert war, schreibt ein ehemaliger Mithäftling: „Auch Genossen waren am Abspritzen beteiligt. So hat Hubert Jusek dem Genossen Kirchheimer (jetzt in Frankfurt) eine Spritze verabfolgt, er wurde aber gerettet."[67] Unter „Abspritzen" wurde das Verabreichen einer Todesspritze verstanden.

In dem Brief an den Vater erläutert Wolfgang Natonek: „Wer die Jahre 1933–1945 von Anfang bis Ende miterlebt hat, kann daher nur wünschen, dass das Problem der sogenannten ‚Entnazifizierung' in wirklich gerechter und humaner Art gelöst wird. Die Gefahr, dass man jetzt das gleiche Unrecht abermals wirklich Unschuldigen zuteil werden lässt, liegt recht nahe. Ich wünschte, dass man die Verbrecher bestrafen sollte, dann aber endgültig einen Schlussstrich unter all diese Fragen ziehe."[68]

Vom 21. zum 22. April 1946 findet in Berlin der Vereinigungsparteitag der KPD und der SPD zur SED statt. Das schnelle und bequeme Wort von der Zwangsvereinigung entlässt die SPD-Funktionäre, die letztlich für die Vereinigung eingetreten sind, aus ihrer Verantwortung und vereinfacht die komplexen Vorgänge. Zwang wird vor allem von der SMAD und der KPD auf allen Ebenen ausgeübt, aber seitens der Ost-SPD gilt auch der Vers aus Goethes Ballade „Der Fischer":

„Da war's um ihn geschehn;
Halb zog sie ihn, halb sank er hin
Und ward nicht mehr gesehn."

Auch viele Mitglieder der SPD sehen einen wichtigen Grund dafür, dass die Nationalsozialisten an die Macht kommen konnten, in der fehlenden Aktionseinheit, in der Spaltung der Arbeiterbewegung. Einige sind jedoch geneigt zu vergessen oder zu verdrängen, dass zunächst Stalin und ihm folgend die Komintern, deren

Sektion die KPD war, in den 1920er Jahren die Sozialdemokraten als Hauptfeind, ja als „Sozialfaschisten" markiert und verleumdet haben, verglichen mit denen die Nationalsozialisten angeblich das kleinere Übel darstellten und daher die Sozialdemokraten in der Hauptsache zu bekämpfen seien. Aktionen gegen die Sozialdemokraten durften deshalb auch gemeinsam mit den Nationalsozialisten durchgeführt werden – und sie wurden auch durchgeführt. Zurück geht diese Vorstellung auf einen Aufsatz Stalins in der politischen und theoretischen Zeitschrift der KPR (B) *Bolschewik* vom 20. September 1924: „Der Faschismus ist eine Kampforganisation der Bourgeoisie, die sich auf die aktive Unterstützung durch die Sozialdemokratie stützt. Die Sozialdemokratie ist objektiv der gemäßigte Flügel des Faschismus. Es liegt kein Grund zu der Annahme vor, die Kampforganisation der Bourgeoise könnte ohne die aktive Unterstützung durch die Sozialdemokratie entscheidende Erfolge in den Kämpfen oder bei der Verwaltung des Landes erzielen. Ebenso wenig liegt Grund zu der Annahme vor, die Sozialdemokratie könnte ohne die aktive Unterstützung durch die Kampforganisation der Bourgeoisie entscheidende Erfolge in den Kämpfen oder bei der Verwaltung des Landes erzielen. Die Organisationen schließen einander nicht aus, sondern ergänzen einander. Das sind keine Antipoden, sondern Zwillingsbrüder. Der Faschismus ist der nicht ausgestaltete politische Block dieser beiden Organisationen, der unter den Verhältnissen der Nachkriegskrise des Imperialismus entstanden ist. Die Bourgeoisie kann sich ohne das Vorhandensein eines solchen Blocks nicht an der Macht behaupten. Darum wäre es ein Fehler, wollte man glauben, der ‚Pazifismus' bedeute die Beseitigung des Faschismus. ‚Pazifismus' unter den jetzigen Verhältnissen bedeutet Festigung des Faschismus, wobei sein gemäßigter, sozialdemokratischer Flügel in den Vordergrund geschoben wird."[69]

Im Vorfeld des Vereinigungsparteitags wird auf allen Ebenen, im Wohngebiet, im Betrieb, auf Regional- und auch auf Landesebene, von der SMAD und von der KPD Druck aufgebaut, wird intrigiert, werden die SPD-Mitglieder und die SPD-Funktionäre umworben. Gegner der Vereinigung werden als „rechte Sozialdemokraten" verunglimpft. Wer sich nicht fügt, wird aus seiner Funktion gedrängt oder, wenn alles nichts hilft, verhaftet, wie der Halberstädter Stadtrat Otto Bollmann. Die Mutter Bollmanns, Minna Bollmann, sozialdemokratische Landtagsabgeordnete, hatte sich in der Nacht, bevor sie aufgrund einer Denunziation durch die SA verhaftet werden sollte, am 9. Dezember 1935 das Leben genommen. Otto Bollmann wird 1936 wegen „Vorbereitung zum Hochverrat" verurteilt und ins KZ Sachsenhausen verschleppt, aus dem er 1943 entlassen wird. 1945 gründet er die SPD in Halberstadt, wird allerdings im April 1946 vom sowjetischen Staatssicherheitsdienst verhaftet, bleibt für 15 Monate in Haft, arbeitet nach seiner Entlassung in der SED mit, wird aber unter dem Vorwurf der Sabotage am 5. März 1951 erneut verhaftet und verübt am 7. März 1951 im Gefängnis Suizid.

Tulpanow, der die Vereinigung vorantreibt, hat mit Blick auf die geplanten Kommunal- und Länderwahlen 1946 erkannt, dass die „demokratischen Kräfte", damit ist die KPD gemeint, die Wahl nur mit der Hilfe der SPD, nur mit den Mitgliedern und den Wählern der SPD zu gewinnen vermögen, zumal ihnen die Vereinigung mit der SPD den Makel der „Russenpartei" nehmen könnte. Kühl und zutreffend prognostiziert Tulpanow, dass die KPD ohne Vereinigung mit der SPD eine massive Wahlniederlage erleiden würde. Folgerichtig besteht der Hauptteil der Arbeit der Informationsabteilung der SMAD seit Dezember 1945 in der Organisation der Vereinigung von SPD und KPD. Am 2. Februar 1946 legt Stalin im Gespräch mit Ulbricht als Termin für die Vereinigung beider Parteien Ende April 1946 fest und stiftet den Namen „Sozialistische Einheitspartei Deutschlands".[70] Noch am 31. März 1946 sprechen sich in einer Urabstimmung der SPD in den Westsektoren von Berlin 82 Prozent der Mitglieder gegen eine Vereinigung aus. Nach der Vereinigung wird in den Westsektoren der Stadt deshalb ein eigener Landesverband der SPD gegründet werden.

Die Manipulation der freien Wahlen

In den ostdeutschen Ländern sieht die Situation anders aus, zumal hier die SMAD größere Einflussmöglichkeiten besitzt. Bemerkenswert ist, dass hier der Druck von unten ausgeht und tatsächlich nach den Erfahrungen der Nazizeit auch ein Wunsch nach Vereinigung mit den Kommunisten bei einem Teil der Sozialdemokraten besteht. Mancher Sozialdemokrat stimmt aus Angst zu, mancher, weil er des Druckes leid ist, der von kommunistischen Kollegen auf ihn ausgeübt wird, mancher, weil er diese Lehre aus der Geschichte ziehen zu müssen meint. Der eine oder andere wird auch gehofft haben, die KPD sozialdemokratisieren zu können, zumal die KPD zu dieser Zeit einen eigenen, deutschen Weg zum Sozialismus vertritt und die Interessen der deutschen Nation betont. Gerade von kommunistischer Seite legt man Wert auf das Verbindende und hält sich im Dogmatischen ein wenig zurück.

Die Vereinigung mit der SPD rettet die KPD zwar vor der Wahlkatastrophe, doch enttäuscht das Ergebnis die SMAD und auch die SED-Führung gewaltig. Insgesamt verfehlen die vereinigten Arbeiterparteien am 20. Oktober 1946 die absolute Mehrheit und vermögen nur 47,5 Prozent der Stimmen zu erringen, während die LDP 24,6 Prozent der Wähler und die CDU 24,9 Prozent der Wähler überzeugen kann. 2,9 Prozent der Stimmen entfallen auf den von der SED dominierten VdgB (Verein der gegenseitigen Bauernhilfe). Nirgends erringt die SED die absolute Mehrheit. Besonders gut schneiden die Liberalen mit 29,9 Prozent in Sachsen-Anhalt ab, wo die SED nur 45,8 Prozent der Stimmen auf sich vereinigen kann und die CDU 21,8 Prozent der Wähler überzeugt. In Brandenburg erreicht die SED ihr schlechtestes Ergebnis mit 43,9 Prozent, gefolgt von einer sehr starken CDU mit 30,6 Prozent und den Liberalen mit 20,6 Prozent der Stimmen. Nur in Sachsen und in Mecklenburg kratzt die SED an der absoluten Mehrheit mit 49,1 Prozent bzw. 49,5 Prozent der Stimmen. In Sachsen-Anhalt wird mit Erhard Hübner ein Liberaler Ministerpräsident. Allerdings ist Hübner erpressbar, weil sich sein Sohn in sowjetischer Kriegsgefangenschaft befindet. In Brandenburg gelingt es der SED trotz des Wahlergebnisses, eine Allparteienregierung unter Karl Steinhoff, SED, zu bilden. Steinhoff kommt von der Sozialdemokratie zur SED, wird 1949 erster Innenminister der DDR und 1952 auf Stalins Geheiß von Ulbricht abgesetzt.

Wolfgang Natonek und viele andere junge Liberale und Christdemokraten ermutigen die Wahlen, zeigen sie doch, dass gegen die SED und gegen die SMAD trotz massiver Behinderung Wahlen gewonnen werden können. Das sehen auch die SMAD und die SED so. Sie ziehen daraus die Schlussfolgerung, dass in Ostdeutschland keine freie Wahl mehr stattfinden darf.

Der „Sturm auf die Wissenschaft" beginnt

Am 5. Februar 1946 wird die Leipziger Universität wieder eröffnet, im August desselben Jahres gründet der Kommunist Peter Brückner als überparteiliche Vertretung aller Studenten die Arbeitsgemeinschaft demokratischer Studenten (AdS), in der die Parteien allerdings nach einem vorgegebenen Schlüssel vertreten sind: 19 Mitglieder der SED, zehn Mitglieder der CDU und acht Mitglieder der LDP – wieder sieht es demokratisch aus, wieder hat die SED die Mehrheit und damit die Macht. Die Kommunisten nutzen die AdS, um sich in die Personalpolitik der Universität, der Dekanate, einzumischen und den „progressiven" oder „fortschrittlichen" Kräften den Weg zu ebnen. Dabei werden Professoren, Wissenschaftler und Lehrkräfte, die im Wege stehen, verleumdet. Häufig laufen SED-Funktionäre und SED-Studenten Sturm, weil ihrer Ansicht nach „fortschrittliche" Kräfte nicht genügend gefördert, also nicht genügend bevorzugt werden. So versucht Anfang November 1946 Brückners Nachfolger als AdS-Vorsitzender Gerhard Stiller den Rektor Hans-Georg Gadamer mit Material, das aus der Deutschen Zentralverwaltung für Volksbildung (DVV) der *Leipziger Zeitung* zugespielt wird, unter Druck zu setzen.

Dass Stiller ein Faible für Polizeimethoden besitzt und ein enges Verhältnis zur Macht pflegt, verwundert nicht, hat er beidem doch seinen Studienplatz zu verdanken. Die Kaderabteilung der SED-Bezirksleitung Sachsen bittet die Kreisleitung der KPD Leipzig im Februar 1946, den Genossen Gerhard Stiller in seinem Bemühen zu unterstützen, in Leipzig Jura zu studieren. Für die Zeit seines Studiums würde der Genosse Stiller von der Betriebsgruppe der KPD der Polizei in Dresden finanziert werden. Auch die Kulturabteilung der KPD in Leipzig macht am gleichen Tag Druck und schreibt: „Die antifaschistischen Parteien befürworten aus politischen Gründen die Zulassung zum Studium."[71] Als Peter Brückner erkrankt und es absehbar wird, dass er länger ausfällt, übernimmt Stiller den AdS, obwohl er als Studienanfänger weder über Erfahrung noch über Wissen über die Universität verfügt – der „Klassenstandpunkt" muss genügen. Ende April 1946 schickt die Stadtteilleitung III der frischgebackenen SED ein politisches Gutachten, in dem es heißt: „Der Genosse Gerhard Stiller ist Mitglied der KPD und als Partei haben wir gewünscht, dass er sein Studium beendet, weil wir Wert darauf legen, dass Antifaschisten zu Richtern werden." Stiller stamme aus einer alten Arbeiterfamilie. „Wir bitten darum, dem Gen. Stiller das Studium zu erleichtern und ihm so weit als möglich behilflich zu sein."[72]

Stiller wirft der Universität vor, dass sie NS-belastete Professoren wieder einstellen will, anstatt die freien Stellen mit „fortschrittlichen" Kräften zu besetzen. Für Stiller steht nicht fachliche Qualität, sondern ideologische Zuverlässigkeit an erster Stelle. Die AdS beschließt am 1. November 1946 eine Resolution, die am 5. November in der Presse verbreitet wird und in der „die demokratische Studentenschaft" sich überzeugt zeigte, „dass nicht ernsthaft genug nach wahrhaft antifaschistischen, wissenschaftlich einwandfrei qualifizierten Lehrkräften gesucht wird, da das Nichtvorhandensein rein formaler Voraussetzungen bei sonstiger wissenschaftlicher Qualifikation ein größeres Hindernis zur Zulassung zur Lehrtätigkeit darzustellen scheint als die Betätigung in der früheren NSDAP."⁷³ Wahrheitswidrig wird dem Rektorat der Universität vom AdS unterstellt, dass für das Rektorat die frühere Betätigung in der NSDAP wichtiger sei als die fachliche Qualifikation, nur weil man selbst Hochschullehrer durchsetzen wolle, deren fachliche Qualifikation nicht ausreiche, aber deren Betätigung in „progressiven" Organisationen oder Parteien, von denen es nur eine gebe, nämlich die SED, wichtiger als die fachliche Qualifikation sei.

Mit der Resolution des AdS steht der Vorwurf im Raum, der Rektor und die Dekanate hintertrieben die Suche nach antifaschistischen Fachkräften, weil sie die NS-belasteten Professoren wieder einzustellen wünschten. Das widerspricht vollkommen der Wahrheit, weil sich Gadamer die Hände wund telefonierte nach renommierten Professoren, die bereit sind, nach Leipzig zu kommen, und die obendrein als „fortschrittlich" gelten. Nur ist das Feld mit sozialistischen Wissenschaftlern eben nicht reich gesegnet. Hans-Georg Gadamer weiß, dass der wissenschaftliche Ruf einer Universität mit der fachlichen Expertise der Wissenschaftler, die ihr angehören, steht und fällt. Ludwig Lendle, Prorektor der Universität, vermutet, dass hinter der Intrige neben Stiller der marxistische Philosoph Hermann Ley steckt, der an der Universität über „Wissenschaftlichen Sozialismus" liest. Im Rektorat glaubt man, dass die „Studentenproteste" vom SED-geführten Landesverwaltungsamt in Dresden, das auf Landesebene für die deutsche Selbstverwaltung auch der Volksbildung und der Hochschulen und Universitäten zuständig ist, initiiert wurden.⁷⁴

Gadamer berichtet in seinen Erinnerungen, dass er als Rektor angewiesen habe, die Post ungeöffnet zu ihm zu bringen, und er sie dann verteilt habe, um zu verhindern, dass von Mitarbeitern, die von der SED „eingeschleust" worden seien, weiter gezielte Indiskretionen vorgenommen werden könnten. Für die bürgerlichen Studenten geht die Farce, die von den SED-Studenten im AdS aufgeführt wird, zu weit. Die Studentengruppe der LDP, der auch

Wolfgang Natonek angehört, spricht dem Rektor demonstrativ das Vertrauen aus.

Das Jahr 1947 beginnt damit, dass die Deutsche Zentralverwaltung für Volksbildung den Studenten in der SBZ an den Universitäten und Hochschulen die Genehmigung erteilt, Studentenräte zu wählen, gleichzeitig aber auch eine Disziplinarordnung erlässt, in der es heißt, dass „Hörer […], welche […] militaristische, nazistische oder antidemokratische Leitsätze verbreiten", auszuschließen sind.[75] Die Studentenräte haben im Rahmen der akademischen Selbstverwaltung mit ihren Referaten die Belange der Studenten zu vertreten und zu regeln, und das reicht von der Mitwirkung zur Zulassung zu den Fakultäten bis zur Stipendienvergabe. Mit der Auflösung der Autonomie der Universitäten, ihrer Unterstellung unter die Ministerien und der Verschulung der Universitäten übernimmt die FDJ die Funktionen der Studentenräte Anfang der 1950er Jahre.

Wolfgang Natonek tritt für die Liberale Studentengruppe zur Wahl an. Noch sind die Wahlen frei, er wird zum Vorsitzenden des Leipziger Studentenrates gewählt, CDU und LDP besitzen dort eine Mehrheit. Der Wahlerfolg hat für Natonek leider auch pekuniäre Folgen, denn bis zu diesem Zeitpunkt verdiente er neben dem Studium noch Geld in der Firma Wiegand. Die Zeit reicht dafür nun nicht mehr, denn die Kämpfe um die Universität nehmen zu.

Zum Dreh- und Angelpunkt der Auseinandersetzung avanciert die Frage der Bevorzugung der Arbeiterstudenten, die die unterschiedlichen Positionen im Studentenrat immer stärker verhärten lässt. Grundsätzlich tragen auch die Studentengruppen der LDP und der CDU die Forderung mit, dass die Universität sich für Arbeiter und Bauern öffnen soll. Das Werbeblatt mit der Aufforderung „Arbeiter auf die Universität" aus dem beginnenden Jahr 1946, das ausdrücklich die Arbeiterstudenten als neue Elite auf die Studienfächer Volkswirtschaft und Jura verweist („Arbeiter, studiert vor allem Volkswirtschaft und Jura"), haben neben

KPD, SPD und FDGB auch die CDU sowie die LDP Leipzig unterschrieben. Aber die Arbeiterstudenten, die entweder aus den Vorstudienanstalten kommen oder direkt an die Gewifa gehen, werden hinsichtlich der Stipendien und der raren Studienplätze bevorzugt. Gerhard Schulz beklagt sich in seinem Tagebuch 1946 bitter darüber, dass er zwar an der Universität in Halle immatrikuliert sei, aber keinen Studienplatz erhalte. Er darf sich zwar einschreiben, bekommt aber keinen Studienplatz zugewiesen, steht, wenn man so will, auf der Warteposition, da alle Studienplätze vergeben sind. Zur gleichen Zeit verfassen abgewiesene Studenten eine Denkschrift gegen die bevorzugte Aufnahme von 500 Arbeiterstudenten. Sie wenden sich nicht gegen deren Aufnahme im Allgemeinen, weisen aber darauf hin, dass Kriegsteilnehmern und schon einmal immatrikulierten Studenten ein Vorrang eingeräumt werden solle.

Als Ungerechtigkeit wird die Bevorzugung von Arbeiterstudenten auch in der Frage der Stipendien empfunden. Weniger als zehn Prozent aller Studenten, nämlich die Arbeiterstudenten, erhalten 30 bis 40 Prozent aller vergebenen Stipendien.[76] Da man Arbeiter für das Studium gewinnen will, ist man gezwungen, ihnen einen Ersatz für den wegfallenden Lohn in Form des Stipendiums zu schaffen, zumal sie oft auch schon Familie haben. In einer vertraulichen Anweisung legt 1947 die Deutsche Zentralverwaltung für Volksbildung (DVV) fest, dass sogar 75 Prozent aller Stipendien an Arbeiterstudenten zu vergeben seien, und zwar nach folgenden Kriterien: Zuerst bekommen alle Arbeiter- oder Bauernkinder mit sehr guter fachlicher Beurteilung ein Stipendium, dann die mit guter fachlicher Beurteilung, danach jene mit genügender fachlicher Beurteilung. Erst dann haben Studenten bürgerlicher Herkunft mit sehr guter fachlicher Beurteilung Aussicht auf ein Stipendium. Der Status der sozialen Herkunft sollte später nicht nur für die Zulassung zu einem Studium, sondern auch schon für die Zulassung zum Abitur eine Rolle spielen. Von Anfang an entspricht es der

Politik der SED und der ab Ende 1946 von ihr kontrollierten FDJ, Studenten aus bürgerlichen Elternhäusern zu verhindern.

An der Frage der Zulassungsbedingungen und -regelungen entscheidet sich wie an der Frage der Besetzung der Professoren, ob der kommunistische Sturm auf die Festung Wissenschaft gelingt, also ob aus der bürgerlichen Universität die sozialistische Universität hervorgeht, die nach sowjetischem Vorbild vollkommen verschult sein wird. Die wichtigsten Sturmbrücken sind der Anschluss der Vorstudienanstalten an die Universitäten, die Gründungen der Gesellschaftswissenschaftlichen Fakultäten sowie die Bevorzugung der Arbeiterstudenten und die Benachteiligung der Abiturstudenten. So sieht auch das offizielle Lehrbuch der DDR-Geschichte, dass die Gesellschaftswissenschaftlichen Fakultäten „die in diesen Jahren wichtigsten Kaderausbildungsstätten für den demokratischen Neuaufbau waren und wesentlich zur Demokratisierung des Lebens der Universitäten beitrugen." Siegesstolz resümiert das Lehrbuch weiter: „Gegen den erbitterten Widerstand bürgerlicher Kräfte zog der Marxismus-Leninismus in die Universitäten und Hochschulen ein. Seit Ende 1946 lag den für alle Studenten obligatorischen politischen Grundvorlesungen ein Programm ‚Politische und soziale Probleme der Gegenwart' zugrunde, das unter Leitung des marxistischen Historikers Alfred Meusel, Inhaber eines Lehrstuhles an der Humboldt-Universität in Berlin, ausgearbeitet worden war."[77] Damit wird der Grundstein für die ideologische Indoktrination der künftigen Intelligenz, im späten DDR-Deutsch „Rotlichtbestrahlung" genannt, gelegt.

Sowohl der Rektor als auch die Prorektoren kämpfen in Leipzig jeder auf seine Art für die Qualität der Universität. Ludwig Lendle notiert zu Beginn des Jahres 1947: „Wir müssen dem Terror der SED standhalten." Er glaubt wie so viele andere nicht, dass es der SED gelingen werde, die „totale Herrschaft" zu erringen.[78] Ende Januar 1947 formuliert der Senat der Universität seine „Bedenken gegen die marxistische Umformungsabsicht."[79] Allerdings zehrt der Medienterror, den die SED erzeugt, an den Nerven. Sowohl die *Leipziger Volkszeitung* als auch die *Leipziger Zeitung* befinden sich in den Händen der Partei. Und die versteht sich auf das Führen von Kampagnen, begreift sie als Kampf um die Macht und als Klassenkampf schlechthin.

Zur nächsten großen Auseinandersetzung kommt es erneut in der Frage der Förderung oder Bevorteilung der Arbeiterstudenten. Die Auseinandersetzung, in der die Leipziger SED-Presse die SED-Studenten mit Kampagnen unterstützt, greift auf ihr Selbstverwaltungsorgan, den Studentenrat, über. Im Sommer 1947 kommt es zum Eklat. Während die SED-Studenten im Grunde eine Quote, die sich an der sozialen Herkunft orientiert, bezüglich der Vergabe der raren Studienplätze und der Stipendien durchsetzen wollen, sprechen sich die Abiturstudenten weiter gegen eine Bevorzugung von Absolventen der Vorstudienanstalten aus. Der im Sinne der SED argumentierende Student Wolf betont in der Studentenversammlung vom 23. Juli 1947: „Die Arbeiterschaft könne nicht die ganze Universität beanspruchen, sondern wolle nur einen ihrer Stärke entsprechenden Anteil haben [...] Ferner sagte Kom. Wolf, dass der wichtigste Unterschied zwischen dem Abitur- und dem Arbeiterstudent darin liegt, dass der Abiturient nur um seines Brotverdienstes willen oder aus persönlichen Interessen studiert, während der Arbeiterstudent an der Universität einen höheren Auftrag zu erfüllen habe."[80] Der höhere Auftrag des Arbeiterstudenten besteht darin, eine sozialistische Gesellschaft mit einer und auch durch eine sozialistische Intelligenz zu schaffen.

Während der Student Gensich in seiner Replik auf Wolf davor warnt, „an die Stelle alter Privilegien neue zu setzen", wodurch man „nicht mehr in einer Demokratie, sondern einer Diktatur" leben würde, meldet sich in der aufgeheizten Stimmung der Student Plätzsch zu Wort, der Wolf mit dem Argument widerspricht, „dass Studenten aus innerer Berufung an die Universität kommen und nicht erst durch große Plakate mit der Nase darauf gedrückt werden" sollten. Für die kommunistischen Vertreter, für die alles Klassenkampf ist und die jede Frage von der Nützlichkeit im Kampf für den Kommunismus aus beurteilen, ist schon die Betonung der „inneren Berufung" ein Ärgernis, bürgerlich und reaktionär. Doch als Plätzsch fortfährt: „Würde man aber das Zulassungsprinzip entsprechend der sozialen Schichtung des Volkes anwenden, so müssten wir neben den Arbeitern auch 5 % Schwachsinnige an die Universität ...", schneidet ihm Wolf brüsk das Wort ab: „Die Arbeiterschaft mit Schwachsinnigen zu vergleichen, ist eine ungeheure Provokation der Arbeiter, und da greift der Studentenrat nicht ein? Das lassen wir uns nicht bieten!" Man gewinnt den Eindruck, als ob die ewig beleidigten, die sich ewig als Opfer gerierenden Kommunisten nur auf einen Anlass gewartet haben, um ihrer Empörung freien Lauf zu lassen. Sie sehen in den bürgerlichen Studenten den Gegner, wie ihn Bertolt Brecht im „Lied vom Klassenfeind" 1933 heraufbeschworen hat:

„Der Regen fließt von oben nach unten.
Und du bist mein Klassenfeind."[81]

Als Versammlungsleiter lässt Wolfgang Natonek routiniert darüber abstimmen, ob Kommilitone Plätzsch das Wort entzogen werden soll. Als sich eine deutliche Mehrheit (113 zu 77) dafür entscheidet, dass Plätzsch weitersprechen kann, verlassen die kommunistischen Studenten den Saal und halten in einem Nebenraum eine SED-Versammlung ab. Natonek erklärt derweil allen anderen im Saal, dass Plätzsch ein Beispiel, das auf dem Studentenkongress in Halle geäußert wurde, nur unvollständig wiedergeben konnte. Auf dem Kongress habe ein Kommilitone aus dem Westen davor gewarnt, dass, wenn man „starr Ziffern für die Zulassung der einzelnen Schichten nach ihrem Anteil in der Bevölkerung bemessen würde," die Gefahr entstünde, auch dazu angehalten zu werden, „neben 30 % Arbeitern, 20 % Angestellten, 10 % Bauern usw. etwa auch die 3 % Schwachsinnigen, die es in einem Volk geben kann, an die Universität zu bringen, um sie zum wirklich getreuen Spiegelbild der Zusammensetzung des Volkes zu machen."

Weitere Eklats können jedoch durch das kluge Auftreten Natoneks verhindert werden. Die Vertrauensfrage, die er schließlich stellt, wird für ihn zum Triumph. Er wird einstimmig im Amt bestätigt. Mit dem Beschluss, eine außerordentliche öffentliche Versammlung des Studentenrats einzuberufen, endet die Sitzung.

Gerhard Schulz, der seit dem 24. April „wieder Leipziger Bürger" ist, verlässt „nach zwei Stunden ergebnisloser, recht erregter Diskussionen" die bald darauf folgende außerordentliche Versammlung. Die Debatte um das Arbeiterstudium hat nach seiner Ansicht „Formen angenommen, die die Gefahr drohender Weiterungen für die gesamte Universität annimmt. Stundenlang geht es in heißen Wortgefechten hin und her. Hier wird der politische Kampf unserer Zeit ausgetragen. Es scheint gerade, als seien die Fronstellungen der großen Politik in dieses enge Milieu hineinprojiziert."[82]

Was sich in Leipzig ereignet, findet mutatis mutandis auch an anderen Universitäten und in der ganzen SBZ statt. Schulz, der häufig am Institut für Kultur- und Sozialgeschichte arbeitet, erstaunt die „Voreingenommenheit und Blasiertheit" der SED-Studenten, die „gänzlich unwissenschaftlich" argumentieren. Er zieht daraus die Lehre: „Der Marxismus ist trotz aller Kritik bei den SED-Studenten undiskutierbare Voraussetzung. Man ist nur zu sehr gewohnt, eine Norm zu empfangen und jede Kritik an ihr als Ketzerei zu verschreien."[83]

Inzwischen beginnen sich die Leipziger Zeitungen auf Natonek einzuschießen. So schreibt ein Student der Gesellschaftswissenschaftlichen Fakultät am 26. November 1947 in der *Leipziger Volkszeitung*, dass Natoneks „Führung der Studentenratsgeschäfte [...] darauf gerichtet" ist, „eine fruchtbare Arbeit zu sabotieren." Doch alle Versuche der SED in Leipzig, Natonek aus seiner Position zu drängen, scheitern vorerst. So wird der Liberale für die Kommunisten zur Hassfigur. Doch Natoneks Position wird fragiler, weil die besten Professoren nach und nach die Universität verlassen.

Auf dem Weg in die Teilung

Auch den jungen Liberalen und Christdemokraten in Leipzig entgeht nicht, dass die Weichen für die staatliche Teilung Deutschlands gestellt werden. Am 1. Januar 1947 wird die britische und die amerikanische Zone zur Bizone, zu einem vereinigten Wirtschaftsgebiet zusammengeschlossen. Von dieser Entwicklung wird die SED kalt erwischt. Sie ist unschlüssig, wie sie sich dazu verhalten soll, jedenfalls Ulbricht und Pieck sind es – aber auch Otto Grotewohl, Piecks Ko-Vorsitzender in der SED, der immer stärker zum Verbündeten Ulbrichts wird. In dieser Situation zitiert Stalin eine Kommission der SED nach Moskau. Nahezu konspirativ brechen Pieck, Ulbricht, Grotewohl und Max Fechner, ebenfalls Mitglied des SED-Parteivorstands, am 30. Januar 1947 nach Moskau auf. Keine Presserklärung, kein Kommuniqué, kein offizieller Empfang.[84]

Nachdem sich die Delegation, der noch als Dolmetscher Fred Oelßner angehört, am 30. noch einen Film anschauen darf und sie am 31. tagsüber den Kreml besichtigt, findet zwischen 21 und 24 Uhr das Treffen mit Stalin statt, an dem von sowjetischer Seite außer Stalin Marschall Sokolowski, Suslow, Semjonow und Wolkow teilnehmen.[85] Wassili Sokolowski ist Oberster Chef der Sowjetischen Militäradministration in Deutschland (SMAD) und Oberkommandierender der Gruppe der Sowjetischen Streitkräfte in Deutschland, also einer der beiden Statthalter Stalins in der SBZ. Michail Suslow gehört als Sekretär dem ZK der KPdSU an. Wladimir Semjonow ist Politischer Berater in Sokolowskis SMAD. Er wird 1948 die sowjetische Politik in Berlin zur Kontrolle über die ganze Stadt drängen, was dann zur Blockade Berlins führt; 1953 übernimmt er nach Auflösung der Sowjetischen Kontrollkommission die Position eines Hohen Kommissars der Sowjetunion in Deutschland und im selben Jahr wird er zum sowjetischen Botschafter in der DDR in Ost-Berlin ernannt. W. A. Wolkow gehört zu den ständigen Gesprächspartnern Piecks in der SMAD.

II. Das Gefühl der Freiheit: Der Klassenkampf gegen die Demokratie

Nach dem Bericht Grotewohls hält sich Stalin betont im Hintergrund. Er zerbröselt Zigarren, um den Tabak in seine Pfeife zu stopfen, die er raucht. Nach einer Weile erhebt er sich. Gespannte Ruhe herrscht, während Stalin auf und ab geht. Endlich unterbricht er sein Schweigen und spricht sich für die politische „Eigenständigkeit" der SED aus. Er dringt darauf, dass die SED sich mit der KPD in den Westzonen vereinigt und den Kampf um die Einheit führen soll. Deutschland benötige diese Einheit sowie einen Friedensvertrag. Kurz gesagt, die Strategie besteht darin, dass ganz Deutschland durch Unterwanderung und unter Ausnutzung der „nützlichen Idioten" zu einer „Volksdemokratie" werden soll. Die SED soll sich eine Zeitlang – anders als die KPdSU – gegen die Oder-Neiße-Grenze aussprechen, um dem deutschen Volk gegenüber Eigenständigkeit und Unabhängigkeit von Moskau vorzugaukeln und sich in der Grenzfrage nicht von den bürgerlichen Parteien als Verräter an den nationalen Interessen des deutschen Volkes vorführen zu lassen. Wenn Stalin einschätzt, dass der Kampf um die Einheit nicht schnell gewonnen werde, sondern Zeit benötige, weiß er, dass ihm in Westdeutschland zwei wichtige Voraussetzungen zur brutalen Durchsetzung seiner Pläne fehlen: sowjetische Panzer und der sowjetische Staatssicherheitsdienst. Am 7. Februar tritt die kleine Delegation die Heimreise an.

Max Fechner, der beim Präsidenten der Zentralverwaltung Gesundheit Paul Konitzer privat in Behandlung ist, plaudert wenig später mit seinem Arzt über die geheime Reise, mit dem Erfolg, dass Konitzer vom sowjetischen Staatssicherheitsdienst verhaftet wird.[86] Am 28. Februar 1947 berichtet der SPIEGEL:

„Dr. Paul Konitzer wird am Abend des 19. Februar von der politischen Polizei der sowjetischen Besatzungsmacht verhaftet. Während des Krieges soll er als Oberstabsarzt und als solcher verantwortlich für das Massensterben russischer Kriegsgefangener im Gefangenenlager Zeithain in Sachsen gewesen sein. Eine Beschuldigung, die um so mehr überrascht, wenn man sich die Laufbahn dieses hervorragenden Mediziners anschaut."

Denn Paul Konitzer wird in den letzten Jahren der Weimarer Republik als sozialdemokratischer Kommunalpolitiker in Magdeburg außerordentlich geschätzt, dann von den Nationalsozialsten aus seiner Stellung vertrieben und zeitweise inhaftiert. Durch Otto Grotewohl wird der untadelige Arzt zum Präsidenten der Gesundheitsverwaltung in der SBZ berufen und hat großen Anteil daran, dass nach dem Krieg der Ausbruch von Seuchen trotz vieler Flüchtlinge aus den Ostgebieten verhindert werden kann. Die Behauptung des NKWD von Konitzers Verwicklung in Kriegsverbrechen wird zwar von Zeitungen in der SBZ kolportiert, doch deshalb nicht wahrer.

Paul Konitzer nimmt sich am 22. April 1947, knapp zwei Monate nach seiner Verhaftung, in sowjetischer Untersuchungshaft in Dresden das Leben.

Für Grotewohl und Fechner geht das Leben weiter. Und Ulbricht beginnt, eine „Zentralverwaltung Inneres" als deutsches NKWD aufzubauen, auch um seine Macht weiter abzusichern. Am 5. Juni 1947 denkt der US-Außenminister George C. Marshall in einer Rede über ein großes Hilfsprogramm nach, das allen Ländern Europas unabhängig ihrer politischen Systeme offen stünde. Die Außenminister Frankreichs, Georges Bidault, und Großbritanniens, Ernest Bevin, laden ihren sowjetischen Kollegen Wjatscheslaw M. Molotow ein, um sich mit ihm über dieses Projekt abzustimmen. Doch Molotow lehnt kategorisch ab. Zur Ausarbeitung eines Programms für den europäischen Wiederaufbau bitten beide Außenminister die Vertreter aller europäischen Staaten zu einer Konferenz nach Paris. Als einziges Land im sowjetischen Herrschaftsbereich signalisiert die Tschechoslowakei ihre Teilnahme, sagt jedoch auf sowjetischen Druck wieder ab.

Der Oberbürgermeister von Jena, Heinrich Mertens (LDP), kommt nach einer Reise im Sommer 1947 in den Westen zu der deprimierenden Feststellung, dass man den „Bolschewismus im Osten" im Westen so sehr fürchtet, dass man eher gewillt sei, „auf die politische Einheit zu verzichten, als den Sowjets auf dem

Wege über die politische und wirtschaftliche Einheit einen weitreichenden Einfluss auf das westliche Deutschland zuzubilligen."[87] Adenauer bringt das auf die Formel: Lieber das halbe Deutschland ganz, als das ganze Deutschland halb. Als Rheinländer, der eher nach Westen als nach Osten blickt, tangiert ihn der Verlust des Ostens nicht. Im Osten geht in bürgerlichen Kreisen die Angst um, peu à peu vom Westen abgekoppelt zu werden. Die Konsequenz aus seiner Beobachtung zieht Heinrich Mertens wenig später, indem er in den Westen geht.

Am 5. August 1947 hält Theodor Litt zum Ende des Sommersemesters seine Abschiedsvorlesung. Wie seine Kommilitonen ist auch Gerhard Schulz von den mahnenden und prognostischen Worten des Philosophen beeindruckt: „Geschichte wird nur von großen Menschen ertragen; die gebrochenen löscht sie aus." Litt schließt mit einem Vers Nietzsches: „Wer einst den Blitz zu zünden hat, muss lange Wolke sein."

Im September 1947 verbreitet sich die nächste Hiobsbotschaft wie ein Lauffeuer an der Universität, auch wenn sich viele Studenten noch in der Semesterpause befinden, dass nämlich der Rektor Hans-Georg Gadamer geht. Schulz notiert am 29. September in Mahlis in sein Tagebuch: „Der Rektor verlässt Leipzig."[88] Gadamer hat mit sich gerungen, dann aber doch die Vertretungsprofessur in Frankfurt am Main angenommen, weil er sich eingestehen musste, die Freiheit der Lehre und Forschung an der Leipziger Universität nicht mehr gewährleisten zu können. 1948 wird er ordentlicher Professor in Frankfurt und ein Jahr später wechselt er nach Heidelberg, um die Nachfolge von Karl Jaspers anzutreten.

Als der Philosoph zur Amtsübergabe im Oktober 1947 noch einmal nach Leipzig kommt, auch um bei dieser Gelegenheit seinen Umzug zu organisieren, wird er nach der reibungslosen Amtsübergabe am Abend gegen 23 Uhr in seinem Haus vom sowjetischen Staatssicherheitsdienst verhaftet. Nachdem er vier Tage in

Untersuchungshaft verbracht hat, holt ihn der sowjetische Staatssicherheitsdienst zum Verhör, stellt ihm eine Reihe von Fangfragen zu seiner Amtsführung und entlässt ihn dann mit der fadenscheinigen Begründung, dass ein Fehler der deutschen Polizei vorgelegen habe. Bedenkt man, dass im Dezember die Wahlen zum Studentenrat anstehen, so stellt Gadamers Verhaftung eine deutliche Warnung an die Universität dar, denn die sowjetische Besatzungsmacht und die SED wissen, dass der Romanist Werner Krauss bei Gadamer wohnt und Zeuge der Verhaftung werden würde.

Krauss, der seit Anfang 1946 Mitglied der KPD ist, kommt 1947 aus Marburg als Ordinarius für Romanische Philologie nach Leipzig und tritt der SED bei. Man kann sicher sein, dass Werner Krauss die Nachricht von Gadamers Verhaftung nicht in seinem Herzen verschließt, sondern sie in der Universität zumindest erwähnt. Krauss, ein glänzender Romanist und überzeugter Kommunist, versteht wenig von innerparteilichen Kämpfen, zumal er wie die meisten Intellektuellen dort nach theoretischen Ursachen sucht, wo es nur um persönliche Macht und um das persönliche Überleben geht, und die Theorie nur die äußere Form oder die Maskerade der Macht darstellt, die je nach Opportunität oder Konvention gewechselt wird. So veröffentlicht Krauss 1947 einen Aufsatz in der „Theoretischen Zeitschrift des wissenschaftlichen Sozialismus" namens *Einheit*, die vom Parteivorstand der SED herausgegeben wird, unter dem Titel „Über marxistische Abweichungen in älterer und jüngster Zeit". Auch wenn der Artikel keine größere Beachtung findet, so arbeitet er theoretisch der Stalinisierung der SED vor, indem er vom leninistischen Standpunkt aus die Abweichler aussortiert. An den Maßnahmen der SMAD hegt er keinen Zweifel.

SMAD und SED verfolgen indessen einen Plan, der eine erneute oder gar noch schlimmere Wahlniederlage der SED verhindern soll. Es werden die sogenannten Massenorganisationen gegründet, wie 1947 der Demokratische Frauenbund Deutschlands (DFD) oder die Gesellschaft zum Studium der Kultur der Sowjetunion. Zu den Massenorganisationen gehören auch die früher gegründete FDJ oder der Kulturbund. In all diesen Organisationen haben SED-Funktionäre die Führung inne und beherrschen die Gremien: in der FDJ der Kommunist Erich Honecker, im Kulturbund der kommunistische Dichter Johannes R. Becher, in der Gesellschaft zum Studium der Kultur der Sowjetunion der Wirtschaftswissenschaftler Jürgen Kuczynski und die Schriftstellerin Anna Seghers, beide Kommunisten, im DFD die Kommunistin Elli Schmidt. Die Massenorganisationen werden in Ulbrichts neuer Volksdemokratie eine wichtige Rolle als Trojanische Pferde in den scheindemokratischen Institutionen spielen. Hans Mayer wird es später in seinem Erinnerungsbuch „Der Turm von Babel" so ausdrücken: „Mit Hilfe der Berufung auf die Notwendigkeit einer Vertretung von Fraueninteressen, von Jugendinteressen, der Gewerkschaftsinteressen, der Bauerninteressen, der Künstlerinteressen war ein ebenso totales wie totalitäres System entworfen worden, das stets im Einzelfall dazu führte, dass ein Vertreter der SED in ein noch nicht völlig gleichgeschaltetes Gremium einziehen konnte."[89] Um es gleichzuschalten.

Der II. Parteitag der SED im September 1947 gibt das Ziel vor, die „antifaschistisch-demokratische Umwälzung unter Fortführung der Bündnispolitik der Arbeiterklasse und der Blockpolitik" weiterzuführen, „die durch die Einbeziehung der Massenorganisationen erweitert werden sollte."[90] Im Rahmen ihrer Volksdemokratie-Politik erschafft die SED am 26. November 1947 die sogenannte Volkskongressbewegung. Jakob Kaiser und Ernst Lemmer, die sich dagegenstellen, werden mit den inzwischen üblichen Methoden aus dem Vorsitz der Ost-CDU gedrängt. Für sie wird der linientreue Otto Nuschke installiert. 14 Tagen vor dem Weihnachtsfest 1947 holt der sowjetischen Staatssicherheitsdienst Karl Buchheim, den Mitbegründer der CDU in Leipzig, viermal zum Verhör. Buchheim macht sich keine Illusionen darüber, wohin das führt. Er entschließt sich daraufhin im neuen Jahr, Leipzig und die Universität zu verlassen und einen Ruf nach München anzunehmen.

Als eine Art Vorläufer der Volkskammer versammelt die SED am 6. und 7. Dezember 1947 die Delegierten des Ersten Deutschen Volkskongresses in Berlin. Zwar erhebt der Volkskongress den Anspruch, ganz Deutschland zu repräsentieren, doch aus den Westzonen kommen nur wenige Teilnehmer, die zudem nicht besonders bekannt sind. Gegen den Willen der meisten Landesverbände entscheidet sich die Führung der LDP unter Wilhelm Külz, am Kongress teilzunehmen. Der Erste Deutsche Volkskongress setzt sich nach undurchsichtigen Kriterien aus Mitgliedern der Parteien und den von der SED geführten Massenorganisationen zusammen. Von den 2225 Mandaten entfallen 849 auf die SED, 253 auf die LDP, 219 auf die CDU, 91 auf die SPD, die aus den Westzonen kamen, 373 auf Parteilose und 440 auf die Massenorganisationen. Rechnet man die Mandate der LDP, der CDU und der SPD zusammen, dann kommt man auf 563 Sitze, weniger als die SED beansprucht. Letztlich besitzt die SED und die westdeutsche KPD mithilfe der Massenorganisationen eine komfortable Mehrheit von 72 Prozent aller Delegierten. Auf dem Kongress wird auch eine Delegation gewählt, die nach London reisen und der dort tagenden Konferenz der Außenminister der Besatzungsmächte die Positionen des Volkskongresses vortragen soll, Positionen, die im Wesentlichen mit den sowjetischen Konzeptionen übereinstimmen.

Obwohl sich Molotow dafür einsetzt, dass die Delegation des Volkskongresses angehört wird, lassen sich die anderen Außenminister auf den Propagandacoup der Russen gar nicht erst ein und weigern sich, die Delegation zu empfangen. Außer Spesen nichts gewesen – die Delegation tritt unverrichteter Dinge die Heimreise an. Auch Wolfgang Natonek und seine liberalen Freunde in Leipzig schauen mit großem Interesse nach London. Gerhard Schulz notiert am 2. Dezember: „Die politische Lage ist katastrophal. Die Londoner Konferenz hat trotz des etwas versprechenden guten Anfangs bisher keine greifbaren Erfolge gezeitigt!"[91] Schließlich beraten die Außenminister der Siegermächte, wie es mit Deutschland weitergehen wird. Gegen die Schaffung einer gesamtdeutschen Verwaltungsinstanz votieren Frankreich und die Sowjetunion, den amerikanischen und britischen Vorschlag, schrittweise eine einheitliche Regierung für alle Besatzungszonen und eine parlamentarische Vertretung zu bilden, lehnt Frankreich ab. Die Sowjetunion will nur zustimmen, wenn die Reparationen aus der gesamten Produktion Deutschlands bestritten werden und sie demzufolge auch an der Kontrolle des Ruhrgebietes beteiligt wird. Die Tschechoslowakei sieht das sudetendeutsche Vermögen auf ihrem Staatsgebiet als tschechoslowakisches Staatseigentum an und nicht als deutsche Reparation.

Die Londoner Konferenz endet ohne Ergebnis und die USA und Großbritannien machen den Weg frei für eine Währungsreform, die nur die westlichen Besatzungszonen betrifft, und schaffen damit die Voraussetzung für einen Weststaat. Die Westzonen werden am Marshallplan beteiligt. Alles läuft auf die Teilung Deutschlands hinaus. Am 20. März 1948 wird die Sowjetunion ihre Mitarbeit im Alliierten Kontrollrat einstellen.

Die Gleichschaltung der Universitäten

Die Auseinandersetzungen in der Studentenschaft und im Studentenrat in der Leipziger Universität nehmen an Schärfe zu, woran nicht nur die SED-Vertreter die Schuld tragen, sondern auch bürgerliche Studenten, die hochmütig auf die Arbeiterstudenten herabblicken. Gerhard Schulz, der keine Sympathien für den Sozialismus hegt, widert der Typ des „bürgerlichen Studenten" an, „der glaubt, alle Formen gesellschaftlichen Umganges restlos zu beherrschen, was meistens nicht der Fall ist, der glaubt, seine Hohlheit hinter Affektiertheit verbergen zu können, was ihm zuletzt doch nicht gelingt, der nicht einmal sonderliches Selbstbewusstsein besitzt, sondern lediglich eine übermäßige Portion Arroganz, bei jedem ernst an ihn gerichtetes Wort in Verlegenheit gerät oder sich in verletzender Blasiertheit jeder Auseinandersetzung entzieht, [...] bestenfalls ein gutes Deutsch spricht, aber dann aus seiner Reserve herausgeht, wenn er sich sicher fühlt."[92]

Die Studentenratswahlen, die am 11. Dezember 1947 als freie Wahlen stattfinden sollen, stürzen die Universität in einen heftigen Wahlkampf. Für die Studentengruppe der LDP tritt für die Pädagogische Fakultät Gerhard Schulz an, für die Philosophische Fakultät der bisherige Vorsitzende des Studentenrats Wolfgang Natonek. Die SED ist entschlossen, diese bürgerliche Bastion zu erstürmen. Als Favoriten stehen sich schließlich der Liberale Wolfgang Natonek und der Kommunist Werner Deckers gegenüber. Beide Kandidaten haben ihre Erfahrungen mit dem Nationalsozialismus gemacht, beide wurden vom NS-Regime verfolgt, beide beginnen infolge der Repressalien der NS-Diktatur ihr Studium recht spät.

Werner Deckers ist sogar noch sechs Jahre älter als Wolfgang Natonek, 1913 geboren, also 33 Jahre alt, und er darf als kommunistischer Vorzeigestudent gelten. Er ist zudem Vater dreier Kinder. In seiner Bewerbung zum Studium an der Gewifa heißt es, dass er „auf Grund besonderer politischer Umstände keine Gelegenheit hatte, ein abgeschlossenes wissenschaftliches Studium zu erreichen". Wegen seiner „starken Neigung zu politischer Betätigung" möchte er Sozialwissenschaften an der Gesellschaftswissenschaftlichen Fakultät studieren.[93] 1933 ist Werner Deckers Oberprimaner und gehört dem Arbeitersportverein „Fichte" an. Als Reaktion darauf, dass Hitler an die Macht kommt, bricht er das Gymnasium ab, um sich dem Widerstand zu widmen. Dafür wird er 1935 verhaftet, verurteilt und für ein Jahr im Zuchthaus eingesperrt. Aus der Haft entlassen übt er „unter den Bedingungen eines politisch Verfolgten verschiedene Tätigkeiten aus." Von 1939 bis 1943 arbeitet er als selbständiger Handelsvertreter. Deckers, der sich weiter im Widerstand gegen die nationalsozialistische Diktatur engagiert, wird 1944 im Zusammenhang mit dem Prozess gegen Anton Saefkow ein zweites Mal verhaftet.

Anton Saefkow hatte zusammen mit Bernhard Bästlein und Franz Jacob in Berlin eine große Widerstandsgruppe aufgebaut, die vor allem in Berliner Rüstungsbetrieben zur Sabotage aufruft. Im April 1944 stellt der Sozialdemokrat Adolf Reichwein einen Kontakt zwischen den Verschwörern vom 20. Juli 1944 und der Widerstandsgruppe um Saefkow her. An dem Treffen zwischen den Sozialdemokraten Adolf Reichwein, Julius Leber und den Kommunisten Anton Saefkow und Franz Jacob nimmt jedoch auch der Kommunist Ernst Rambow teil, der inzwischen der Gestapo als Spitzel dient. Am 4. Juli werden Anton Saefkow und Adolf Reichwein, am 5. Juli Julius Leber verhaftet. Saefkow gelingt es noch, seine Parteifreunde aus dem Gefängnis heraus vor dem Verräter zu warnen. Am 18. September 1944 stirbt Anton Saefkow durch das Fallbeil im Zuchthaus Brandenburg-Görden. Am 20. Oktober 1944 bzw. am 5. Januar 1945 werden Adolf Reichwein und Julius Leber im Strafgefängnis Berlin-Plötzensee hingerichtet. Der Spitzel Ernst Rambow versucht, sich 1945 als Opfer des Faschismus anerkennen zu lassen, doch da die Dienste, die er der Gestapo geleistet hat, nicht unbemerkt blieben, wird er vom sowjetischen Staatssicherheitsdienst verhaftet und durch ein sowjetisches Militärgericht zum Tode verurteilt. Das Urteil wird am 12. November 1945 vollstreckt.

Werner Deckers wird von den Nazis zu sieben Jahren Zuchthaus verurteilt und ins Zuchthaus Brandenburg-Görden gebracht. Einer der Häftlinge dort heißt Erich Honecker. Im Februar verlegt man Werner Deckers über das Gefängnis Berlin-Plötzensee ins Untersuchungsgefängnis des Volksgerichtshofes nach Potsdam, wo sein Verfahren wiederaufgenommen werden soll. Doch dazu kommt es nicht mehr. Am 27. April befreit ihn die Rote Armee. Noch im gleichen Jahr engagiert sich Deckers im Antifa-Ausschuss, arbeitet in der Gemeindeverwaltung in Wilhemsruh, um dann als „Sekretär für Werbung und Schulung" bei der Kreisleitung der SED Pankow anzuheuern.[94]

Im Herbst 1947 beginnt Werner Deckers, in der politischen Arbeit außerordentlich erfahren, mit dem Studium an der Gewifa in Leipzig. Der Kommunist wird zum Studium „ohne besondere Prüfung, da entsprechende Vorbildung" vorliegen, zugelassen. Doch vor allem widmet sich der Student Deckers der politischen Tätigkeit. Laut Aktenvermerk in einer Stipendiensache wird Werner Deckers zwar im Frühjahr 1947 immatrikuliert, doch „im Einverständnis mit dem Rektorat [...] vom Studium beurlaubt, da er die Leitung der SED-Betriebsgruppe Universität"[95] übernimmt. Er wird bei vollem Bezug des Stipendiums für den politischen Kampf an der Universität freigestellt. Was von dem erfahrenen Funktionär Deckers erwartet wird, ist vollkommen eindeutig. Er soll den Sturm auf die Festung Wissenschaft, der aus Sicht der SED doch sehr zu wünschen übrig lässt, voranbringen und zuallererst den Widerstand der Liberalen brechen. Vor allem gilt es, den Studentenrat zu erobern. Nur besteht für die Erreichung dieses Ziels ein großes Hindernis in Gestalt des beliebten Vorsitzenden Wolfgang Natonek. Nimmt man alles zusammen, kann kein Zweifel daran bestehen, dass Deckers, der auch in Jena hätte studieren können, nach Leipzig geschickt wurde.

In Jena kümmert sich derweil die neue Volksbildungsministerin Marie Torhorst, eine knallharte Stalinistin, persönlich um die Gleichschaltung der Universität, in ihrer Diktion natürlich um die Demokratisierung. Auf einer Versammlung der Betriebsgruppe Studentenschaft des FDGB am 10. Dezember 1947, an der auch der thüringische Ministerpräsident Werner Eggerath und auch der Wiederaufbauminister von NRW Hugo Paul (KPD) teilnehmen, kritisiert der Jurastudent Erich Weber Missstände an der Universität und sagt einen Satz, der zum Politikum wird: „Man pflegt heutzutage dem Nazismus alles in die Schuhe zu schieben. Er ist zwar an vielem schuld, aber nicht an allem." Daraufhin empört sich der nordrhein-westfälische Genosse und heizt die Stimmung im Saal auf. Die Betriebsgruppe der SED, stets von revolutionärer Wachsamkeit durchglüht, beantragt beim Rektor den Ausschluss des Studenten vom Studium und die Eröffnung eines Disziplinarverfahrens. Das ist ganz im Sinne Torhorsts, die bereits im Juli 1947 an den Ministerpräsidenten geschrieben hatte: „Die Studenten sind der Meinung, dass es allein auf ein freies Reden ankomme, um die Demokratie zu verwirklichen. Das Verantwortungsbewusstsein fehlt vielen von ihnen […] Ich werde geeignete Maßnahmen einleiten, um die Demokratisierung der Universität […] und die Blockpolitik auch auf diesem so wichtigen Gebiete des öffentlichen Lebens zu garantieren."[96] Torhorsts Ministerium schreibt am 2. Januar 1948 an den Rektor, dass „die Ausführungen Webers eine Propaganda für den Nazismus darstellen und dass Weber das Ansehen der Universität aufs schwerste geschädigt" habe.

Der Disziplinarausschuss, dem der Theologe und Kirchenhistoriker Karl Heussi, der Jurist Martin Drath (SPD/SED) und der Jurastudent Günter Höfer (SED) angehören, lässt sich Zeit und tritt erst am 14. Februar 1948 zusammen. Er kommt zu dem Urteil: „Der Student der Rechte Erich Weber wird freigesprochen." Die Urteilsbegründung wird im Torhorst-Ministerium als „Polemik gegen die Auffassung des Ministeriums" gewertet. Weber, so befindet der Disziplinarausschuss, habe lediglich Kritik geäußert, nicht aber nazistische oder antidemokratische Äußerungen getätigt und folglich die Universität nicht geschädigt. Paul habe den Protest der Versammelten gegen Weber erst hervorgerufen. Die Volksbildungsministerin demonstriert, was sie unter Demokratie versteht, wenn sie dafür sorgt, dass erstens das Urteil des Disziplinarausschusses nicht anerkannt wird und zweitens die Sitzung des Disziplinarausschusses wiederholt werden muss, allerdings in anderer Zusammensetzung. „Der Disziplinarausschuss für dieses Verfahren ist neu zusammenzusetzen. Den bisherigen Mitgliedern des Ausschusses ist eine Rüge zu erteilen und das Recht abzusprechen, in den nächsten 2 Jahren dem Disziplinarausschuss für Studierende der Friedrich-Schiller-Universität Jena anzugehören."[97] Akademische Selbstverwaltung und Autonomie der Universität sind für Torhorst Fremdworte.

Am 15. März 1948 wird Günter Höfer verhaftet, Martin Drath verlässt die SBZ, weil er sich überwacht und bedroht fühlt, wie er am 16. Mai 1948 an den Rektor schreibt. Erich Weber wird vom neu zusammengesetzten Disziplinarausschuss exmatrikuliert. Als in den Auseinandersetzungen an der Berliner Universität, die zur Gründung der Freien Universität in West-Berlin führen, eine Protestkundgebung unter dem Motto „Gegen den Terror – Für die Freiheit" im April 1948 stattfindet, wird Erich Weber als erster Redner das Wort ergreifen und aus eigenem Erleben berichten: „In Jena werden nichtkommunistische Professoren und Studenten rücksichtslos ihres Amtes enthoben, relegiert und verhaftet."[98]

In der Studentenratswahl in Jena erhält die SED am 16. Dezember 1947 sieben Sitze, die CDU sechs und die LDP sechs. Hinzu kommt noch ein parteiloser Studentenvertreter. Als CDU und LDP sich weigern, den SED-Kandidaten zum Vorsitzenden zu wählen und einen gemeinsamen Kandidaten benennen, verlassen die SED-Mitglieder die Sitzung. Gewählt wird mit elf der noch anwesenden 13 Personen der Student Bernhard Reichenbach (LDP). Doch im Zuge der „Demokratisierung" der Universität erkennt Torhorst die Wahl einfach nicht an. Aus ihrer Sicht ist sie unentschuldbar und muss rückgängig gemacht werden. Am 12. Februar 1948 ist es dann so weit, dass aufgrund der Obstruktionspolitik der SED-Vertreter und des Drucks, den Torhorst ausübt, der Pädagogikstudent Binternagel (SED) Vorsitzender des Studentenrats wird. Die „Demokratisierung" der Friedrich-Schiller-Universität Jena ist geglückt, die freien Wahlen sind abgeschafft, die freie Meinungsäußerung steht unter Strafe.

Am 12. Dezember 1947 stehen sich in Leipzig Wolfgang Natonek und Werner Deckers in den Studentenratswahlen gegenüber.

Die Entscheidung der Machtfrage

Wolfgang Natonek sieht sich „einer wochenlangen Pressehetze von links"[99] ausgesetzt. Am 1. Dezember 1947 zieht der Vorsitzende des Leipziger Studentenrats das Fazit aus den beinahe zahllosen und erbitterten Diskussionen über die Arbeiterstudenten auf einem Parteitag der sächsischen LDP in Bad Schandau: „Es gab einmal eine Zeit, in der verhindert war zu studieren, der eine nichtarische Großmutter hatte. Wir wollen nicht eine Zeit, in der es dem verhindert wird zu studieren, der nicht über eine proletarische Großmutter verfügt." Nun wittert die SED die Chance, die Angelegenheit ein für alle Mal zu beenden. Da die SED die Medien in ihrer Hand hat, nutzt sie diese Macht im Rahmen des „Klassenkampfes" schamlos aus. In der *Leipziger Volkszeitung* wird Natonek sofort heftig angegriffen, seine Äußerungen werden bewusst missverstanden, verdreht und skandalisiert. In eiferndem Tonfall behauptet das Blatt: „Herr Natonek schämt sich also nicht, die Zeit der barbarischen, faschistischen Rassenhetze mit der vom Standpunkt der Demokratie durchaus einwandfreien und berechtigten Förderung des Volksstudiums in einem Atemzug zu nennen." Dass Wolfgang Natonek, der als „Halbjude" zwölf Jahre diskriminiert wurde, „Rassenhetze" vorgeworfen wird, besitzt schon eine eigene Note.

Das Kesseltreiben, das die Kommunisten gegen Natonek entfachen, nutzt vorerst nichts, zu beliebt ist der liberale Vorsitzende in der Studentenschaft. Dennoch notiert Schulz, der ebenfalls in den Studentenrat gewählt wird, entsetzt: „Niemand spürt, dass wir den Weg des Sozialismus schon zu weit gegangen […], als dass wir uns erlauben dürften, kleine Triumphe zu feiern, die nichts einbringen als das augenblickliche Hochgefühl, einem Gegner einmal die Zähne gezeigt zu haben."[100] Schulz sieht weiter als viele seiner Kommilitonen, weiter wohl auch als Wolfgang Natonek, denn für Schulz ist klar: Diesen Weg weiterzugehen, bedeutet „Kampf mit all den Konsequenzen, die dieses Wort in sich birgt."[101]

Die Entscheidung der Machtfrage

Bei den am 12. Dezember 1947 stattfindenden Studentenratswahlen erhält die von Wolfgang Natonek angeführte LDP elf Sitze im Studentenrat, die CDU neun, die SED acht, zwei Mitglieder gehören keiner Partei an. In der Kongresshalle im Zoo tritt am Montag, den 15. Dezember 1947 um 9 Uhr vormittags der neugewählte Studentenrat der Leipziger Universität zur konstituierenden Sitzung zusammen. Der Student Schlede leitet die Konstituierende Sitzung. Ironisch bedankt er sich in seinen einleitenden Worten bei den Leipziger Zeitungen, „dass sie die Möglichkeit eröffneten, auch die Öffentlichkeit von den Geschehnissen an der Universität zu unterrichten, so zeigt doch die Art der in den Zeitungen geführten Wahlkämpfe, wie vordringlich unsere Bitte nach einer eigenen Universitätszeitung ist (Trampeln), damit auch allen Studenten Gelegenheit zur Meinungsäußerung im Rahmen der geltenden Gesetze gegeben ist."[102] Von der Gewifa sind Werner Deckers und der Student Stern für den Studentenrat gewählt. Für die Pädagogische Fakultät zieht als dritter Kandidat Gerhard Schulz in den Studentenrat. Schulzes Wahl stellt eigentlich ein kleines Wunder dar, das er selbst nicht ganz zu glauben vermag, denn die Gewifa und die Pädagogischen Fakultäten gelten zu Recht als Hochburgen der SED.

Es geht in der konstituierenden Sitzung um die Wahl des Vorsitzenden, des Stellvertreters und der anderen Ämter. Nachdem man sich überzeugt hat, dass die Wahlurne leer ist, werfen die Mitglieder des Studentenrats ihre Stimmzettel in die Urne. Dann beginnt die Auszählung. Wolfgang Natonek erhält 20 Stimmen. In seiner Rede verdeutlicht er, dass er allen Studenten gerecht werden möchte, „die den Wunsch haben, wirklich eine demokratische Studentenschaft heranzubilden, die einstmals mitarbeiten wird an dem Geschehen unseres Vaterlandes."[103] In seiner Schlussrede bedankt sich Natonek bei den scheidenden Mitgliedern des alten Studentenrats für ihre geleistete Arbeit, auch bei Gerhard Stiller.

Das neue Studentenratsmitglied Gerhard Schulz notiert am 13. Dezember in sein Tagebuch: „Die gestrigen Studentenratswahlen haben ein erstaunliches Ergebnis gebracht: Der Studentenrat [...] ist beschlussfähig selbst ohne die Mitglieder der SED, die von der stärksten zur schwächsten Fraktion zusammengeschmolzen sind." Für Natonek wird es nun gefährlich, denn die Demokratie als Mittel des Klassenkampfes hat versagt. Die Landesleitung der SED beschließt am 14. Februar 1948, von nun an, um die Macht im Studentenrat zu erringen, „einen Kampf zu führen, wie ihn Genosse [Anton] Ackermann als zugespitzte ideologische Auseinandersetzung mit den faschistischen Elementen nannte. Es wird unsere Aufgabe sein, solche Elemente festzustellen und die entsprechende Säuberung vorzunehmen." Säuberung, auf russisch „Tschistki", ist der sowjetische Fachbegriff für Terror, für willkürliche Verhaftungen, für Folter, für Einkerkerungen, für Mord. Der Begriff „Große Säuberung" wird für die Zeit 1936 bis 1938 in der Sowjetunion synonym mit dem Begriff „Großer Terror" gebraucht, bei dem täglich um die 1000 Menschen vom sowjetischen Staatssicherheitsdienst ermordet wurden.

Männer wie Wolfgang Natonek gelten ab jetzt als „faschistische Elemente", von denen die Universität zu „säubern" ist. Natonek und auch Gerhard Schulz werden nun vom Kommissariat K 5, dem Vorläufer des Ministeriums für Staatssicherheit, und dem sowjetischen Staatssicherheitsdienst überwacht. Schulz wird die Vergeblichkeit seines Widerstandes gegen die Stalinisierung der Universität immer bewusster. Am 28. Februar 1948 notiert er: „Sollte nicht eine außerordentliche Wendung eintreten, so ist unsere Zone in nicht mehr ferner Zeit bolschewisiert." Er weiß zwar inzwischen, mit wem er es zu tun hat, dennoch gibt er nicht auf: „So ist denn das Leben zum Kampf geworden gegen rücksichtslose Macht und schrankenlose Gewalt, die den Menschen nicht achtet."[104]

Auf ihren Tagungen im Mai bis September 1948 beschließt die SED, die „führende Rolle der Arbeiterklasse und der SED in Staat und Wirtschaft durchzusetzen." Die Planwirtschaft wird mit der Verabschiedung eines Zweijahresplans, aus dem schließlich Fünfjahrespläne werden, gestartet. Unter besonderer Förderung stehen die Volkseigene Betriebe (VEB) genannten Staatsbetriebe. Um sie soll sich als Zulieferer und als Reparateure ein Kranz privater Handwerksbetriebe und kleiner Unternehmen bilden, der aber letztlich von den großen Fabriken, die vom Staat geführt werden, abhängig ist. Dadurch werden die privaten Unternehmen in die Planwirtschaft eingebunden. Gleichzeitig wird eine Strategie entwickelt, „ohne den Sozialismus zu deklarieren, die notwendigen Schritte zur Hinüberleitung in die sozialistische Etappe des revolutionären Prozesses zu tun."[105] In einem ersten Schritt wird die SED zu einer Kaderpartei oder im Jargon Lenins zu einer „Partei neuen Typs". Darunter wird eine Organisation von Berufsrevolutionären verstanden, die streng zentralistisch von oben nach unten auf der Grundlage des Marxismus-Leninismus, in dieser Zeit noch des Stalinismus, geführt wird. Ohne dass es darüber eine Diskussion in der Partei gibt, legt der Parteivorstand auf seiner 13. Tagung am 15. und 16. September fest, die SED in eine solche „Partei neuen Typs" umzuwandeln, und eröffnet den Kampf gegen den „Sozialdemokratismus" in der Partei.

Eine Zeitung veröffentlich aus einer Rede eines SED-Funktionärs die Forderung: „Wer Angehöriger der SED ist, darf nicht nur Inhaber eines Mitgliedsbuches, sondern muss Aktivist sein." Das ist es, was von nun an von den Studenten erwartet wird, die Parteimitglieder sind: Sie sollen „Aktivisten" sein. Für die bürgerlichen Kräfte an der Universität wie Natonek und Schulz ist längst deutlich geworden, dass die SED nicht einfach nur eine politische Partei ist, sondern die Organisation, die über alle Machtmittel verfügt, um ihre Politik brutal durchzusetzen, die „in alle Lebensäußerungen der Menschen, die in der sowjetischen Besatzungszone leben, ‚bestimmend eingreift'".[106]

Das betrifft auch die Universität Leipzig. Auch hier will die SED „bestimmend" eingreifen können. Um die universitäre Autonomie zu brechen, setzt die SED einen Kurator ein. Gadamer hat sich dagegen noch verwahrt, sein Nachfolger Erwin Jacobi schwenkt auf die Linie der SED ein und argumentiert im Senat der Universität am 28. Juli 1948, „dass es unrichtig sei, daß die Verantwortung für Forschung und Lehre allein zur Zuständigkeit des Senats und der Fakultäten gehöre, daß vielmehr auch die Landesregierung Sachsen hier die Verantwortung mittragen müsse." Durch die Schwächung der bürgerlichen Professorenschaft –, weil einerseits bürgerliche Professoren Leipzig verlassen und in den Westen gehen und andererseits die SED-Professoren, die an ideologischen Einrichtungen wie der Gewifa und der von der SED gegründeten Pädagogischen Fakultät lehren, ein stärkeres Gewicht erhalten –, einigt sich der Senat der Universität auf Jacobis Linie und gibt damit jegliche akademische Eigenständigkeit auf. Kurator der Universität wird der wissenschaftsfremde, kommunistische Schulmann Ernst Eichler, der weit über seine Kompetenzen und dann auch noch im stalinistischen Sinn emsig tätig wird und dafür Ende 1949 eine Professur an der Pädagogischen Fakultät erhält.

Die 1948 für die ganze SBZ erlassenen neuen Immatrikulierungsregeln haben zum Ziel, dass nur noch junge Menschen, die aus der Arbeiterklasse oder der Klasse der „werktätigen Bauern" stammen, studieren. Immer deutlicher wird, dass Gadamers Einschätzung stimmte, dass die Freiheit von Lehre und Forschung und die Selbstverwaltung der Universität aufgelöst würden. Schulz hält Anfang 1948 in seinem Tagebuch fest, dass die Universität über keinerlei Rechte mehr verfüge und die Wissenschaft zur „Magd der Politik" geworden sei. In der Sitzung des Leipziger Studentenrats vom 30. Juni 1948 zeigt sich im Kleinen beispielhaft, wie die SED ihre Obstruktionspolitik durchzieht. Gerhard Schulz bringt mit Blick auf die neuen Immatrikulierungsregeln den Antrag ein, der Zonenverwaltung eine Abänderung der Immatrikulationsregeln, wie sie von der Deutschen Zentralverwaltung für Volksbildung erlassen wurden, vorzuschlagen. Die DVV-Regeln sehen vor, dass zwei Gruppen entsprechend der sozialen Herkunft gebildet werden. In der ersten Gruppe befinden sich die Kinder von Arbeitern und Bauern, in der zweiten Gruppe die Söhne und Töchter

Die Entscheidung der Machtfrage

aller anderen. Ohne Rücksicht auf die Leistung werden erst alle Bewerber der ersten Gruppe genommen, bevor man entsprechend der noch vorhandenen Studienplätze die fähigsten Bewerber aus der zweiten Gruppe auswählt.

Gerhard Schulz schlägt dagegen vor, dass für alle Bewerber das Leistungsprinzip gelten soll, „und wies auf das gleiche Recht auf Bildung für alle Bürger hin, das in der Verfassung verankert ist."[107] Deckers hält dem entgegen, dass nur etwa 30 Prozent Arbeiterstudenten an der Universität studieren. „Die Zahl stellt bei weitem keine Gleichberechtigung dar. Diese Gleichberechtigung müsste sehr schnell erreicht werden, dann wird sicher nach dem Gesichtspunkt des Leistungsprinzips verfahren werden."[108] Stern stellt den prinzipiellen Unterschied beider Standpunkte fest. Während der eine auf dem Primat der Leistung basiert, favorisiert der andere den Primat der sozialen Herkunft, der „proletarischen Großmutter", wie Natonek auf dem Landesparteitag in Bad Schandau Ende 1947 gespottet und diesen Spott auf dem Wartburgtreffen der Deutschen Studentenschaft Pfingsten 1948 wiederholt hat.

Der Antrag von Gerhard Schulz wird zwar mit 19 Stimmen angenommen, aber die SED-Gruppe beteiligt sich nicht an der Abstimmung. Sie erklärt, dass sie zwar im Raum, aber bezüglich der Abstimmung abwesend sei. Als Wolfgang Natonek den Rechtsreferenten fragt, ob nicht die Nichtteilnahme der Anwesenden als Stimmenthaltung zu werten sei, fliehen die SED-Mitglieder unter Deckers Leitung aus dem Hörsaal der Handelshochschule, in dem die öffentliche Sitzung des Studentenrats stattfindet. Einen solchen Fall sehen die Statuten des Rats nicht vor. Schulz resümiert bitter, dass die „sowjetischen Praktiken" Schule machten, und spielt darauf an, dass der sowjetische Stadtkommandant die Einladung zur nächsten Sitzung der Alliierten Kommandantur von Berlin abgelehnt habe, wodurch diese gemeinsamen Sitzungen künftig nicht mehr stattfinden würden.

Natonek unterbricht die Sitzung für fünf Minuten. Nach der Pause sind nur noch 17 Mitglieder des Studentenrats anwesend.

Der Student Gensich, der versuchte, die SED-Studentenräte zurückzuholen, kehrt mit der Auskunft zurück, dass sie nicht bereit seien, in die Sitzung zurückzukehren. „Sie erklärten, dass sie die Arbeit des Studentenrats nicht für längere Zeit unterbrechen wollten, aber sie können ihre Tätigkeit erst wieder aufnehmen, wenn mit fairen Mitteln gearbeitet werden würde."[109] Was Deckers und seine Genossen hier durchexerzieren, ist die Vorstellung der SED von Demokratie in Reinkultur: Alle hätten das Recht, der SED zuzustimmen. Demzufolge hätten nicht sie die Arbeit gestört, „sondern der andere Teil des Studentenrats durch sein unfaires Verhalten." Wolfgang Natonek erklärt, dass die anwesenden Studentenräte sich verpflichtet fühlen, die Arbeit fortzusetzen, obwohl durch den Auszug einer Reihe von Studentenräten die Beschlussfähigkeit nicht gegeben sei. Und dann erklärt er klar und deutlich: „Diejenigen Kommilitonen, die sonst stets mit Worten für eine Arbeit in aller Öffentlichkeit eintreten, haben sich für ihre weiteren Beratungen in die Räumlichkeiten einer Partei zurückgezogen, während der übrige Teil des Studentenrats seine Besprechungen in aller Öffentlichkeit fortsetzt, der anwesenden Studentenschaft und der Presse die Möglichkeit bietet, von jeder Ausführung Kenntnis zu nehmen und zugleich die Möglichkeit einräumt, den an anderer Stelle tagenden Studentenräten einen genauen Einblick in die eigene Verhandlung zu verschaffen. Diese Verhandlungsweise der öffentlichen Weitertagung steht in einem bemerkenswerten Unterschied zu dem Verhalten jener, die hinter verschlossenen Türen eines Parteigebäudes die Besprechung fortsetzen."[110]

In der nächsten Sitzung wird zum Kompromiss erhoben, dass man den Antrag von Gerhard Schulz einfach zurückzieht. Schulz ist enttäuscht darüber, dass der Studentenrat „sich in bedenkenloser Weise von seiner letzten Entschließung [...] distanziert" hat, „ohne auch nur die geringste Gewähr für die Aufrichtigkeit des Willens zur Zusammenarbeit erhalten zu haben."[111] Er spürt mit allen Fasern, dass die SED nicht nur eine politische Partei ist, sondern die „Organisation, die in alle Lebensäußerungen unseres Volkes innerhalb unserer Zone bestimmend eingreift und ihnen damit direktiv die sowjetische Politik zugrunde legt."[112]

Die SED-Betriebsgruppe unter Werner Deckers verschärft die politische Atmosphäre an der Universität. Sie hat den Klassenkampf nach Stalins Regeln eröffnet. Es wird gedroht, es wird verleumdet, es wird einfach behauptet, ohne Beweise vorlegen zu können. Mit Anton Ackermanns besonderem deutschen Weg zum Sozialismus ist es vorbei. Es gilt der verschärfte stalinistische Kurs. Die SED legt die Maske ab. Für Gerhard Schulz wird deutlich, „dass die SED-Leute, die in Erscheinung treten, keine Minderheit mehr sind. Allmählich beginnen sie Übergewicht zu erlangen."[113]

Für ihn gibt es nur noch einen Lichtblick: Dass zum Jahresende 1948 Neuwahlen stattfinden und er dadurch von seiner Mitarbeit in diesem Gremium erlöst wird, denn für ihn ist es ausgeschlossen, dass hier noch sinnvolle Arbeit geleistet werden kann. Antreten will er nicht noch einmal. Er bekommt persönliche Drohungen, wird – freundlich – vom Prorektor der Universität, dem Volkswirtschaftler Georg Mayer, gewarnt, sich besser zurückzuhalten.

Die neuen Wahlen zum Studentenrat sollen der SED in Leipzig an der Universität endlich den Durchbruch bringen. Um das zu erreichen, nutzt die SED wieder exzessiv ihre Pressemacht aus, verleumdet skrupellos die führenden Leute der CDU und der LDP. Dass es zu einem Kampf kommen wird, daran zweifelt niemand mehr. Auch Wolfgang Natonek nicht – und er denkt darüber nach, ihm auszuweichen. Auch er kann sich nicht länger darüber hinwegtäuschen, dass die Spielräume immer enger werden. Vielleicht spielt bei diesen Überlegungen auch eine Rolle, dass sich Wolfgang Natonek etwas mehr Privatleben vorstellen kann. Er ist verliebt und mit Christa Göhring verlobt. Doch kampflos will er nicht gehen, nicht fliehen wie sein Vater, sondern standhalten, Verantwortung wahrnehmen. Deshalb beschließt er, noch einmal, ein letztes Mal anzutreten.

II. Das Gefühl der Freiheit: Der Klassenkampf gegen die Demokratie

Die Chancen, den Sozialismus an der Universität Leipzig aufzuhalten, werden von Woche zu Woche immer geringer. Es ist nicht mehr der Kampf David gegen Goliath, denn David besitzt nicht einmal eine Steinschleuder, genau genommen nicht einmal einen Stein. Die Kandidaten der CDU und der LDP für den Studentenrat werden unter Druck gesetzt. Sie erhalten Warnungen, dass sie von der politischen Polizei beobachtet werden, man empfiehlt ihnen, politisch vorsichtig zu sein. Als die Studentenräte, zumindest die meisten, die Sitzung am 11. November 1948, die eine der „übelsten ihrer Art" war, verlassen, ahnen sie nicht, dass sie in die Nacht gehen. Die SED will sich nicht noch einmal eine Schlappe beibringen lassen und geht auf Nummer sicher, auf die Staatssicherheitsnummer.

„Durch die Straßen marschieren Polizeikolonnen im Gleichschritt mit Gewehren hinter Marschmusik der Schalmeienkapelle und roter Fahne. In der letzten Nacht ist Natonek verhaftet worden"[114], schreibt Gerhard Schulz am 12. November 1948. Unmittelbar nach der Studentenratssitzung, vier Wochen vor den Wahlen. Wolfgang Natonek besucht noch, bevor er nach der anstrengenden Studentenratssitzung nach Hause geht, seine Verlobte. Vor dem Haus, in dem er wohnt, tritt ihm aus der Dunkelheit ein Mann entgegen, der im tiefsten Sächsisch von ihm verlangt, ihm zu folgen. Ablehnen kann er nicht, denn schon wird der Mann von zwei weiteren Männern in Ledermänteln, die jeder eine Pistole im Anschlag halten, verstärkt. Wolfgang Natonek ist sofort klar, dass es sich um zwei Schergen des sowjetischen Staatssicherheitsdienstes handelt. Im Bericht des Kriminalamts – Leipzig Kommissariat – K 5, dem Vorläufer der Staatssicherheit –, heißt es: „Am 11.11.1948 gegen 22.30 Uhr wurde von einem sowj. Capitän, Lt. Schachmanow und dem Unterzeichneten der 1. Vorsitzende des Leipziger Studentenrates und LDP Mitglied Natonek, Wolfgang, geb. 3.10.1919 wh Leipzig – C 1, Feuerbachstraße 10 II (ehem. Sedanstraße) vorl. festgenommen (an seinem Wohnhaus) und der Kdtr Windscheidstraße überführt. Bei der nach der Zuführung

Die Entscheidung der Machtfrage

vorgenommenen Wohnungsdurchsuchung wurden von dem sowjet. Offizier verschiedene Schriftstücke und Briefe sichergestellt und beigezogen."[115]

Auch Gerhard Schulz bleibt nicht ungeschoren, am 13. November wird ihm mitgeteilt, dass sein Stipendium komplett gestrichen wird, weil er im Studentenrat im Dienste der Spaltung gearbeitet habe. Er überlegt, ob er weggeht, solange „das Fenster noch offen ist". Für Schulz steht es außer Frage, dass Studenten in der SED-Betriebsgruppe über ihre Kontrahenten, etwa über ihn, Material gesammelt und Dossiers angelegt haben.

Im Gegensatz zu früheren und zu späteren Verhaftungen erfolgt die Festnahme von Wolfgang Natonek geradezu öffentlich. Man legt es darauf an, dass sich die Nachricht wie ein Lauffeuer verbreitet. Für die SED in Leipzig scheint die einzige Möglichkeit zu sein, einen erneuten Wahlsieg Natoneks zu verhindern, indem man ihn einsperrt. Die Demonstration der Macht soll Eindruck schinden und einschüchtern.

Wolfgang Natonek ist nicht der einzige Liberale, der in einer Nacht-und-Nebel-Aktion am 11. November 1948 verschleppt wird. Ebenfalls an diesem Tag werden in Leipzig wie schon erwähnt die jungen Liberalen Walter Nienhagen, Helmut Stelling und Rudolf Georgi festgenommen. Einigen gelingt die Flucht in letzter Minute, wie dem liberalen Studenten Peter K. Rossberg, der von einer Hausangestellten gewarnt wird. Statt seiner nehmen die Häscher des sowjetischen Staatssicherheitsdienstes einen Namensvetter in Gewahrsam, der eine Woche in Haft bleibt, bevor sich der Irrtum herausstellt.

Kurz darauf klagt vom Schwarzen Brett der Philosophischen Fakultät trotzig ein anonymes Flugblatt in Weiße-Rose-Manier an und versetzt die SED-Betriebsgruppe, die K 5 und den sowjetischen Staatssicherheitsdienst in Aufregung. Es ist das Flugblatt einer „ersten Widerstandsgruppe an der Universität Leipzig", aus dem es unter der Überschrift „Quo usque tandem?" heißt: „In Anbetracht der bevorstehenden Studentenratswahlen liegt die Vermutung nahe, dass die verhafteten Kommilitonen, insbesondere der Kommilitone Natonek, ausgeschaltet worden sind, um zu verhindern, dass bei den Studentenratswahlen erneut eine freiheitliche Mehrheit im Vorstand entsteht. Es ist ebenfalls naheliegend, dass diese neue Verhaftungswelle den Zweck verfolgt, den bisherigen passiven Widerstand der Mehrzahl aller Studenten der Universität Leipzig zu brechen und alle wahrhaft demokratischen Regungen noch mehr zu unterdrücken. Wir freiheitlichen Studenten nehmen von diesem neuen Willkürakt mit lodernder Empörung Kenntnis und erklären, dass wir alle Akte grausamer Verschleppung, gewaltsamer Unterdrückung und Freiheitsberaubung aufs Schärfste verurteilen. Die Zeit liegt noch nicht weit hinter uns, da in Deutschland mit gleichen Terrormethoden verfahren wurde. Wir haben aus den Jahren 1933 bis 1945 gelernt und sind nicht gewillt, uns dereinst wieder fragen zu lassen: Was habt ihr gegen die Unterdrückung, für die Freiheit getan?"[116]

Für Kenner des Lateinischen und der römischen Geschichte kann die Überschrift nicht deutlicher sein. Denn sie bezieht sich auf die berühmte Redewendung Ciceros gegen Catilina – „Quo usque tandem abutere, Catilina, patientia nostra? („Wie lange noch, Catilina, wirst du unsere Geduld missbrauchen?") – und spielt darauf an, dass Cicero Catilina Heuchelei vorwarf. In den „Reden gegen Catilina" deckte Cicero den Umsturzversuch Catilinas und seiner Anhänger gegen die Römische Republik auf.

Die eilig zusammengerufene „außerordentliche Arbeitssitzung" des Studentenrats am 18. November gerät unter der Leitung des 2. Vorsitzenden Werner Deckers zur Farce. Jacobis Nachfolger als Rektor, der Altorientalist Johannes Friedrich, gibt vorab eine Erklärung ab, in der er informiert, dass er sich beim Polizeipräsidenten über den Verbleib der verhafteten Studenten erkundigt, aber keine Auskunft erhalten habe, da die deutsche Polizei keine Kenntnis von der Verhaftung besäße und auch bei ihr nichts gegen Wolfgang Natonek vorläge.

Die Entscheidung der Machtfrage

Vor der Sitzung des Studentenrats sind Johannes Friedrich und Werner Deckers in die sowjetische Kommandantur einbestellt worden. Der sowjetischen Militärverwaltung geht es nicht um die verhafteten Studenten. Da die Abteilungen des sowjetischen Staatssicherheitsdienstes nicht der SMAD unterstehen, sondern dem sowjetischen Innenministerium (NKWD), besaß die Militärverwaltung wohl auch wirklich keine Kenntnisse über die Aktionen der autonom agierenden politischen Polizei. Grund für die Einbestellung auf die Kommandantur sind „Vorkommnisse, die die schärfste Missbilligung der Kommandantur"[117] hervorrufen, nämlich die Flugblattaktion. In der Kommandantur reagiert man äußerst nervös: Es soll unbedingt dafür gesorgt werden, dass solche Dinge nicht wieder geschehen. „Es hätten sich Flugblätter verdächtigen Inhaltes gefunden und das dürfte sich ein zweites Mal nicht wiederholen. Die Unterschrift unter diesem Flugblatt spricht von einer Widerstandsgruppe."[118]

Friedrich, der bis zum 31. Oktober 1949 Rektor sein und ein knappes Jahr später nach West-Berlin an die Freie Universität gehen wird, scheint noch ganz unter dem Eindruck der handfesten Drohungen seitens der Kommandantur zu stehen, wenn er im Studentenrat fordert, dass „solche Dinge nicht wieder vorkommen dürfen, wenn wir nicht unsere Kommilitonen gefährden und die Universität aufs Spiel setzen wollen."[119] Nicht mit der Schließung der Universität wird ihm gedroht worden sein, aber mit der Zwangsverwaltung.

Das eigentliche Opfer scheint laut Protokoll der Studentenratssitzung nicht Wolfgang Natonek, sondern Werner Deckers zu sein. Empört berichtet Deckers, dass er auf der Wandzeitung „Das Freie Wort" persönlich angegriffen wurde, und stellte fest, „dass diese Erklärung [auf der Wandzeitung], die über seine Person abgegeben worden ist, auf einer Unwahrheit, wenn nicht gar auf einer Lüge basiert." Er sei persönlich von der Kommandantur dafür verantwortlich gemacht worden, dass sich „solche Dinge" wie die Flugblattaktion nicht wiederholen. Die Wandzeitung „Das Freie Wort" ist die Wandzeitung der LDP, der zehn mittlerweile verhaftete Studenten angehören.

Deckers hat sein Ziel fast erreicht, der Sieg der SED im Studentenrat mithilfe des sowjetischen Staatssicherheitsdienstes zeichnet sich ab. Drohung, Einschüchterung, persönliche Diffamierung und Verhaftung sind die Wegmarken zum Ziel. Deckers schlägt vor – und es klingt wie eine Weisung –, dass der Rektor am 22. November auf der Universitätsveranstaltung im Schlusswort „die Frage der aktiven Bekämpfung undemokratischer Umtriebe an der Universität mit aufwirft."[120] Undemokratisch ist alles, was nicht mit der SED konform geht oder gar die SED kritisiert. Beflissen stimmt Friedrich zu. Dass für die SED das „Freie Wort", die freie Meinungsäußerung und die freie Diskussion undemokratisch, die politische Polizei hingegen das höchste Organ der Demokratie darstellt, das bringt an diesem Abend der Funktionär Deckers auf den Punkt. Im Lehrbuch der DDR-Geschichte heißt es über diese Zeit in völlig wirklichkeits- und sinnentleertem ideologischen Jargon: „Die Erhöhung ihrer [der SED] Führungsrolle in Gesellschaft und Staat sowie die Klärung der mit der Weiterführung des revolutionären Prozesses verbundenen Probleme [...] machten es notwendig, überzeugende marxistisch-leninistische Antworten auf die Massen bewegende Frage zu geben, reaktionäre Ideologien und Philosophien, wie Abendlandideologie, Totalitarismusdoktrin, Neoliberalismus und Existenzphilosophie, wirksam zu widerlegen. [...] Insbesondere an den Hochschulen und Universitäten verschärfte sich die ideologische Auseinandersetzung, es fanden komplizierte politisch-ideologische Differenzierungsprozesse statt. Zwar hat sich der Arbeiteranteil in der Studentenschaft weiterhin erhöht, was zur Stabilisierung der antifaschistisch-demokratischen Verhältnisse an den Hochschulen beitrug, aber noch waren diese weit davon entfernt, wirkliche Volksuniversitäten zu sein. Der Kampf um eine wahrhaft demokratische Hochschule stand weiterhin auf der Tagesordnung."[121]

Die sozialistische Hochschule stellt schon das Ziel der KPD und dann der SED dar, das in der SBZ ab 1948 ohne Zurückhaltung mit allen Mitteln, auch mit den Methoden des Terrors der politischen Polizei, verfolgt wird. Deshalb wird die Regelung der Studienzulassungen und der Stipendienvergabe zum zentralen Gebiet der Auseinandersetzung. Die bürgerlichen, die Abiturstudenten wissen von Anfang an, worum es eigentlich geht, sie verteidigen die Idee der deutschen Universität, wie sie bereits von Wilhelm von Humboldt formuliert worden war. Was sie hingegen nicht wissen können, ist, dass sie von Anfang an keine Chance besitzen, weil die andere Seite sich nicht einmal an die selbst verkündeten Spielregeln hält. Aber dass die SED-Funktionäre und die sowjetischen Staatssicherheitsorgane so brutale Methoden anwenden müssen wie die Verschleppung demokratischer Politiker und engagierter Studenten, zeigt, wie wenig die kommunistische Diktatur in der SBZ und in der DDR auf demokratischem Weg durchzusetzen ist.

Das Jahr 1948 bringt den Wendepunkt. Die Zusammenarbeit der ehemals Alliierten ist Geschichte, der Kalte Krieg die Gegenwart, die Teilung Deutschlands wird mit jedem Tag realer. Auch wenn die SED noch die deutsche Einheit beschwört, geht es dabei nur noch um Propaganda. Selbst sie glaubt nicht mehr an ein einiges Deutschland. Im Dezember 1948 reisen Pieck, Grotewohl und Ulbricht mit Oelßner als Dolmetscher wieder einmal nach Moskau. Das Ziel der SED-Funktionäre besteht darin, ausgehend von der tatsächlichen Spaltung Deutschlands und von der wahrscheinlichen Bildung einer Westregierung selbst einen Staat, ihren Staat zu gründen. Jetzt treibt die SED die Spaltung selbst voran. Das wollen sich Pieck, Grotewohl und Ulbricht nun absegnen lassen. Grotewohl zeigt sich einverstanden damit, dass mit der Abschaffung des 1946 als Bedingung der Vereinigung von KPD und SPD vereinbarten Paritätsprinzips die Stalinisierung der SED und der Kampf gegen den Sozialdemokratismus verschärft wird. Die SED-Presse steigert ab 1948 den rüden Ton teils ins Fanatische, die persönlichen Angriffe, die Diffamierung, die Hetze und die Moralisierung jeder Sachfrage nehmen zu. Die „Partei neuen Typs" wird strikt zentralistisch von oben nach unten mithilfe der Instrumente des Parteiauftrags und der Parteidisziplin geführt. Als höchste Verfehlung gilt die „Fraktionsbildung". Unter Fraktionsbildung wird jede von der Parteiführung abweichende Meinung gefasst. Die Blockdemokratie, die Herrschaft der SED unter Benutzung der immer mehr zu Attrappen werdenden Blockparteien CDU und LDP, nennt die SED im Zusammenhang mit dem Zweijahresplan offiziell „höhere Demokratie". Was die deutsche Frage betrifft, bremst Stalin noch. Er will aus taktischen Erwägungen die deutsche Frage noch etwas (schein-)offen halten.[122]

Das Zusammenspiel von SED und sowjetischer Staatssicherheit

Unklar bleibt, welchen Anteil Werner Deckers an der Verhaftung von Wolfgang Natonek hat. In einem Brief an Hans Natonek vom 10. November 1950 hat Peter K. Rossberg, der sich durch Flucht in der Nacht vom 11. November der Verhaftung zu entziehen vermochte, die Situation beschrieben: „Wie oft hat Wolfgang die Herren Kommunisten auf ihre eigenen ‚Verfassungen' hingewiesen, in denen sie alle möglichen Rechte garantieren, an deren wirkliche Gewährung sie nicht im Traume dachten. Ich bin sicher, dass hier der letzte Grund für Wolfgangs spätere Verhaftung zu suchen ist [...] Die Kommunisten fürchteten Wolfgang, weil er ihnen allen überlegen war. Wenn er die Studentenratssitzungen leitete, dann saßen Hunderte von Studenten im Zuhörerraum, um mitzuerleben, wie er durch seine geschickte Verhandlungsführung alle Angriffe der Kommunisten in klare Niederlagen für diese verwandelte."[123]

Ein Mitglied des Studentenrats lässt es in der außerordentlichen Sitzung am 18. November nicht zu, dass über den Antrag, zur Tagesordnung überzugehen, abgestimmt wird, sondern konfrontiert Deckers mit dem, was ihm zu Ohren gekommen ist: Am Donnerstag sei Wolfgang Natonek nachts verhaftet worden, am Sonnabend kreuzte ein Hauptmann Sawatzki von der SMAD bei Werner Deckers auf. Darüber verlangt der Student Stern Aufklärung. Deckers kann sich dieser Aufforderung im gutbesuchten Hörsaal nicht entziehen. Seine Besprechung mit Hauptmann Sawatzki wischt er mit der Bemerkung beiseite, dass es um „Angelegenheiten der Sozialen Studienhilfe" gegangen sei. Glaubwürdig klingt das nicht. Zwei Tage nach der Verhaftung des 1. Vorsitzenden des Studentenrats durch den sowjetischen Staatssicherheitsdienst trifft sich der 2. Vorsitzende – und politische Gegner des 1. Vorsitzenden – mit einem sowjetischen Offizier, um mit ihm über „Angelegenheiten der Sozialen Studienhilfe" zu plaudern, wo doch die wichtigste und heißdiskutierteste Nachricht an der Universität die Verhaftung von Wolfgang Natonek ist, die sogar das Flugblatt einer Widerstandsgruppe provoziert? Seit wann weiß Werner Deckers von der Verhaftung? Welchen Anteil hat er daran?

Bevor man in die Tagesordnung eintritt, stellen die Studenten Berger und Krober den Dringlichkeitsantrag, die Ablehnung der Stipendien für einige Studentenratsmitglieder zu überprüfen. Das betrifft LDP-Studenten wie Gerhard Schulz. Es gelingt Deckers, dass der Dringlichkeitsantrag abgelehnt und über die Ablehnung der Stipendien nicht gesprochen wird. Daraus wird deutlich, dass offensichtlich ein Plan zur Gleichschaltung des Studentenrats besteht. Der Vorsitzende wird verhaftet und anderen Mitgliedern wird das Stipendium gestrichen, um sie erstens zu bestrafen, sie zweitens zur Aufgabe des Studiums zu nötigen und drittens die anderen zu warnen und ihnen vorzuführen, was auch ihnen widerfahren kann, wenn sie nicht parieren. Mit existentieller oder wirtschaftlicher Vernichtung hat die SED-Clique um Deckers kein Problem. Ob der sowjetische Hauptmann den eifrigen deutschen Genossen Deckers im Vorhinein in die Verhaftung von Wolfgang Natonek eingeweiht hat, bleibt ungewiss. Gewiss ist, dass man Natonek loswerden wollte und für die Erreichung des Ziels sich keine Hemmungen auferlegte.

Da Natonek die Amtsgeschäfte transparent führt, kann die Kriminalpolizei nichts Belastendes finden. Man hat eigentlich nichts gegen ihn in der Hand. Alles, was die Deckers-Leute vorbringen können, ist rein politisch, und reicht zumindest im Fall Natonek nicht aus. Wolfgang Natonek hat sich nicht am Antikommunistischen Aktionskomitee von Walter Nienhagen beteiligt, weil er streng, penibel, fast überstreng auf Legalität geachtet hat. Da kommt dem sowjetischen Staatssicherheitsdienst ein Zufall zu Hilfe, klein und unbedeutend, doch für die Spezialisten des MGB[124] durchaus ausreichend.

Bereits am 4. Mai 1948 wird das Mitglied der Leipziger Universitätsleitung der LDP, Karl-Heinz Rackwitz, der 1924 in Landsberg an der Warthe geboren wurde und ab 1946 in Leipzig Betriebswirtschaft studiert hat, verhaftet und nach Dresden in das Hauptquartier des MGB überstellt. Kurz zuvor gerät Karl-Dieter Teschner, der im Auftrag der Organisation Gehlen, dem Vorläufer des Bundesnachrichtendienstes, ein Netz von Informanten in Ostdeutschland aufbaut, in die Fänge der sowjetischen Abwehr. In der Folge werden 28 Personen in der SBZ verhaftet, etwa der Finanzamtsangestellte Henner Weigelt, der Kriegsinvalide Siegfried Fiedler oder Johannes Oesterheld – Letzterer zusammen mit der Frau, die er eine Woche später eigentlich heiraten will. Heiraten werden sie erst 1960 können, nachdem beide aus der Haft entlassen worden sind.

Über Rackwitz kommt der sowjetische Staatssicherheitsdienst endlich an Wolfgang Natonek und die LDP-Hochschulgruppe heran, um der SED den Weg zu Beherrschung des Studentenrats freizuräumen. Laut Verhörprotokoll vom 24. Juni 1948 belastet Rackwitz Natonek und weitere Mitglieder der LDP-Hochschulgruppe. Es wird deutlich, dass es den Vernehmern einzig und allein darum geht, Material zu produzieren, das Natonek und die Führung der LDP-Hochschulgruppe kriminalisiert. Deshalb wird der Vorwurf der Spionage verfolgt, der zu den schwerwiegendsten überhaupt gehört. Wenn man weiß, wie die Verhörprotokolle zu Stande kommen, dass unerfahrene Studenten routinierten und brutalen Militärermittlern gegenübersitzen, man zudem die formalisierte Sprache der Protokolle zur Kenntnis nehmen muss, verbietet es sich, den Opfern der Repressionen Vorwürfe zu machen. Hinzu kommt die im MGB beliebte Folter des Schlafentzugs. In der Nacht werden die Studenten verhört, am Tag ist in der Zelle das Schlafen verboten und sind die Betten hochgeklappt. Irgendwann will der Nacht für Nacht zum Verhör geschleppte Gefangene nur noch schlafen, dafür würde er alles tun. Im Übrigen müssen die Verhörprotokolle, die weniger Verlaufs- als Ergebnisprotokolle sind, mit äußerster Vorsicht ausgewertet werden, denn ihr Zweck besteht nicht darin, die Ermittlungen zu dokumentieren und der Wahrheit auf die Spur zu kommen, sondern darin, den Gerichtsprozess, genauer seine Dramaturgie, vorzubereiten. Denn wer einmal in die Fänge des MGB geraten ist, gilt als schuldig. Die vollkommen Unschuldigen, bei denen man außer einem Buch, das als verboten klassifiziert wird, nichts findet, erhalten eine Mindeststrafe von zehn Jahren. Wie man noch bei der „Belter-Gruppe" sehen wird, führen die nach einem festgelegten Schema ablaufenden Verhöre Protokoll für Protokoll zur Anklageschrift. Das Urteil steht schon vor den Verhandlungen fest, die nach einem stereotypen Muster ohne Verteidigung und ohne Ankläger vor der berüchtigten „Troika", einem Richter, zwei Beisitzern, stattfinden. Es ist ein seelenloser, automatischer Akt, den nichts aufhält, der keine Varianten kennt.

Es wird deutlich, dass die deutsche Seite schon länger die Russen drängt, Natonek einzusperren. Die Verhöre von Rackwitz konzentrieren sich auf Natonek und die Leipziger LDP-Universitätsgruppe. Im Vernehmungsprotokoll geht es schließlich um zwei Themenkomplexe, den formaljuristischen – Spionage – und um das ebenfalls rechtsrelevante Motiv der Ablehnung der sowjetischen Besatzungsmacht. Rackwitz sagt wie gewünscht aus, dass

Natonek und Rossberg den sowjetischen Besatzungstruppen feindlich gegenüberstehen und im „Präsidium der LDP-Gruppe den Ton angeben". Weiter gibt Rackwitz zu Protokoll, „dass 20 weitere Personen zum Präsidium der LDP-Gruppe gehören, von denen die meisten antisowjetisch eingestellt sind und ihre Anschauungen bei den meisten einfachen Mitgliedern auf fruchtbaren Boden fallen."

Auch Mitglieder des Lehrkörpers teilten die antisowjetische Einstellung der LDP-Gruppe, wie „der ehemalige Rektor der Universität Prof. Gadamer, Prof. Kandle sowie die Bürgerinnen Strosetzkaja, Darr und Klemen, die alle Mitarbeiterinnen des Sekretariats der Universität sind." Mit dem „Professor Kandle" ist der Pharmakologe Ludwig Lendle gemeint, der 1949 nach Göttingen geht. In seinen Erinnerungen nennt der Historiker Walter Markov die im Vorzimmer des Rektors angesiedelten Mitarbeiterinnen, „sehenswerte Damen", die „pure Freundlichkeit ausstrahlten".[125]

Über Rossberg sagt Rackwitz zudem aus, dass er im Sommer 1947 offiziell nach Heidelberg gereist und dort eine Nacht lang vom amerikanischen Geheimdienst ausgefragt worden sei. Außerdem habe Rossberg Rackwitz vor einigen LDP-Leuten gewarnt, dass sie nicht zuverlässig seien, sondern Zuträger oder Spitzel sein könnten. Das dürfte sogar stimmen. Damit könnte nämlich auch Manfred Gerlach gemeint gewesen sein, der im Zusammenhang mit den Verhaftungen von Werner Ihmels, Edmund Bründl, Otto Gallus, Luise Langendorf, Walter Nienhagen, Rudolf Georgi und Wolfgang Weinoldt steht. Aufgrund einer anonymen Denunziation ermittelt Anfang 1952 das Ministerium für Staatssicherheit gegen Manfred Gerlach. Die Stasi kommt am 11. März 1952 zu dem Schluss: „Gerlach selbst hat in der LDP kaum engere Freunde. Nach Mitteilungen unseres Informators Stephan ist er sogar bei den reaktionären Kreisen gefürchtet. Stephan sagte wörtlich: ‚In internen Kreisen bringt man Gerlach immer wieder mit der Verhaftung des Studentenrats-Vorsitzenden Natonek in Verbindung, in dem man andeutet, dass Gerlach an der Verhaftung und Verurteilung des Natoneks nicht unbeteiligt ist.'"[126]

Das Zusammenspiel von SED und sowjetischer Staatssicherheit

Es wird deutlich, dass der sowjetische Staatssicherheitsdienst aus den erzwungenen Aussagen von Karl-Heinz Rackwitz eine Agententruppe konstruiert, zu der die Leipziger Studenten, die LDP-Mitglieder sind und im Studentenrat sitzen, gehören sollen. Rackwitz letzte Aussage erhärtet den Spionagevorwurf, denn der sowjetische Staatssicherheitsdienst entschließt sich, Wolfgang Natonek wegen Beihilfe zur Spionage vor Gericht zu zerren – und vor ein sowjetisches Militärgericht gestellt zu werden, bedeutetet zu dieser Zeit, dass man verurteil wird. Ein Freispruch kommt nicht vor, er würde de facto Kritik an der Unfehlbarkeit der sowjetischen Staatssicherheitsorgane bedeuten. Dem MGB unterlaufen keine Fehler.

Freigelassen werden in der Regel nur diejenigen, die kooperieren oder kooperiert haben.

Peter K. Rossberg wird gewarnt und flieht nach Westberlin. Was Natonek betrifft, lautet der entscheidende Satz in der Aussage von Karl-Heinz Rackwitz: „Im Juli benötigte ich als Kurier der deutschen Spionageorganisation [Organisation Gehlen] einen Schein, der mich berechtigte, regelmäßig zwischen Leipzig und Halle zu pendeln."[127] Diesen Schein erhält Rackwitz vom Vorsitzenden des Studentenrates Wolfgang Natonek. Um zu verhindern, dass Natonek aussagt, von den Hintergründen nichts gewusst zu haben, protokolliert der sowjetische Staatssicherheitsdienst, dass Karl-Heinz Rackwitz, um den Schein zu bekommen, den Vorsitzenden des Studentenrats offen über seine Spionagetätigkeit gegen die sowjetische Armee informiert habe und Natonek ihm beim Ausstellen des Scheins geraten habe, vorsichtig zu sein, weil er sich mit gefährlichen Dingen beschäftige. In diesem Zusammenhang ist die Tatsache wichtig, dass Rackwitz nicht gemeinsam mit Natonek vor Gericht in Dresden steht, sondern in Potsdam von einem Militärtribunal im Gruppenprozess gegen die „Gruppe Teschner" schon am 9. Oktober 1948 verurteilt wird – und zwar zu 25 Jahren Zwangsarbeitslager, einen Monat bevor Wolfgang Natonek verhaftet wird. Die Aussage von Rackwitz erreicht bereits durch die Tatsache der Verurteilung Wahrheitsrang. Nach Haft in den Lagern Sachsenhausen in Ostdeutschland sowie Inta und Abes in der Sowjetunion wird Karl-Heinz Rackwitz 1955 in die Bundesrepublik entlassen.

In seinem Prozess, der am 30. März 1949 in Dresden stattfindet, sagt Wolfgang Natonek aus, dass er den Studenten Karl-Heinz Rackwitz im Mai oder Juni 1946 kennengelernt habe. „Im August 1947 suchte mich RACKWITZ an der Universität auf und bat mich um einen Berechtigungsschein für vergünstigte Eisenbahnfahrten, wie sie an Studenten ausgegeben wurden und für die ich zuständig war. [...] Als mich RACKWITZ um den Berechtigungsschein bat, erzählte er mir, dass er einer deutschen Organisation angehöre, die mit den Amerikanern zusammenarbeite, und im Auftrag der Organisation sei es erforderlich, in eine Reihe von Städten in der Sowjetischen Besatzungszone zu fahren, um Informationen zu sammeln [...] Ich kam der Bitte des RACKWITZ nach und stellte ihm einen Berechtigungsschein für vergünstigte Bahnfahrten aus. Da RACKWITZ damals schon kein Student mehr war, gab ich ihm den Schein auf ungesetzlicher Basis und tat ihm einfach einen Gefallen als Bekannter."

Wolfgang Natoneks Strategie besteht darin – viel mehr bleibt ihm auch nicht übrig –, seine „Schuld" zu verringern, um das Strafmaß zu senken: deshalb bekennt er sich nur „teilweise schuldig"; zwar habe er den Schein ausgestellt, aber keinen Anteil an der Spionage: „Als ich RACKWITZ den Schein aushändigte, warnte ich ihn, er beschäftige sich mit einer gefährlichen Sache und solle vorsichtig sein, sonst könne er von den Russen verhaftet werden."

Im Archivbestand des Ministeriums für Staatssicherheit befindet sich in der Strafakte von Wolfgang Natonek ein Fragebogen. Auf die Frage: „Von welchem Gericht wurden Sie verurteilt", antwortet Natonek: „Sowjet. Militärtribunal in Dresden." Als Grund der Verurteilung gibt er an: „Weil ich als Vorsitzender der Leipziger Studentenschaft einen Studenten nicht zur Anzeige brachte, der mir angeblich im August oder Juli 1947 anlässl. eines Tanzvergnügens mitgeteilt haben soll, dass er Mitteilungen für einen Aufklärungsdienst sammele u. er von mir eine Reisebescheinigung erhielt." Die Frage, ob er sich als schuldig bekenne, verneint er.

Ob Wolfgang Natonek wirklich etwas von der Spionagetätigkeit von Karl-Heinz Rackwitz gewusst hat, muss offenbleiben, auch wie sehr Karl-Heinz Rackwitz tatsächlich Spionage vorgeworfen werden konnte, denn die „Geständnisse" kommen unter der Folter permanenten Schlafentzuges zustande. Folgende dekuvrierende Anekdote sagt alles über den Prozess aus: Die *Tägliche Rundschau*, die Postille der Besatzungsmacht, bringt am 21. Februar 1949 die Nachricht, dass der Student Wolfgang Natonek zu 25 Jahren Zwangsarbeit verurteilt wurde. Allerdings findet Verhandlung und Verurteilung von Wolfgang Natonek erst am 30. März 1949, also einen guten Monat später, statt. Verurteilt wird Wolfgang Natonek laut Strafakte aufgrund des Paragrafen 58-6, I. d. StGB d. RSFSR, wegen Spionage für den amerikanischen Nachrichtendienst. 25 Jahre Arbeitslager dafür, dass er einen Schein zur Benutzung der Eisenbahn unterschrieben hat.

Die Tatsache der voreiligen Veröffentlichung der Verurteilung Natoneks weist auf den wahren Grund hin. Schließlich werden andere Verhaftungen geheim gehalten, nicht einmal die Angehörigen erfahren etwas über das Schicksal ihrer Töchter, Söhne, Geschwister. Im Falle Natonek jedoch geht es um Einschüchterung. Er ist das Opfer, das beim „Sturm auf die Festung Wissenschaft" fallen muss.

In seinem Lebenslauf in der Haftanstalt Torgau schreibt Wolfgang Natonek: „Am 11. November 1948 wurde ich nachts auf der Straße verhaftet u. vom sowj. Militärtribunal in Dresden am 30.3.1949 zu 25 Jahren Arbeitslager […] verurteilt, da ich in meiner Eigenschaft als Vorsitzender einen ehemaligen Studenten nicht zur Anzeige gebracht habe. Von April 1949 – Mai 1951 war ich im Lager Bautzen inhaftiert, am 7.5.51 kam ich in die ST.A. Torgau."

Wolfgang Natonek lässt sich nicht gehen. Er hält Vorträge und schreibt Gedichte. In dem Gedicht „Vollendung" aus dem Jahr 1950 finden sich folgende Verse:

II. Das Gefühl der Freiheit: Der Klassenkampf gegen die Demokratie

„Vollendung liegt im Raume der Unendlichkeiten.
Was du auch tust, mein Herz, sie liegt vor dir.
Dein Auftrag – bis zum Ende – liegt im Weiterschreiten,
in diesem Sinn, mein Herz, vollenden wir."[128]

Der größte Halt in der Haft ist seine Verlobte, die bis zu seiner Haftentlassung treu zu ihm steht, ihm Pakete schickt, sooft es ihr erlaubt wird, zuweilen mit Geschenken, die Freunde aus dem Westen spenden, die ihn sooft besucht, sooft sie die Genehmigung erhält. Erst ab Oktober 1950, zwei Jahre nach seiner Verhaftung, sind Natonek überhaupt Besuche erlaubt. Niemand kann sagen, wie lange die Haft andauern wird. Es fällt Wolfgang Natonek nicht leicht, mit den stumpfen Regeln des Gefängnisses umzugehen. Im März 1951 wird er wegen undisziplinierten Verhaltens mit einer dreimonatigen Paketsperre betraft. Er hat einen Wärter nicht gegrüßt. Während der Haftzeit arbeitet er in der Gefängnisküche.

Als Justizministerin besucht 1953 Hilde Benjamin, die als Richterin Zuchthausstrafen von insgesamt 550 Jahren, 15-mal lebenslängliche Haftstrafen sowie zwei Todesurteile verhängt hat, das Gefängnis Torgau. Die „Rote Guillotine" hat eine Amnestie im Gepäck. Die Häftlinge müssen antreten. Als aber die Reihe an Wolfgang Natonek kommt, erklärt Benjamin plötzlich die Aktion für abgeschlossen. Benjamin dürfte ihre sadistische Freude an dieser „Aktion" gehabt haben. Für den Gefangenen Wolfgang Natonek ist es ein „furchtbarer Schlag".[129] Der Kulturminister der DDR, Johannes R. Becher, wird von einem Schriftsteller nach Natonek gefragt, doch Becher windet sich und lügt schließlich, dass dieser einen handfesten Terrorakt begangen hätte. Das hat nicht einmal das Gericht behauptet – und auch im Urteil findet sich dazu nichts.

Der ehemalige Vorsitzende des Leipziger Studentenrats ist ein Politikum – die Kommunisten hassen ihn, auch weil er im Westen nicht vergessen ist, weil seine Freunde, sein Vater, Politiker für ihn eintreten. Auch Theodor Litt setzt sich für ihn ein. In der Strafakte findet sich der Vermerk über die Herabsetzung der Strafe von 25 auf acht Jahre: „15. Juli 1955: Aktenvermerk: anlässlich des Gnadenerweises des Präsidenten der DDR vom 17.5.1955 und vom 13.6.1955 wurde dem Strafgefangenen Natonek, Wolfgang [...] in der Gnadenliste unter Nr. 185 aufgeführt, gemäß Verfügung des Chefs der DVP [Deutsche Volkspolizei] vom 8.7.1955 die Haftstrafe auf 8 Jahre herabgesetzt. Neues Strafende: 10.11.1956."[130] Das ist ein erster Hoffnungsschimmer. Schließlich fällt der Präsident der DDR, Wilhelm Pieck, am 24. Februar 1956 eine Gnadenentscheidung: „Er ist unverzüglich aus der Strafhaft zu entlassen."[131] Am 10. März 1956 verlässt Natonek das Zuchthaus. Am 24. März heiraten Christa Göhring und Wolfgang Natonek.

Ausschlaggebend für Piecks „Gnadenentscheidung" ist am Ende das Wirken von Hermann August Korff und vor allem des Leipziger Linguisten Theodor Frings, der im Zusammenhang mit einer Ehrung den Wunsch privatim äußert, dass man Wolfgang Natonek freilassen solle. Zunächst denkt Natonek darüber nach, sein Studium in Leipzig wiederaufzunehmen, und trifft deshalb den Germanistikprofessor Hans Mayer: „Seine Worte habe ich noch sehr deutlich in Erinnerung, nicht weil sie mich verbittert haben, sondern weil ich sie wieder schon komisch fand: ‚Wir ziehen einen Schlussstrich, Sie ziehen einen Schlussstrich unter das Kapitel. Unser Angebot: Sie bleiben in der DDR. Sie gehen nach Berlin. In Berlin wird etwas für Sie getan. Unter einer Bedingung: Sie dürfen nicht den Eindruck erwecken, ein Märtyrer zu sein.'"[132]

Doch der Absurditäten ist es längst nicht genug. Da Wolfgang Natonek vor der Gründung der DDR verhaftet wurde und die Nationalsozialisten ihm aufgrund der „Rassegesetze" die Staatsbürgerschaft entzogen hatten, ist Wolfgang Natonek staatenlos. Die Leipziger Polizei weigert sich, ihm einen Personalausweis auszustellen. Er fährt mit einem Schreiben des Rektors in der Tasche mit seiner Frau nach Berlin, um seine Staatsangehörigkeit zu klären. Doch er sucht keine Behörde der DDR auf, sondern begibt sich mit seiner Frau sofort weiter nach West-Berlin. Von dort werden beide noch am selben Abend von einer britischen Militärmaschine nach Hamburg ausgeflogen. Wolfgang Natonek ist nun 37 Jahre alt und setzt unter großer Disziplin und großer finanzieller Not sein Studium in Göttingen fort. Er wird in Göttingen bleiben und dort ein hochangesehener Gymnasiallehrer werden. 1977 resümiert er dem SPIEGEL gegenüber, dass die Sowjets die Anklage gegen ihn der SED zuliebe zusammengebastelt hätten.

Nach Natoneks Verhaftung am 11. November 1948 nimmt der Druck auf die anderen Mitglieder der Betriebsgruppe der Universität aus der CDU und der LDP weiter zu. Damit aber auch gar nichts schiefgehen kann, ändert im Sinne der Parität das sächsische Volksbildungsministerium die Wahlstatuten, nach denen jede Fakultät nur noch drei Vertreter stellen darf. Dadurch können die „bürgerlichen Fakultäten", die größer als die Pädagogische und die Gewifa sind, weniger Kandidaten in den Studentenrat wählen. Nach dem neuen Schlüssel vertreten nur drei Studenten 750 Naturwissenschaftler, während 25 Schüler der Vorstudienanstalt einen Vertreter erhalten. Trotz dieser starken Bevorzugung der SED will Gerhard Schulz den Wahlkampf wagen: „Das Schiff muss weiterfahren auch ohne den alten Kapitän, wenn es auch nicht mehr in Führung liegen wird."[133] Der Hohn der SED ist so primitiv wie brutal. Auf ihrer Wandzeitung publiziert die SED eine Zeichnung, die Gerhard Schulz in einem engen Verließ vor einer verschlossenen Tür zeigt. Der Artikel, der folgt, trägt die Überschrift: „Schulz sucht eine Hintertür". Eine Woche nach der Verhaftung Natoneks besteht an der Botschaft des Bildes kein Zweifel. Die Betriebsgruppe der LDP wird aufgelöst. Sie ist „in alle Winde zerstreut." Einen Monat nach der Verhaftung von Wolfgang Natonek beantragt die SED, also Werner Deckers und dessen Leute, die Exmatrikulation von Gerhard Schulz.

Am 15. Dezember 1948 konstituiert sich der neue Studentenrat. Niemanden wundert es, dass die SED jetzt mit 16 von 27 Sitzen die absolute Mehrheit innehat – durch die aktive Wahlhilfe der politischen Polizei. Die Hochschulgruppe der liberalen Partei wird nach Natoneks Verhaftung aufgelöst, vier Kandidaten der LDP werden einfach von der Liste gestrichen. SED-Leute rücken für sie nach. Stipendien missliebiger Studenten werden eingezogen, so dass sie zur Aufgabe des Studiums gezwungen werden. Rektor Friedrich, der 1936 eine Ergebenheitsadresse für die Nationalsozialisten unterzeichnet hat, zeigt sich nun den Sozialisten gegenüber willfährig, indem auch er Natonek und den liberalen Studenten vorwirft, im Dienste „außenstehender Kräfte" zu agieren und „Hetze" in die Öffentlichkeit zu tragen. Lange werden die Studentenräte nicht mehr existieren, ihre Aufgaben übernimmt die Universitätsgruppe der FDJ, die „Kampfreserve der Partei". Am 3. Mai 1949 schreibt Gerhard Schulz in sein Tagebuch: „Ich muss erfahren, dass Studentinnen, die der SED angehören, Verweise erhalten, weil sie mit mir bekannt sind und sich mit mir unterhalten."[134] Die Politik der SED-Betriebsgruppe läuft darauf hinaus, liberale Studenten wie Gerhard Schulz zu isolieren, an den Rand zu drängen, sozial zu ächten. Im Mai 1950 wird Gerhard Schulz an die Freie Universität nach West-Berlin wechseln. Er erkennt, dass die Studenten in der DDR eigentlich nur noch vor der Wahl stehen, „passiv zu sein – und schon dazu bedarf es einiger Klugheit – oder mit der Macht mitzulaufen".

Das ist die Situation, vor der die nächste Studentengeneration steht, zu der in Leipzig auch der junge Herbert Belter gehört.

III. Nach der Freiheit: Das Beispiel der „Belter-Gruppe"

„Wer heute das Privileg genießt, studieren zu dürfen, muss – ebenso wie die Hochschule an sich – dauernd der öffentlichen Kontrolle unterworfen bleiben. Wir können an unseren Universitäten weder Reaktionäre noch Stehkragenproletarier gebrauchen, wir brauchen vielmehr eine mit dem Volk verbundene werktätige Intelligenz […]."
Stud. rer. nat. Oskar Hauser in *Einheit*, Heft 4, Jahrgang 1947

Die Vollendung der Diktatur

Menschen, die in Freiheit und Demokratie leben, schauen auf totalitäre Systeme, wenn sie diese nicht selbst erlebt haben, oft mit einiger Verwunderung, und mit Befremden. Handelt es sich um die Verbrechen der kommunistischen Diktatur in Russland und in Osteuropa, wurden und werden sie von westlichen Linksliberalen gern als eine Art Irrweg einer an sich doch guten Sache verharmlost oder einfach totgeschwiegen. Das an sich gute Motiv, die Welt zu verbessern, wird, wenn es zur Selbstermächtigung führt, alle Mittel einsetzen zu dürfen, um die Welt zu verbessern, zur bösen Praxis. Die Selbstermächtigung reduziert das Leben des einzelnen Menschen zur Quantité négligeable gegenüber der Existenz der ganzen Menschheit. Politische Bildung hat daher über die Wege in die Diktatur und über die Funktionsweisen von Diktaturen zu informieren. Eine Brücke für das Verständnis

III. Nach der Freiheit: Das Beispiel der „Belter-Gruppe"

bilden Lebensgeschichten, besonders die Erlebnisse im Übergang zur Diktatur.

Im Falle der Studenten, die später vom sowjetischen Staatssicherheitsdienst zur „Belter-Gruppe" zusammengefasst wurden, lässt sich sogar der Gang von einer Diktatur in die nächste, die nur von einem hoffnungsvollen Intermezzo, einem kurzen Sommer der allerdings stets gefährdeten Freiheit unterbrochen wurde, verfolgen. Als sie mit dem Studium beginnen, sind die Würfel bereits gefallen, wird die DDR gegründet, tritt eine Verfassung in Kraft, die den Weg in die Diktatur öffnet und in der die SED als „Partei neuen Typs", als kommunistische Kaderpartei, die Macht hat. Freie Wahlen haben seit 1946 nicht mehr stattgefunden. Immer wieder werden sie von der SED versprochen – und dann wieder verschoben. Stattdessen und immer vernehmlicher propagiert die SED einen anderen Begriff von Demokratie. Die höchste Form der Demokratie ist unter Zuhilfenahme marxistischer Dialektik, die oft auf hanebüchene Sophistik und im Extremfall auf Tautologie hinausläuft, die Diktatur des Proletariats. So schreibt 1947 im theoretischen Organ der SED namens *Einheit* die Dekanin der Fakultät Grundfragen des Marxismus-Leninismus an der Parteihochschule Karl Marx in Kleinmachnow, Frida Rubiner: „Im politischen Kampf unserer Tage wird mit keinem Begriff so viel Missbrauch getrieben wie mit dem Begriff ‚Diktatur'. Die ‚Diktatur' wird geradezu zum Schreckgespenst gemacht für alle Freunde der Demokratie und solche, die es werden wollen."[1]

Für den Marxisten kann es auch gar keine Demokratie im bürgerlichen Sinne geben, weil der Einzelne, der Mensch, das Individuum, der Bürger dem Marxismus fremd ist, für ihn gibt es nur die Klasse, die Masse Mensch, denn schließlich fasst er die Geschichte schlicht als Geschichte von Klassenkämpfen, in denen sich die reaktionäre und die progressive Klasse feindlich gegenüberstehen. Dieser Klassenkampf mündet stets in Revolutionen, in denen eine der beiden antagonistischen Klassen siegt oder beide untergehen. Aus dieser Ideologie kann Frida Rubiner schlussfolgern: „Wenn

Die Vollendung der Diktatur

von gewisser Seite gegen die ‚Diktatur' angerannt wird, so meint man damit nicht etwa die Diktatur (die unumschränkte Herrschaft) des Monopolkapitals in den imperialistischen Ländern, auch nicht die Diktatur der Bourgeoisie schlechthin, sondern man meint damit die ‚Diktatur des Proletariats'[...]".[2]

Karl Marx hat bereits in der Kritik des Gothaer Programms definiert: „Zwischen der kapitalistischen und der kommunistischen Gesellschaft liegt die Periode der revolutionären Umwandlung der einen in die andre. Der entspricht auch eine politische Übergangsperiode, deren Staat nichts andres sein kann als die revolutionäre Diktatur des Proletariats."[3] Für Lenin ist die Diktatur „eine eiserne Macht, die mit revolutionärer Kühnheit und Schnelligkeit handelt, die erbarmungslos ist bei der Niederhaltung sowohl der Ausbeuter als auch der Rowdies."[4]

Diktatur ist also Demokratie, ist die Behauptung, dass die werktätigen Massen das Subjekt der Demokratie sind. Und sowohl Marx wie auch – stärker und dogmatischer – Lenin und Stalin gehen deshalb nie vom einzelnen, konkreten Menschen, sondern immer von den abstrakten Massen aus, die einzelnen Menschen verschwinden in den Massenorganisationen, deren Vorhut die Partei und deren Leiter die Führer der Partei sind. Deshalb fordert Stalin auch, dass die Masse das Recht haben muss, sich „verantwortliche Leiter zu wählen".[5] Nicht der einzelne wählt, sondern die Masse wählt. Die Erfahrungen, die von den russischen Kommunisten in Russland und dann in der Sowjetunion dabei gemacht worden sind, werden nun in der SBZ angewandt.

Der Zweite Deutsche Volkskongress, der ebenfalls nicht demokratisch zustande kommt und der vom 17. bis zum 18. März 1948 tagt, hat einen Deutschen Volksrat gewählt, der wiederum einen Verfassungsausschuss beruft, der den Entwurf für die Verfassung einer Deutschen Demokratischen Republik unter der Leitung von Otto Grotewohl auszuarbeiten hat. Der Volkskongress lehnt den Marshallplan ab und beschließt ein Volksbegeh-

III. Nach der Freiheit: Das Beispiel der „Belter-Gruppe"

ren für die deutsche Einheit als allzu durchsichtige Propagandaveranstaltung.

Die Delegierten für den Dritten Deutschen Volkskongress kommen auf noch abenteuerlichere Art und Weise zusammen. Nach dem Zeugnis von Wolfgang Leonhard haben die Kommunisten in Moskau geübt, wie man Volksausschüsse und auch Volkskongresse „richtig" zusammenstellt. Mit dieser Methode hat Stalin in den 1920er Jahren nach Lenins Tod den Machtkampf gegen Trotzki für sich entschieden, indem er als Generalsekretär der Partei den Parteitag mit seinen Anhängern besetzte, so dass Trotzki bei allem rhetorischen Talent gegen die Wand der Stalin'schen Delegierten sprach. Diese einfache, aber immer wieder wirkungsvolle Methode haben auch Stalins deutsche Freunde übernommen. Den Wählern werden Stimmzettel mit Delegierten vorgelegt, die von den Parteien im Verhältnis zu der im Grunde vorher schon von der SED im demokratischen Block durchgesetzten Anzahl der Mandate für jede Partei bestimmt werden, so dass die Wähler nur noch die Möglichkeit haben, entweder das Ja oder das Nein unter dem Text anzukreuzen, der lautet: „Ich bin für die Einheit Deutschlands und einen gerechten Friedensvertrag. Ich stimme darum für die nachstehende Kandidatenliste zum Dritten Deutschen Volkskongress." Was die „Einheit Deutschlands" und der „gerechte Friedensvertrag" mit der Kandidatenliste zu tun haben, bleibt das Geheimnis der Blockparteien, die inzwischen weitgehend gleichgeschaltet sind. Dennoch sitzt das Misstrauen bei Ulbricht und Tulpanow gegenüber der LDP tief, allein schon, weil sie den Begriff der Freiheit im Namen führt.

Im März 1948 äußert Stalin den Gedanken, dass es Zeit wird, „die Trennlinie zwischen ehemaligen Nazis und Nichtnazis aufzuheben".[6] Mit dem Befehl Nummer 35 der SMAD wird „nichtbelasteten" Mitgliedern der NSDAP gestattet, „an der Sicherung der Einheit und der demokratischen Entwicklung Deutschlands ehrlich mitzuarbeiten."[7] Am 14. Mai 1948 besprechen Wilhelm Pieck, Otto Grotewohl, Franz Dahlem mit Sergej Tulpanow und

Pjotr Nasarow die Gründung der Nationaldemokratischen Partei (NPD) und der Demokratischen Bauernpartei Deutschlands (DBD). Nebenbei wird noch die Bildung der kasernierten Volkspolizei als Miliz beschlossen. Am 25. Mai 1948 wird in Potsdam dann die NDP gegründet – erster Vorsitzender der NDP wird Lothar Bolz, der seit 1929 Mitglied der KPD ist. Unverhüllter geht es kaum. Ein SED-Mann gründet eine Partei als Filiale seiner eigenen Partei, um eine andere Partei zu bekämpfen. Dass die Gründung der NDP sich gegen die CDU und die LDP richtet, wird auf der Tagung der SED im Mai 1948 vom Vorstand bestätigt. Man will verhindern, dass ehemalige NSDAP-Mitglieder, Offiziere und auch Heimatvertriebene, „diese politisch unklaren Menschen", „das Stimmvieh" für die CDU und die LDP abgeben.[8]

Auch die Liberalen täuschen sich weder über den Zweck noch über das Ziel der SED-Gründung. Einige besuchen auch Parteiversammlungen oder Vortragsabende der NDP, um sich über die wahre Funktion des SED-Ablegers zu informieren. So ermittelt das Kommissariat K 5 des Kriminalamtes Leipzig, der Vorläufer der Staatssicherheit, in einem Vorfall, der sich am 20. Juli 1948 in Leipzig zugetragen hat. Auf einer Versammlung der NDP im Weißen Saal des Zoos stören ca. 50 Studenten, „die fast alle der LDP angehörten, durch Zwischenrufe die Versammlung"[9]. Referent der NPD ist an diesem Tag der Schriftsteller Vilmos Korn, der in Sachsen den Kulturbund mitbegründet hat und zu dieser Zeit noch die Abteilung Belletristik im Kulturbeirat des Ministeriums für Volksbildung leitet.

Vilmos Korn hat bereits eine bewegte Vergangenheit hinter sich. Von 1928 bis 1930 gehört er der NSDAP an, dem Arbeitnehmerflügel von Otto Strasser, der für eine antikapitalistische und sozialistische Ausrichtung der Partei eintritt. Mit Otto Strasser verlässt er 1930 die NSDAP, tritt in der Folgezeit zur KPD über und wird 1933 Mitglied der Reichsleitung des Kampfbundes gegen den Faschismus. Mit Hitlers Machtübernahme geht Korn in die Illegalität und in den Widerstand, wird durch die Hilfe eines

Kriegskameraden Offizier in der Luftwaffe, doch 1943 aufgrund einer Denunziation verhaftet und bleibt bis 1945 im Gefängnis Torgau. Wie Lothar Bolz gehört Korn zu den SED-Mitgliedern, die im Parteiauftrag die NDP gründen. Von 1945 bis 1949 leitet Korn die Abteilung Belletristik im Ministerium für Volksbildung Sachsens und wird 1949 Abgeordneter der Volkskammer. Als er ab Mitte der 1950er Jahre kritische Artikel über die Abgehobenheit der Regierung und über die Schönfärberei in den Medien publiziert, wird er wegen parteischädigenden Verhaltens, wegen „fortgesetzter und direkter Begünstigung feindlicher Hetze" aus der NDPD ausgeschlossen, verliert das Volkskammermandat und wird zeitweilig mit einem Schreib- und Redeverbot belegt. Sein erfolgreichstes und zugleich einflussreichstes Buch ist ein Kinderbuch, das er zusammen mit seiner Frau Ilse Korn schreibt, und das als Schulstoff eine große Wirkung erzielt. Es trägt den Titel „Mohr und die Raben von London" und bringt den Grundschülern eine Episode aus dem Londoner Exil von Karl Marx nahe.

Vilmos Korn trifft nun an diesem 20. Juli 1948 auf Wolfgang Natonek, der die liberalen Studenten anführt. Die Diskussion erhitzt sich, schließlich wirft Korn den liberalen Studenten vor, dass ihr Benehmen den Kriegstreibern Tür und Tor an der Universität öffnet. Empört fordern die Studenten, dass Korn den Vorwurf der Kriegstreiberei zurücknimmt. Nach der Versammlung diskutieren Natonek und einige Studenten mit Korn und dem Vorstand der NDP. Der Polizeibericht resümiert, dass die Diskussion ohne Zwischenfälle verläuft, um dann mit dem Satz zu enden: „Am 11.11.48 wurde Natonek, Wolfgang in den Abendstunden von einer russischen Dienststelle vor seiner Haustür festgenommen. Er befindet sich noch in Haft, der Grund ist aber unbekannt."[10]

In der LDP wird zwar die Bedrohung, die seitens der NPD droht, erkannt, doch kann die Partei dagegen nichts unternehmen. Sie steht besonders im Fadenkreuz von SMAD und SED. Nach Tulpanows Einschätzung lehnt die LDP den Marxismus, den Sozialismus und die SED ab, denn ihrem „Wesen nach ist sie die einzige Partei, die sich offen zur antisozialistischen Partei erklärt."[11] In einer Demokratie darf sie das auch. Doch Demokratie haben weder Tulpanow noch Ulbricht im Sinn.

Ebenfalls gegen LDP und CDU gerichtet ist die Gründung der Demokratischen Bauernpartei Deutschlands durch den Kommunisten Ernst Goldenbaum am 29. April 1948 in Schwerin. Zuvor hat Wilhelm Pieck bereits im Februar mit Goldenbaum über die Gründung der SED-Filiale für Bauern gesprochen. Doch nicht nur die SED, sondern auch die SMAD nimmt direkten Einfluss auf die Entwicklung dieser Partei. „In den ersten Monaten der organisatorischen Konstituierung der Partei (Juni/Juli) stellte man die Zonenleitung des Organisationskomitees vor die Aufgabe, den feindlichen Elementen (den Schumacherlingen, Agenten bürgerlicher Parteien und Kulaken-Elementen) den Zugang zu Leitungsposten zu verwehren, was eine ständige Kontrolle seitens der SMA und der SED erforderte"[12], schreibt Tulpanow in seinem Bericht. Als „Schumacherlinge" bezeichnet der Chef der Informationsabteilung der SMAD die Sozialdemokratie. Stalins alter Hass gegen die „Sozialfaschisten" klingt in Tulpanows Worten durch.

Obwohl die SED zwei Vasallenparteien gegründet hat und obwohl sie großen Einfluss auf die Vorstände von CDU und LDP besitzt, fürchten sich die Kommunisten immer noch vor freien Wahlen, und zwar zu Recht. Denn vier von 13,5 Millionen Wähler haben das „Nein" auf dem Stimmzettel für die Wahl des dritten Volkskongresses angekreuzt, und ob die 66 Prozent Zustimmung, wie sie von der SED und ihren Medien propagiert wird, rechtens ist, darüber bestehen starke Zweifel, denn ca. eine Million Stimmzettel, die nicht ausgefüllt worden sind und die eigentlich als ungültig gelten müssten, werden einfach als Zustimmung gewertet.

Am 23. Mai 1949 wird in der Trizone die Bundesrepublik Deutschland gegründet. Sechs Tage später tritt der Dritte Deutsche Volkskongress zusammen. Grotewohls Verfassungsentwurf wird am 30. Mai gebilligt und der Zweite Deutsche Volksrat gewählt, der sich am 7. Oktober 1949 zur Provisorischen Volkskam-

III. Nach der Freiheit: Das Beispiel der „Belter-Gruppe"

mer der am selben Tag gegründeten DDR erklärt, und Grotewohls Entwurf zur Verfassung der DDR erhebt. Die Verfassung der DDR „verankerte die Errungenschaften der antifaschistisch-demokratischen Umwälzung und eröffnete konstitutionell den Weg zum Sozialismus"[13], schätzt die offizielle „DDR-Geschichte" vollkommen richtig ein.

In den Zweiten Deutschen Volksrat zieht die SED mit 90 Mandaten, die CDU mit 45, die LDP mit 45, die DBD mit 15, die NDP mit 15, die Westberliner SPD mit fünf, der FDGB mit 30, die FDJ mit zehn, der DFD mit zehn, der Kulturbund mit zehn, der VdgB mit fünf und die VVN (Vereinigung der Verfolgten des Naziregimes) mit zehn Mandaten ein. Außerdem gehören dem Volksrat fünf Vertreter bäuerlicher Genossenschaften und 35 Einzelpersönlichkeiten an. Der durchsichtige, aber brutal durch die SMAD durchgesetzte Trick der SED besteht nicht in ihrer Mandatsanzahl, sondern in den Mandaten der von ihr gegründeten Parteien und der von ihr beherrschten Massenorganisationen, so dass die SED im Deutschen Volksrat sicher über 195 Mandate von 330 Mandaten, also eine Mehrheit von fast 60 Prozent verfügte. Es sieht zwar fast demokratisch aus, aber die SED hat alles fest im Griff, oder, wie es die „Geschichte der DDR" kurz, knapp und zutreffend ausdrückt, wenn man den Begriff Arbeiterklasse durch den Begriff SED ersetzt: „Die Arbeiterklasse hatte sich zur führenden politischen Kraft entwickelt und verfügte in entscheidenden gesellschaftlichen Bereichen über die Kommandohöhen."[14] „Kommandohöhen", besser kann man es nicht ausdrücken. Die Mandatsverteilung ist in keiner Wahl ermittelt, sondern einfach festgelegt worden. Freie Wahlen zur Volkskammer werden für das Jahr 1950 versprochen.

Nirgends zeigt sich die Wahrheit über das Verhältnis der Kommunisten zur Demokratie sinnfälliger als in der ostdeutschen Geschichte, in dem kurzen Sommer der Freiheit zwischen nationalsozialistischer und kommunistischer Diktatur, in der Zeit zwischen dem 8. Mai 1945 und dem 15. Oktober 1950, an dem Tag, an dem die erste Wahl zur Volkskammer nicht als freie und geheime Wahl stattfindet, sondern als Blockwahl. In dieser Zeit gelingt es der SED mithilfe der SMAD und des NKWD, der sowjetischen Panzer und des sowjetischen Staatssicherheitsdienstes, das Versprechen der Demokratie und der Freiheit, das auch für Ostdeutschland gegeben wurde, zu brechen und stattdessen eine Diktatur zu errichten – mit List, Trug, Terror und Gewalt.

An der Universität Leipzig finden im Gründungsjahr der DDR neun Studenten verschiedener Fakultäten eher zufällig zusammen, die sowohl die Verschulung der Universität, die Ideologisierung des Studiums, das Übermaß an „gesellschaftlich nützlicher Arbeit", das auf Kosten des Studiums geht, als auch der dreiste Wahlbetrug erbittert. Kaum einer Diktatur entronnen, in der sie ihre Kindheit und frühe Jugend verlebten, sehen sie fassungslos, wie vor ihren Augen eine neue Diktatur errichtet wird. Die Geschichte dieser Studenten, die der sowjetische Staatssicherheitsdienst zur „Belter-Gruppe" zusammenfasst, soll im Folgenden erzählt werden, nicht zuletzt deshalb, weil heute zunehmend der Eindruck entsteht, dass die Studenten der „Belter-Gruppe", da sie sich nicht gegen die Nationalsozialisten, sondern gegen die Kommunisten engagierten, so etwas wie die „falschen Opfer" gewesen seien.

Der verschwundene Sohn

Es ist ein gewöhnlicher Tag im Februar 1972, einer wie viele im einsamen Leben des 65-jährigen Wittwers Karl Belter, der aus Berlin kommend in seine Wohnung im Mietshaus Paschenstraße 1 in Rostock zurückkehrt. Ein Jahr zuvor hat die SED ihren VIII. Parteitag gefeiert, auf dem sie die Strategie und Taktik zur weiteren Gestaltung der „entwickelten sozialistischen Gesellschaft"

III. Nach der Freiheit: Das Beispiel der „Belter-Gruppe"

verkündet hat. Die Mogelpackung der „entwickelten sozialistischen Gesellschaft" mag noch so bunt angemalt sein, sie belegt das vollständige Scheitern des Marxismus. Weil man den Kommunismus nicht erreicht, erfindet man einen Vorkommunismus, dessen Dauer wie ein Kaugummi gezogen werden kann. Die SED hebt hervor, „dass es zwischen Sozialismus und Kommunismus als den beiden Phasen der kommunistischen Gesellschaftsformation keine starren Grenzen gibt."[15] Das ist schon von byzantinischer Geschmeidigkeit: Obwohl man eigentlich nicht im Kommunismus lebt, ist man doch irgendwie schon im Kommunismus angekommen, ein bisschen. Erich Honecker verkündet zudem die „Einheit" von Wirtschafts- und Sozialpolitik.

Was interessiert das Karl Belter? Was hat er, der sein Leben von einer kargen Rente fristet, mit all dem noch zu tun? Die verwaiste Wohnung ist ausgekühlt. Er wird zuallererst den Kachelofen heizen müssen, es dauert eine Weile, bis sich ein bisschen Wärme ausbreitet. Seit dem Tod seiner Frau flieht er, sooft es irgend geht, vor seinen Erinnerungen und aus der Wohnung, die zum Museum geworden ist. Wieder hat er ein paar Monate in Berlin bei der Cousine seiner Frau zugebracht, die ihn manchmal in der Führung des Haushaltes unterstützt, Abwechslung in ein ansonsten trostloses und ärmliches Leben bringt. Auf eine neue Ehe will er sich nicht noch einmal einlassen. Er gibt vor, dass ihm dazu der Mut fehlt, aber es ist keine Frage des Mutes, sondern eines gebrochenen Herzens.

Sorge, dass während längerer Abwesenheit sein Postkasten überläuft, muss er nicht haben. Umso mehr überrascht ihn der Brief seines einstigen Pflegekindes, der ihn erwartet. Sehr lange hat er nichts von ihr gehört, ein Kontakt, der vollkommen abgebrochen zu sein schien. In seiner Antwort, die er zwei Tage später zu Papier bringt, schreibt er daher mit leichtem Vorwurf, dass ihr letztes Lebenszeichen „zehn lange Jahre" zurückliege. Die Empfängerin notiert am oberen rechten Rand von Karl Belters Antwort später die rechtfertigende Notiz: „ich schrieb 1965 zuletzt". Aber für Karl Belter macht das keinen Unterschied. Während „Muschi", so nennt er sein Pflegekind, eine Familie gegründet und es „zu einer stattlichen Anzahl von Kindern" gebracht hat, verläuft sein Leben freudlos. Er teilt Muschi mit, dass er seit einem Herzinfarkt 1970 und der anschließenden Kur „in Rente gesetzt" wurde und nun mit 285 Mark im Monat auszukommen hat, wo doch 125 Gramm Kaffee bereits acht bis zehn Mark kosten. Kaffee, den er ausgesprochen gern trinkt, wird für ihn zum Luxus.

Karl Belter ist das, was man einen einfachen Mann nennt. Geboren am 25. September 1906 in Wusseken, einem Dorf mit knapp 500 Seelen, das heute polnisch ist und Osieki heißt und in Pommern am Jasmunder See unweit der Ostseeküste liegt. Er besucht bis 1921 die Volksschule des Dörfchens. Eine Berufsausbildung bleibt ihm versagt, er verdient sein Geld zunächst als Landarbeiter vor Ort, übersteht dort die Hyperinflation, begibt sich als wandernder Tagelöhner auf die Walz, wird schließlich Soldat, lernt sein „Lottchen" kennen, die im brandenburgischen Hennigsdorf geboren wurde. Am 21. Dezember 1929 kommt in Greifswald ihr Sohn zur Welt, den sie Herbert nennen. Da ist Lotte Böse, die, sobald es das Gesetz erlaubt, Karl Belter heiraten wird, erst 17 Jahre alt. Es bleibt ihr einziges Kind, umsorgt, umhegt und sehr geliebt.

Die junge Familie zieht kurz nach Herberts Geburt von Greifswald nach Rostock in die Paschenstraße 1. Karl quittiert 1936 den Dienst im Heer, arbeitet aber weiter als Lagerist für die Standortverwaltung der Reichswehr in Rostock. Was er vorher als Soldat verwaltet hat, betreut er nun als Zivilangestellter und ab 1945 als Polizist der Landespolizei. Polizist ist er noch, als sich der Sohn in Rostock an der Vorstudienstelle bewirbt, um das Abitur abzulegen, denn Herbert will studieren – und der Vater ist stolz auf seinen ehrgeizigen Sohn. Die Belters und die Böses leben schon immer von ihrer Hände Arbeit, nun soll einem von ihnen der soziale Aufstieg gelingen.

III. Nach der Freiheit: Das Beispiel der „Belter-Gruppe"

So sind die Belters dem Staat natürlich dankbar, der ihrem Sohn ein Studium ermöglicht. Schon 1945 tritt der Hauptwachtmeister Karl Belter der SPD bei, ein Jahr später ist er deshalb Mitglied der SED. Während der Sohn lernt, wechselt der Vater von der Landespolizei zu den Verkehrsbetrieben und arbeitet in Rostock als Straßenbahnschaffner. Im Grunde ist und bleibt er ein kleiner Beamter, ordentlich, bescheiden, akkurat, mit klaren Regeln, der seine Pflicht erfüllt, doch kein Eiferer. Mitglied der NSDAP war er nicht.

Wann die Belters ein Pflegekind zu sich nehmen und für wie lange, liegt im Dunkeln, aber „Muschi" kennt die Familientragödie. Karl teilt ihr im Antwortbrief mit, dass seine Frau im September 1966 mit einer Bauchspeicheldrüsenentzündung ins Krankenhaus eingeliefert wurde, sich dort eine Lungen- und Rippenfellentzündung zuzog, an der sie am 20. Oktober verstarb. „Lottchen hatte sehr große Schmerzen mit dem großen seelischen Kummer um Herbert." In seinen ungelenken Worten versucht er auszudrücken, dass seine Frau jeden Lebensmut verloren hatte. Aber auch um Karl steht es nicht besser, denn er vertraut dem einstigen Pflegekind an: „Nun, liebe Muschi, kannst Du Dir ja vorstellen, wie mir zu Mute war. Musste ich erst meinen lieben Sohn Herbert hingeben und dann meine liebe Frau. Schwere, schwere Zeiten habe ich mit durchmachen müssen."[16] Nichts bleibt ihm.

Ein Foto zeigt Karl und Lottchen vor einem Klavier, das mit einer weißen Decke drapiert ist und als Geschenktisch dient. Auf der Decke liegen Präsente. Beide tragen festliche Kleidung. Sie hält langstielige, weiße oder gelbe Chrysanthemen in der Hand. Dicht stehen sie beieinander, Lottchen im glänzenden Kunstseidenkleid, Karl im Zweireiher, den er schon seit Jahren besitzt, aber selten trägt, vom Fotografen in Position gebracht. Beide schauen fest in die Kamera. Sie gehören zusammen, sie brauchen einander. Die silberne 25 im Ährenkranz verrät den Grund der Fotos und der Feierlichkeit: Sie begehen ihre Silberne Hochzeit – ohne Herbert.

Das Ehepaar Belter bei seiner Silbernen Hochzeit, ca. 1955

III. Nach der Freiheit: Das Beispiel der „Belter-Gruppe"

Ein zweites Foto ist überliefert, nicht mehr in Chamois oder Elfenbeintönung gehalten wie die Fotografie zur Silbernen Hochzeit, sondern bereits in Farbe, wahrscheinlich Anfang der 1970er Jahre aufgenommen. Es zeigt ein gepflegtes Grab. Auf schwarzem Stein inmitten blühender Blumen stehen die Worte:

„Lottchen Belter
geb. Böse
24.11.1912 + 20.10.1965"

Etwas weiter unten finden sich folgende Worte:

„Zum Gedenken
an unseren lieben Sohn
Herbert"

Kein Geburtsdatum, kein Todesdatum wurde verzeichnet. So wird die Grabstätte der Mutter zum Denkmal der Erinnerung an den Sohn, der seit Oktober 1950 wie vom Erdboden verschluckt ist, von dem sich nirgends auch nur der kleinste Hinweis auf seinen Verbleib finden ließ.

Am 28. September 1950 verlässt zum Ende der Semesterferien Herbert Belter die elterliche Wohnung in Rostocks Paschenstraße, geht zum Bahnhof, zwängt sich in den überfüllten Zug, um über Berlin an seinen Studienort nach Leipzig zurückzukehren. Der Vater bedankt sich am 3. Oktober beim Sohn für die Karte, die der gleich nach Ankunft in Leipzig an die besorgten Eltern schickt. Bereits am 9. Oktober schreibt die Mutter den nächsten Brief, in dem sie sich wundert, dass Herbert eine Hose nicht geschickt hat, und schlägt vor, dass er sie einfach in das Wäschepaket legt, das am 31. Oktober von Leipzig nach Rostock abgehen soll. Offensichtlich kümmert sich die Mutter um Herberts Wäsche, die regelmäßig via Paket zwischen Rostock und Leipzig hin- und herwechselt.

Doch nicht nur die Wäsche, sondern auch Lebensmittel werden über den Postweg ausgetauscht. Die Eltern wollen Heringe schicken, und warten auf den Zucker, den der Sohn versprochen hat. Dass die Eltern nichts vom Sohn hören, beunruhigt sie. Schließlich telegrafiert der Vater am 21. Oktober: „Warum schreibst Du nicht = Vater".[17] Er versieht das Telegramm sogar mit der Möglichkeit einer Rückantwort. Doch die wird nicht genutzt. Auch das Wäschepaket kommt nicht. Nichts mehr werden die Belters von ihrem Sohn hören. Die Karte, für die sich der Vater in seinem Brief vom 3. Oktober 1950 bedankt, wird das letzte Lebenszeichen sein, das die Eltern von ihrem Sohn erhalten.

Karl Belter wendet sich an den Vermieter. Voller Unruhe schickt er als Einschreiben eine Anfrage an das Polizeipräsidium in Leipzig. Ihn quälen böse Ahnungen: „Seit dem 4.10.50 sind wir ohne jegliche Nachricht unseres Sohnes Herbert Belter, welcher dort sein Studium ausübte. Wir haben uns bereits schon an seine Wirtsleute gewandt [...] und wurde uns nur der Bescheid [gegeben], dass unser Sohn seit dem 4.10.50 nicht wieder in sein Zimmer zurückgekehrt und das Zimmer versiegelt sei. Wir befinden uns nun in größter Sorge und bitten Sie, uns einen Bescheid zukommen zu lassen über den Verbleib unseres Sohnes."[18]

Doch das Polizeipräsidium Leipzig ignoriert die Anfrage des besorgten Vaters, so dass sich Karl Belter neun Tage später, am 13. November, erneut an das Polizeipräsidium Leipzig wendet: „Zurückkommend auf mein Schreiben v. 4.11.50, worin ich um den Grund der Versiegelung des von meinem Sohn Herbert Belter gemieteten Zimmers [...] sowie über das Geschehen um Auskunft bat, bin ich bis heute leider noch ohne Nachricht." Deshalb „bitte ich doch, wenn irgend möglich, um rechtbaldige Auskunft sowie der Freigabe des Zimmers. Eine Vollmacht, die Sachen meines Sohnes in Empfang nehmen zu können, gab ich an Fräulein [geschwärzt]. Ich selbst kann aus geldlichen, wie auch z. Zt. wegen dienstlicher Unabkömmlichkeit nicht nach dort kommen."[19] Für die Antwort legt der Vater einen Freiumschlag bei.

III. Nach der Freiheit: Das Beispiel der „Belter-Gruppe"

Über ihr einziges Kind wissen die Eltern nur, dass sich Herbert nicht mehr in Leipzig aufhält und er wegen Nichterscheinens exmatrikuliert wurde. Statt einer Antwort des Polizeipräsidiums trifft ein kurzer Brief des Vermieters vom 18. November ein: „In der Angelegenheit Ihres Sohnes Herbert Belter bitte ich Sie, doch in meiner Wohnung vorzusprechen, damit Sie die Sachen Ihres Sohnes in Empfang nehmen können. Ich erwarte Ihren Besuch."[20] Schließlich wird Karl Belter am 12. Januar 1951 in Leipzig die persönliche Habe seines Sohnes vom Vermieter übernehmen. Es ist eine traurige Reise. Wo sich sein Sohn aufhält, was ihm widerfahren ist, darüber erhält er nach wie vor keine Auskunft. Vielleicht hoffen die Eltern anfangs, dass er sich in den Westen abgesetzt hat. Diese Vorstellung ist tröstlicher als die Alternative, dass ihn die Russen, wie so viele, verhafteten und verschleppten. Wenn er Opfer eines Verbrechens geworden wäre, hätten sie es erfahren. Aber da nicht einmal zu Weihnachten, wo sie sich eigentlich wiedersehen wollten, die Eltern ein Gruß von ihrem geliebten Herbert erreicht, bleibt nur der Schluss, dass Stasi oder KGB ihn verschwinden ließen und jeden Hinweis auf seinen Verbleib unterdrücken.

Die Vermutung liegt für die Eltern nahe, denn als Herbert den letzten Teil der Semesterferien in Rostock verbringt, haben sich Vater und Sohn über die politische Entwicklung in der DDR gestritten. In seinem Brief an Herbert vom 3. Oktober 1950 schreibt Karl Belter: „Es war eine schön lange Zeit, wo du hier warst […]. Aber wir wollen hoffen, dass wir noch alle gesund bleiben, dann geht dies ½ Jahr auch schnell vorbei. Jetzt kommt ja noch Weihnachten da zwischen […] Nochmals du weißt bescheid."[21] Der rätselhafte letzte Satz wird verständlich, wenn man einen Blick auf den Zeitungsartikel wirft, den der Vater dem Brief beigelegt hat. Der Artikel trägt die einschüchternde Überschrift: „Keine Nachsicht mit Spionen und Saboteuren". Die Unterzeile verrät nicht weniger reißerisch: „Güstrower Agentengruppe des anglo-amerikanischen Spionagedienstes unschädlich gemacht."[22] Der Artikel berichtet über acht Jugendliche, fünf gehören der LDP an, die vor

Gericht gezerrt werden, weil man ihnen „Verbreitung von Gerüchten, Kriegs- und Boykotthetze und Völkerhaß" vorwirft. Kritik an der Sowjetunion ist „Völkerhass", Sorgen über den Koreakrieg ist „Kriegshetze", Kritik an der DDR und an der SED-Regierung ist „Boykotthetze", während Kritik an der Wirtschaftspolitik und das Benennen ihrer Auswirkungen als „Verbreitung von Gerüchten" diffamiert wird. Wo die Herrschaft auf Lügen beruht, wird die Wahrheit zum Staatsfeind. Der Prozess gegen diese jungen Leute im Alter von Herbert Belter wird als Schauprozess auf Provinzniveau inszeniert. Der Reporter weiß begeistert zu berichten: „Öfter war eine Unruhe unter den Zuhörern, die ihre Empörung zum Ausdruck brachten. [...] Jetzt stehen sie vor dem Gericht des Volkes und sehen ihrer gerechten Strafe entgegen. Einmütig erwartet unsere Bevölkerung von dem Gericht, dass es das erfüllt, was auf der Stirnwand im Verhandlungsraum steht: ‚Das Volk straft alle hart, die seinen demokratischen Aufbau stören'."23

Karl Belter macht sich Sorgen, dass er den Namen seines Sohnes in einem ähnlichen Zeitungsartikel lesen könnte. Möglich, dass der Vater die Brutalität des Systems realistischer einschätzt als sein idealistischer Sohn. Dass sich Herbert politisch in Gefahr bringen könnte, raubt den Eltern die Ruhe, deshalb mahnt die Mutter den Sohn in dem Brief vom 9. Oktober: „Was machst du nun? Du weißt ja, was ich meine. Mach keine Dummheiten."24 Karl Belter wird den Namen seines Sohnes in keiner Zeitung lesen, er wird nie wieder etwas von ihm hören, auch nicht vom Präsidenten der Republik, Wilhelm Pieck, noch von anderen staatlichen Stellen, an die er sich Jahr für Jahr immer wieder in Briefen wendet. Mehr als düstere Ahnungen werden ihm über das Schicksal seines Sohnes nicht bleiben.

Die Unwissenheit, in der die Eltern gehalten werden, wird für sie zur seelischen Folter, sie zerstört ihr Leben. Alles, was bleibt, ist nur der „große seelischen Kummer um Herbert". Lottchen mit ihrer Kraft am Ende stirbt mit 52 Jahren, weil ihr Körper sich im Krankenhaus nicht mehr gegen einen Infekt zu wehren vermag.

Wozu auch? Über elf Jahre wird Karl Belter Frau und Sohn auf dem Friedhof besuchen, an sie denken. Dann stirbt auch er am 15. Januar 1979 und das Grab wird irgendwann eingeebnet. So bleibt nichts. So haben es die Machthaber gewollt. Für die Römer galt als schlimmste Strafe die *damnatio memoriae* – die Auslöschung der Erinnerung. Beinahe wäre das im Falle Herbert Belter den Kommunisten auch gelungen.

Aber da gibt es noch die anderen, die Gefährten, die überlebt haben und nicht aufgeben. Noch im Jahr 1990 erteilt das DRK auf eine Suchanfrage Siegfried Jenkners, der im gleichen Prozess zu 25 Jahren Lagerhaft in Workuta verurteilt worden ist, diesem die Antwort, dass Herbert Belter als „vermisst" gilt. In einer Publikation ehemaliger Rostocker Studenten, die aus politischen Gründen nach Westdeutschland geflohen sind, wird an die Studenten und Professoren mit einer biografischen Notiz erinnert wird, die in der SBZ und in der DDR vom Staatssicherheitsdienst verhaftet und in die Sowjetunion verschleppt werden. Dort finden sich zu Hebert Belter die Angaben, „dass er am 20. Januar 1951 zum Tode verurteilt wurde, das Urteil allerdings aufgehoben und in 25 Jahre Zwangsarbeit umgewandelt worden" sei, und weiter: „B. wurde in die UdSSR deportiert und befand sich in den Lagern Brest-Litowsk und ab Juni 1953 in Workuta. Weiteres Schicksal unbekannt."[25]

Die Mitglieder der „Belter-Gruppe"

Herbert Belter

Herbert Belter ist noch keine vier Jahre alt, als Adolf Hitler an die Macht kommt, und noch keine 16, als sich der „Führer" das Leben nimmt und ein zerstörtes und besetztes Land hinterlässt.

Ab 1936 besucht Hebert Belter in Rostock die Volksschule und wechselt 1939 an die Knaben-Mittelschule und wird Mitglied der

Hitlerjugend. Bereits als Geschenk zu Hitlers Geburtstag melden die deutschen Medien, dass der Jahrgang 1926 zu 90 Prozent in die Hitlerjugend aufgenommen wurde. Im gleichen Jahr wird am 1. Dezember das „Gesetz über die Hitlerjugend" erlassen. Weil von der Jugend „die Zukunft des deutschen Volkes" abhängt, verfügt die Reichsregierung, dass „die gesamte deutsche Jugend innerhalb des Reichsgebietes […] in der Hitlerjugend zusammengefasst" wird. „§ 2: Die gesamte deutsche Jugend ist außer in Elternhaus und Schule in der Hitlerjugend körperlich, geistig und sittlich im Geiste des Nationalsozialismus zum Dienst am Volk und zur Volksgemeinschaft zu erziehen. § 3: Die Aufgabe der Erziehung der gesamten deutschen Jugend in der Hitlerjugend wird dem Reichsjugendführer der NSDAP übertragen. Er ist damit ‚Jugendführer des Deutschen Reichs'. Er hat die Stellung einer Obersten Reichsbehörde mit dem Sitz in Berlin und ist dem Führer und Reichskanzler unmittelbar unterstellt."[26] Damit schaffen die Nationalsozialisten eine Kollektivierungsbehörde für die Jugend. Auch in der DDR wird es zur faktischen Pflicht, dass die Kinder erst der kommunistischen Pionierorganisation, der Gesellschaft für Deutsch-Sowjetische Freundschaft und später der FDJ angehören.

Beide Diktaturen greifen mit voller Gewalt nach den Kindern und Jugendlichen. Die Freizeit soll überwacht und jeglicher Freiraum ausgelöscht werden. Hitler hat ein Jahr bevor Herbert Belter in die nationalsozialistische Jugendorganisation gedrängt wird, vor begeisterten Jugendlichen in Reichenberg verkündet: „Diese Jugend, die lernt ja nichts anderes als deutsch denken, deutsch handeln, und wenn diese Knaben mit zehn Jahren in unsere Organisation hineinkommen, und dort oft zum ersten Mal überhaupt eine frische Luft bekommen und fühlen, dann kommen sie vier Jahre später vom Jungvolk in die Hitler-Jugend, und dort behalten wir sie wieder vier Jahre. Und dann geben wir sie erst recht nicht wieder zurück in die Hände unserer alten Klassen- und Standeserzeuger, sondern dann nehmen wir sie sofort in die Partei, in die

Arbeitsfront, in die SA oder in die SS, in das NSKK [...] und sie werden nicht mehr frei ihr ganzes Leben!"²⁷

Beide Diktaturen versuchen, über die Schule, die Lehre oder das Studium permanenten Einfluss auszuüben und über Pflichtorganisationen die Lern- und Diskussionsinhalte zu kontrollieren. Der Druck der „Allgemeinheit", der „Gemeinschaft", des „Kollektivs" auf jeden Einzelnen ist hoch. Verhaltens- und Gedankenkontrolle, dessen, was man zu denken, zu sagen, zu verurteilen und wozu man sich stets und ständig zu bekennen hat, wird installiert, Bespitzelung und Denunziation wird zur ethisch gebotenen „Wachsamkeit" verklärt. In dieser Hinsicht ähneln sich der Kommunismus und der Nationalsozialismus, bis hin zu der schaurigen Konsequenz, dass sowohl in der Hitlerjugend als auch im Komsomol die Kinder angestiftet wurden, ihre Eltern zu beobachten und jeden Regelverstoß und jede abweichende Meinung, die im Elternhaus vertreten wird, anzuzeigen. So wird in der Sowjetunion die Tat des „Heldenpioniers Nr. 001", Pawlik Morosow, bejubelt. Morosow denunziert 1932 seinen Vater, weil der Getreide vor den Sowjetbehörden versteckt hat, und verursacht damit dessen Verhaftung durch den sowjetischen Staatssicherheitsdienst.

Herbert Belter entzieht sich nicht der Mitgliedschaft in der Hitlerjugend, aber er verspürt auch nicht den Drang, in der Hierarchie aufzusteigen, und entwickelt auch sonst keinen besonderen Ehrgeiz. Die Belters halten sich lieber zurück. Oppositionell verhält sich keiner von ihnen. Karl Belter hat sein Auskommen und sein kleines Glück gefunden und im Krieg alle Hände voll damit zu tun, seine Familie unbeschadet durch die Stürme und Gefahren der Zeit zu lenken. Denn Rostock gerät als Standort der Rüstungsindustrie schnell in das Fadenkreuz der Royal Air Force.

So erlebt Herbert Belter eine Kindheit zwischen nationalsozialistischer Indoktrination und großangelegten Bombardements. Bereits 1940 erfolgt der erste Luftangriff auf Rostock. Die Stadt trifft es dann im April 1942 besonders heftig. Über den Elfjährigen geht ein Viertagebombardement nieder, das die Innenstadt in

Schutt und Asche legt. Der Luftschutzkeller wird zu einem unerwünscht vertrauten Ort. Das Haus der Belters bleibt zum Glück verschont. Bereits im Mai erfolgt der nächste Großangriff der Royal Air Force. Am Ende des Krieges ist fast jede zweite Wohnung durch das Britische Bomber Command und die US-amerikanische 8. Air Force vernichtet.

Herberts Schulweg führt an wachsenden Ruinen vorbei und er wird mit der Not von Mitschülern konfrontiert, die „ausgebombt" worden sind. Mancher Schulkamerad fehlt auch, weil er, statt die Schulbank zu drücken, in einem Krankenhausbett liegt, manchen sieht er nicht wieder. Seit seinem zehnten Lebensjahr findet seine Kindheit im Krieg statt, umgeben von Lügen, eingesperrt in der Unfreiheit, bedroht vom Bombenterror.

Als sich die Russen schließlich 1945 der Hansestadt nähern, verstecken die Bürger ihre Habseligkeiten und unmittelbar vor dem Einmarsch der Roten Armee am 1. Mai auch ihre Frauen und Töchter. Es kommt dennoch zu Vergewaltigungen und Plünderungen, auch zu Folterungen – und was den sowjetischen Soldaten entgeht, wird zur Beute raffgieriger und skrupelloser „Volksgenossen". Nach den Tagen des Grauens stellen die Kommandeure der Roten Armee mit harter Hand die Ordnung wieder her, denn sie wissen, dass sie als Besatzungsmacht mit der Bevölkerung zusammenarbeiten müssen. Heimatvertriebene treffen aus den Ostgebieten in der Stadt ein. Im August grassiert eine Typhus- und Diphterieepidemie in Rostock, und im November wütet der Flecktyphus.

Nach einer kurzen Zeit der Unsicherheit wird Karl Belter Hauptwachtmeister der neuen Polizei, behält seinen Lagerposten und vermag dadurch Frau und Sohn durchzubringen. Die Belters gehören zu denjenigen, bei denen Freude über das Ende des Krieges und der Naziherrschaft herrscht. Der 15-jährige Herbert spürt zum ersten Mal, wie sich Freiheit anfühlt. Vorbei die Fahnenappelle, die Kriegs- und Exerzierübungen in der Hitlerjugend, das Geschliffenwerden von höheren HJ-Führern, die meinen, den Sieg an der „Heimatfront" erkämpfen zu können, indem sie die ihnen anvertrauten Jungs drillen. Endlich darf er sagen, was er denkt, und muss nicht zu Veranstaltungen gehen, die ihn nicht interessieren. In der Familie keimt die Hoffnung auf einen Neuanfang auf, auf einen Staat und eine Ordnung, die Gerechtigkeit, Freiheit und Wohlstand und Demokratie und auch Vergnügungen bringt. Besonders Herbert ist dafür empfänglich.

Um bei der Landespolizei weiter beschäftigt zu werden, wird Karl Belter Mitglied der SPD, ab 1946 ist er damit automatisch SED-Mitglied. Hat sich die Familie in den letzten zwölf Jahren in ihren kleinen Kreis zurückgezogen, beginnen Vater und Sohn nun, sich zu engagieren. Herbert arbeitet sofort in den Antifaschistischen Jugendausschüssen mit, die zur Freien Deutschen Jugend werden. Das Attribut „frei" nimmt er für bare Münze – und mit ihm viele andere. Wo immer diese Jungen politisch auch stehen, einig wissen sie sich darin, dass sie in keiner Diktatur mehr leben möchten. Viele, auch seine späteren Gefährten, glauben zu diesem Zeitpunkt noch daran, dass diese Freie Deutsche Jugend wirklich frei und überparteilich ist. Doch die Kommunisten reklamieren sehr schnell und sehr erfolgreich für sich das Label „Demokraten", weshalb ihre Gegner nur Feinde der Demokratie sein können. Hartgesottene Funktionäre wie der Kommunist Erich Honecker, den die Nationalsozialisten im Zuchthaus Brandenburg eingesperrt hatten, arbeiten indes skrupellos an der Stalinisierung der FDJ.

Der staatliche Zusammenbruch 1945 hat auch Herberts Schulausbildung abrupt beendet. Er hat keinen Abschluss. Deshalb besucht er zunächst von Oktober 1946 bis zum Januar 1948 die Wirtschaftsschule und beginnt anschließend als Statistiker bei der Hafengesellschaft Rostock zu arbeiten. Herbert ist entschlossen, sich durchzuboxen. Sein Ziel steht fest, er will Volkswirtschaft studieren.

Hatte Lenin bereits gefordert, dass die Köchin den Staat regieren soll,[28] so setzt die SED alles daran, dass Arbeiter- und Bauernkinder die Universitäten übernehmen und die Kinder der Bürger, der

Angestellten und Gewerbetreibenden aus ihr verdrängen. In ihrer Erklärung, was Demokratie eigentlich sei, zählt Frida Rubiner auf: „die Demokratie in den Betrieben, die Stimme des schaffenden Volkes in allen Angelegenheiten des öffentlichen Lebens, der demokratische Charakter der Kultur, die Erziehung zur Demokratie von Jugend auf usw. Die Sowjetdemokratie ist damit die bisher höchste Form der Demokratie überhaupt." Und sie ist eine „energische Diktatur".[29] Nur ist die Masse des Volkes eine imaginäre Masse, die leer ist, zu der niemand konkret gehört. Für Paul Merker wird die Form der Demokratie ohnehin „durch die Besitzverhältnisse an den Produktionsmitteln bestimmt."

Merker selbst sollte zur traurigen Gestalt der deutschen Kommunisten werden. 1949 beginnen in den regierenden kommunistischen Parteien Osteuropas die „Säuberungen", innerparteiliche Machtkämpfe, die blutig ausgetragen werden. In Ungarn wird gegen den Außenminister László Rajk und sieben weitere führende Kommunisten ein Schauprozess wegen Titoismus und amerikanischer Spionage im Zusammenhang mit der Noel-Field-Affäre geführt. Am 15. Oktober 1949 wird László Rajk in Budapest hingerichtet. In Ost-Berlin wird im Sommer 1949 ein Parteiverfahren gegen Paul Merker, dem Titoismus vorgeworfen wird, eröffnet, das mit dem Ausschluss Merkers aus der SED endet. Während Willi Kreikemeyer, Leo Bauer und Bruno Goldhammer, die mit ihm ausgeschlossen werden, in Haft kommen, wird Merker nach Luckenwalde verbannt, wo er eine HO-Gaststätte leiten soll. Nachdem am 23. November 1951 der ehemalige Generalsekretär der Kommunistischen Partei der Tschechoslowakei und stellvertretende Ministerpräsident Rudolf Slansky verhaftet wird und ebenfalls im Zusammenhang mit der Noel-Field-Affäre angeklagt und mit zehn weiteren Angeklagten zum Tode verurteilt und hingerichtet wird, verhaftet die Stasi am 30. November 1952 auch Paul Merker. Merker wird 1955, nach drei Jahren Haft, in einem Geheimprozess wegen Kriegs- und Boykotthetze gegen die DDR zu acht Jahren Haft verurteilt.

III. Nach der Freiheit: Das Beispiel der "Belter-Gruppe"

Für die Kommunisten findet der Klassenkampf überall statt – auch in der Bildung. Früh haben die Kommunisten die gesellschaftsverändernde Kraft der "positiven Diskriminierung" mit ihrem auf Neid basierenden Grundsatz, dass nun einmal die "anderen" dran wären, erkannt. Die bürgerliche Intelligenzija soll durch eine sozialistische ersetzt werden. Die soziale Herkunft wird für die Kommunisten zu einem sozialdarwinistischen Faktum. Im "Klassenstandpunkt", der den Ankerpunkt der kommunistischen Ideologie bildet, hat der Marxismus seine säkulare Metaphysik gefunden. Die soziale Herkunft mag zwar keine hinreichende Bedingung sein, aber als eine notwendige Voraussetzung für das richtige "Klassenbewusstsein" gilt sie schon. Später werden SED-Funktionäre Intellektuelle zur Bewährung in die Produktion schicken, damit sie am "Klassenbewusstsein" der Arbeiter, von denen sie sich entfernt haben, genesen. Denn so wie der Arbeiter von Natur aus klassenbewusst ist, ist der Intellektuelle von Natur aus schwankend. Ihm ist letztlich nicht zu trauen.

Ender der 1940er Jahre sind Studienplätze begehrt und – als Folge der Zerstörung von Universitätsgebäuden und des Verlustes an Hochschullehrern durch den Krieg oder durch die Flucht in den Westen – begrenzt. Hinzu kommt, dass die SED und die SMAD eine Bildungspolitik umsetzen, die das Hochschulsystem von Grund auf verändert. Für Herbert Belter gestaltet sich der Weg zum Studium also nicht ganz einfach, als Sohn eines Polizisten gilt er nicht als Arbeiterkind. Erst nach der Errichtung der SED-Diktatur, erst 1956 mit der Bildung der Nationalen Volksarmee (NVA) werden "par ordre du mufti" Kinder von Berufsunteroffizieren und Berufsoffizieren der bewaffneten Organe in den sozialen Adelsstand von Arbeiterkindern erhoben.

Als sich Herbert Belter im Dezember 1947 das erste Mal beim Ministerium für Volksbildung des Landes Mecklenburg-Vorpommern für einen Platz an der Vorstudienanstalt der Rostocker Universität bewirbt, beruft er sich auf eine Auskunft der Leiterin der Vorstudienanstalt. Anscheinend hat er erfahren, das noch einige

Plätze zu vergeben sind, denn „Frau Jahn, die Leiterin der hiesigen Vorstudienstelle, teilte mir mit, dass [...] noch einige Plätze frei wären und ich einen belegen könnte [...] Ich hoffe, dass Sie mir die erforderliche Genehmigung erteilen"[30], schreibt Herbert Belter am 9. Dezember 1947 nach Schwerin. Offenkundig schätzt man im Ministerium die Auskunftsfreudigkeit der Leiterin der Vorstudienanstalt nicht, denn diese Passage wird mit einem großen Fragezeichen versehen und an die Leiterin zurückgeschickt, die daneben schreibt: „diese Auskunft habe ich niemals gegeben. Jahn."[31]

Diese Ungeschicklichkeit erschwert seine Bewerbung. Doch Herbert Belter lässt sich nicht entmutigen, er will unter allen Umständen studieren. Für ihn ist das Studium die Chance, der Kleinbürgerlichkeit der Familie und ihrem engen Horizont zu entkommen. Deshalb wird er sich auch nicht in Rostock, sondern in Leipzig bewerben, obwohl auch an der Rostocker Universität eine Gesellschaftswissenschaftliche Fakultät (Gewifa) eingerichtet worden ist, an der er studieren könnte. Er folgt auch nicht dem Beispiel eines Freundes, der an die Freie Universität nach West-Berlin gegangen ist. Weil er für ein Studium das Abitur benötigt, bewirbt er sich am 17. Januar 1948 noch einmal an der Vorstudienanstalt – und zwar diesmal auf dem korrekten Weg. Jetzt endlich wird er zugelassen und beginnt am 22. April 1948 mit dem Lernen für die Hochschulreife. Mit der Aufnahme in die Vorstudienanstalt ist ihm ein Studienplatz so gut wie sicher, denn die Absolventen werden den Gymnasiasten bei der Studienplatzvergabe vorgezogen. Drei Semester studiert er an der Vorstudienanstalt. Die Vorstudienanstalten werden im Zuge der Stalinisierung der ostdeutschen Bildungslandschaft 1949 noch stärker in die Universitäten integriert und erhalten als Arbeiter- und Bauern-Fakultät schließlich Fakultätsstatus.

Die Anforderungen in den Vorstudienanstalten sind allerdings eher bescheiden, denn ihre Studenten besitzen keine hohe Vorbildung, kommen aus Mittel- und Volksschulen und nicht aus Gymnasien. Der Unterschied wird deutlich, wenn man den Text

III. Nach der Freiheit: Das Beispiel der „Belter-Gruppe"

von Belters schriftlicher Aufnahmeprüfung mit den Antworten der späteren Freunde und Kommilitonen Siegfried Jenkner und Werner Gumpel vergleicht, inhaltlich, stilistisch, orthographisch, bis hin zum Schriftbild. Und vieles nährt tatsächlich bei dem, der es möchte, die Hoffnung, dass eine neue, eine gute und freie Zeit anbricht, in der man aus Ruinen aufersteht.

Doch nicht bei allen. Die Vorgänge um Willy Jesse und Albert Schulz, die Herbert Belter miterlebt, sind angetan, Zweifel zu wecken. Schulz ist sozialdemokratisches Urgestein. Lange vor 1933 gehört er der SPD an, unterhält später Verbindungen zu den Männern des 20. Juli und entgeht nur mit viel Glück der Hinrichtung. Obwohl er 1946 Stellung gegen die Vereinigung von SPD und KPD bezieht, machen die Russen den in der Hansestadt beliebten Politiker zum Oberbürgermeister von Rostock, denn noch setzen einige Offiziere der SMAD auf Integrationsfiguren für den Neuanfang. So bemühen sie sich auch um den greisen Gerhart Hauptmann und um Heinrich und Thomas Mann. Obwohl der sowjetische Staatssicherheitsdienst in Zusammenarbeit mit den Militärtribunalen der Roten Armee Deutsche verhaftet, verurteilt, in Ostdeutschland einsperrt, in die Gulags Sibiriens verschleppt oder ermordet, verfolgen sowjetische Kultur- und Bildungsoffiziere, die oft Kenner der deutschen Universitäten und der deutschen Literatur und Philosophie sind, andere Ziele, beziehen die deutschen Traditionen, die bürgerliche Kultur in ihre Maßnahmen mit ein, oft im Widerspruch zu den aus der KPD hervorgegangenen Funktionären der SED, die nicht selten, wie Walter Ulbricht, Hass auf diese Kultur empfinden. Nicht, weil diese Kultur nicht den Nationalsozialismus verhindert hat, sondern weil große Teile des Funktionärsapparates der KPD schlicht kultur- und intelligenzfeindlich sind.

Kaum im Amt, verschwindet Schulz im Februar 1947 von der Bildfläche. Vom sowjetischen Staatssicherheitsdienst verhaftet, wird er vor ein Militärtribunal gestellt und ohne Verteidigung und ohne Anklageschrift wegen Sabotage als „Faschist" zu zehn Jahren Zwangsarbeit verurteilt. Bereits im Juli 1946 ist der ebenfalls prominente Rostocker Sozialdemokrat Willy Jesse, der gerade in den Parteivorstand der neu gegründeten SED aufgerückt war, verhaftet worden. Im Zuge der Stalinisierung der SED und des zuerst heimlich, dann immer offener geführten Kampfes gegen den „Sozialdemokratismus" stehen sozialdemokratische Funktionäre, die an den Grundüberzeugungen der Sozialdemokratie festhalten, im Wege. Bis 1950 bleibt Jesse in Haft in Hohenschönhausen, dann wird er als „Schumacher-Agent" in ein Strafgefangenenlager im sibirischen Taischet am Baikalsee verschleppt. Wilhelm Pieck entblödet sich nicht zu behaupten, dass Jesse für den britischen Geheimdienst gearbeitet habe, obwohl er weiß, dass Jesse unschuldig ist. In der Besprechung mit Tulpanows Mitarbeiter Nasarow am 9. Januar 1947 notiert Pieck: „Jesse soll unschuldig sein, aber vorläufig noch nicht entlassen."[32] Das „vorläufig" währt lange. Willy Jesse kehrt erst 1954 nach Rostock zurück und geht von dort in die Bundesrepublik.

Das Verschwinden des Oberbürgermeisters Schulz löst in Rostock große Verunsicherung und Zorn aus, so dass Wilhelm Pieck sich für den verurteilten „Faschisten" einsetzen muss, zumal der Rostocker SED bereits die Affäre Jesse anhängt. Der Vorsitzende der SED schätzt die Lage richtig ein, wenn er dieses harte Vorgehen, das er in keiner Weise ablehnt, lediglich für verfrüht hält. Noch werden Bürgerliche und echte Sozialdemokraten als „nützliche Idioten" gebraucht, um den Schein der Demokratie zu wahren. Noch haben die Kommunisten die SED nicht im Sinne Stalins vollständig vom Sozialdemokratismus gereinigt und einen ausreichenden Rückhalt in der Bevölkerung gewonnen. Das demokratische Mäntelchen verdeckt den fortschreitenden Machtgewinn der Kommunisten, auch den Terror, der bereits angewandt wird. Mit der Verhaftung des einen der beiden Landesvorsitzenden der mecklenburgischen SED, Willy Jesse, und des Rostocker Oberbürgermeisters, Albert Schulz, ist das Mäntelchen kurz zu Boden gefallen.

III. Nach der Freiheit: Das Beispiel der „Belter-Gruppe"

Albert Schulz kehrt in das Amt zurück, obwohl das Urteil nicht aufgehoben wird und er formaljuristisch als verurteilt gilt. Das Damoklesschwert, in die Sowjetunion verschleppt zu werden, schwebt weiter über ihm. Das ist beabsichtigt. Illusionen über die Entwicklung in der Sowjetischen Besatzungszone macht er sich – bis vielleicht auf die eine, dass der Kampf noch nicht entschieden ist – nicht mehr. Auch hält er sich an den Rat von Kurt Schumacher, in der Funktion und im Amt auszuharren, solange man ihm nichts zumutet, „dessen sich ein Sozialdemokrat schämen müsse". In seiner Gestalt führt er den Rostockern tagtäglich die Gefahr, die von den deutschen und sowjetischen Kommunisten ausgeht, sogar bildlich vor Augen, indem er mit kahlgeschorenem Kopf auftritt und damit an seine Verhaftung und die allgegenwärtige Willkür erinnert.

Herbert Belter, dem diese Vorgänge nicht entgehen, glaubt dennoch an ein gerechtes, freies und demokratisches Deutschland – und die Rückkehr von Albert Schulz beweist ihm, dass er damit auch richtig liegt. Fehler können beim Wiederaufbau geschehen.

Karl Belter quittiert 1948 den Dienst bei der Volkspolizei und fängt bei der Stadtverwaltung als Straßenbahnschaffner an. Sein oberster Dienstherr ist nun Oberbürgermeister Albert Schulz. Nicht zuletzt deshalb verfolgt man im Hause Belter die Ereignisse um den Oberbürgermeister mit. Der Wechsel des Arbeitsplatzes des Vaters erhöht allerdings nicht die Chancen des Sohnes auf einen Studienplatz, denn der Vater fällt damit nicht in die Kategorie Arbeiter. Im Januar 1949 tritt der Student der Rostocker Vorstudienanstalt Herbert Belter der SED und dem FDGB bei. Ihn mag eine Mischung aus Überzeugung und Pragmatismus zu diesem Schritt bewogen haben und der Rat des Vaters. Noch regiert Schulz Rostock, noch scheint eine demokratische Entwicklung möglich zu sein. Die Mitgliedschaften erhöhen neben der Tatsache, die Hochschulreife an einer Vorstudienanstalt und nicht an einem Gymnasium absolviert zu haben, die Chancen für einen begehrten Studienplatz. Immerhin erhält Herbert Belter während seines Studiums in der Vorstudienanstalt monatlich 100 Mark als Stipendium vom Landesausschuss zur Förderung des Arbeiter- und Bauernstudiums. Am 27. Juli 1949 schließt er die Vorstudienanstalt mit dem Prädikat „gut" ab und bewirbt sich in Leipzig an der Gewifa für ein Studium der Volkswirtschaft. Herbert Belter ist auf ein Stipendium angewiesen, auch deshalb entscheidet er sich für die Gewifa.

Die Bildung der Gesellschaftswissenschaftlichen Fakultäten erfolgt auf Befehl Nr. 333 der SMAD vom 2. Dezember 1946. Sie werden nach sowjetischem Vorbild ins Leben gerufen, spielen eine bedeutende Rolle in der Schaffung einer kommunistischen Intelligenz und bei der Stalinisierung der deutschen Universitäten. Der Begriff der Geisteswissenschaften wird durch den Terminus Gesellschaftswissenschaften ersetzt, der auf die marxistische Vorstellung von der „wissenschaftlichen Weltanschauung" zurückgeht. Analog zu den Naturwissenschaften meint man, die Bewegungsgesetze der Gesellschaft wissenschaftlich zu erkennen und dadurch die Gesellschaft mittels Wissenschaft geradezu technokratisch entwickeln und optimieren zu können. Auch der demokratische Prozess wird durch die zentrale Leitung und Planung der Gesellschaft ersetzt. Stalin stellt sich die Gesellschaft als eine riesige Maschine vor, in der Menschen nur als „Schräubchen" vorkommen. In der Folge entstehen an den Universitäten Leipzig, Jena und Rostock die Gesellschaftswissenschaftlichen Fakultäten, die Wirtschaftswissenschaften, marxistisch-leninistische Philosophie – also dialektischer und historischer Materialismus –, Publizistik, aber auch Politikwissenschaft als Wirtschaftspolitik, Sozialpolitik, Außenpolitik und Kulturpolitik vereinen. Mit der Gewifa bezwecken die Kommunisten, eine Kaderschmiede zu errichten, in der vor allem Studenten aus der Arbeiterklasse zu einer sozialistischen Intelligenz herangebildet werden.

Zum 15. April 1947 nimmt die Gewifa in Leipzig den regulären Studienbetrieb auf und achtet bei ihren Immatrikulationen vor allem auf die soziale Herkunft ihrer Studenten. Studiengebühren, die auch in der SBZ noch erhoben werden, fallen weg, und die bewilligten Stipendien sind im Vergleich zu den anderen Fakultäten höher. Im Sommersemester 1947 immatrikulieren sich 120 Studenten an der Fakultät. Da der Gründungsdekan, der Jurist Arthur Baumgarten, in Basel noch Lehrverpflichtungen wahrzunehmen hat, übernimmt dessen Stellvertreter, der Wirtschaftswissenschaftler Friedrich Behrens, die Organisation der neuen Fakultät. Als Marxist gehört Behrens zu den Theoretikern der „Neuen Ökonomischen Politik der Planung und Leitung NÖSPL". Später wird ihm „Revisionismus" vorgeworfen und er wird wegen seines Zweifels an der Reformierbarkeit des Staatssozialismus 1968 vorzeitig emeritiert.

Die Gewifa steht in Konkurrenz zur Philosophischen Fakultät. Um einen Konflikt zu vermeiden, räumt die Gewifa Professoren anderer Fakultäten das Gastrecht ein. Das kommt ihr natürlich hinsichtlich des Niveaus zugute. So lehren auch der Philosoph und Rektor der Universität, Hans-Georg Gadamer, und der Historiker Walter Markov an der Fakultät. Der Germanist Hans Mayer beginnt sogar seine Tätigkeit in Leipzig an der Gewifa und nicht in der Philologisch-Historischen Abteilung der Philosophischen Fakultät I, die damals von dem Linguisten Theodor Frings und dem Literaturhistoriker Hermann August Korff beherrscht wird. Das hat keine politischen Ursachen, sondern liegt daran, dass Frings als ungekrönter König der Leipziger Germanistik niemanden neben sich duldet. Außerdem kann Mayer, der eigentlich Jurist ist, keine ordentliche Habilitation in der Germanistik vorweisen.

Nach dem Abschluss könnte sich Herbert Belter auch an der Universität Rostock bewerben, doch er möchte weg aus Rostock, denn die Einschränkung der politischen Freiheit wird immer deutlicher. Darüber gerät er mit seinem Vater in eine lebhafte Diskussion. Denn wenn der Sohn auch Recht haben mag mit seinen Ansichten, ist es doch die Frage, ob es klug ist, diese Ansichten zu hegen und gar zu äußern. Karl Belter hat das Kaiserreich, die

Die Mitglieder der „Belter-Gruppe"

Weimarer Republik und den Nationalsozialismus erlebt und weiß nur, dass er immer sehen musste, wo er bleibt. Schweren Herzens akzeptieren die Eltern den Entschluss des Sohnes, auch wenn sie ihn vermissen, wie der Vater mit einfachen Worten seinem Sohn in einem Brief schildert: „Du fehlst uns noch immer und wir denken noch oft, du musst ja zum Abendbrot kommen, aber dann kommt der Gedanke, mein Gott, er ist ja schon in Leipzig."[33]

Zur gleichen Zeit erkennt Albert Schulz, dass der Kampf in Ostdeutschland verloren ist und in der Sowjetischen Besatzungszone schrittweise der Stalinismus unter Ausschaltung jeglicher Opposition durchgesetzt wird. Konkret entzündet sich für Schulz die Auseinandersetzung an der Frage, ob die Energieversorgung in den Händen der Kommune bleibt oder zentral geleitet wird. Subsidiarität ist ein der Diktatur entgegengesetztes Prinzip. Was sich in der Diskussion um die Zentralisierung der Energieversorgung andeutet, wird in der Abschaffung der ostdeutschen Länder 1952 und in der Bildung der Bezirke seinen Höhepunkt finden. In der Diskussion auf der Landesvorstandssitzung der SED Mecklenburg am 29. und 30. Juli 1949 wird Schulz besonders heftig von Kurt Mewis, dem späteren Chef der Staatlichen Kommission der Leitung und Planung, angegriffen, der klar und deutlich formuliert: „Es gibt Genossen in unserer Partei, die glauben, der Mann, der für den Parteisekretär bestimmt ist, muss auf die Schule gehen, braucht ja ein gewisses ideologisches Fundament, aber ich bin doch Kommunal-Politiker und zum Kuckuck, warum soll ich auf eine Schule gehen und mir Grundwissen aneignen! Ich habe eine 40- bis 50-jährige Praxis. Aber dass das eine reformistische Praxis ist, eine Praxis, die uns in die Niederlage, in die Hitler-Diktatur und in die Katastrophe geführt hat, scheinen die Genossen noch nicht begriffen zu haben. Dass man heute nicht Kommunal-Politik betreiben kann, ohne ein festes marxistisch-leninistisches Wissen zu besitzen, ist einigen Genossen noch nicht aufgegangen."[34] Ein „festes marxistisch-leninistisches Wissen" ersetzt jede Bildung und jede Erfahrung. Wie immer muss die Katastrophe des Nationalsozialismus dafür herhalten, um den Weg in die neue Diktatur zu begründen. Dementsprechend beschließt die Landesparteikontrollkommission (LPKK): „Schulz mit einer strengen Rüge mit Funktionsentzug zu bestrafen und ihm das Recht abzuerkennen, innerhalb von 2 Jahren öffentliche Ämter und leitende Funktionen zu bekleiden."

Im August 1949 flieht Albert Schulz in den Westen. Die kampagnengestützte Rufschädigung, die von der SED medial in Gang gesetzt wird, verfehlt zwar ihre Wirkung, zumindest in Rostock, wo man Schulz kennt, als Warnung an alle widerspenstigen Kommunalpolitiker funktioniert sie jedoch.

Herbert Belter verlässt Rostock im Oktober 1949 nicht ungern und hofft auf ein anderes politisches Klima in Leipzig, wo er an der Gewifa Volkswirtschaft und Gesellschaftswissenschaft studiert, Ersteres will er, Letzteres gehört dazu. Er hat Glück, er findet ein Zimmer zur Untermiete in der Lange-Straße 8. Er kommt in Leipzig mitten in der Gründungsphase der Deutschen Demokratischen Republik an. Die Verfasstheit dieses neuen Staates, so verdeutlicht es die offiziöse „Geschichte der DDR", „beinhaltete die Einheit von Gesetzgebung und Exekutive sowie die höchste Verantwortung der Volkskammer für die Rechtsprechung und überwand so das bürgerliche Prinzip der Gewaltenteilung."[35]

Als Herbert Belter im Oktober 1949 ein neues Leben beginnt, wird zur selben Zeit an der Rostocker Universität der Student Arno Esch mit weiteren Mitgliedern der Hochschulgruppe der LPD verhaftet. Den 1928 geborenen Studenten der Rechts- und Wirtschaftswissenschaften der Universität Rostock verurteilt das Militärgericht des Truppenteils 48240 in Schwerin am 20. Juli 1950 zum Tode. Esch wird in die Sowjetunion verschleppt, in Moskau in das berüchtigte KGB-Gefängnis Butyrka eingekerkert und dort am 24. Juli 1951 erschossen, wenige Wochen nach Herbert Belter. Von der Verhaftung Eschs weiß Herbert Belter nichts, denn die Verhaftungen des sowjetischen Staatssicherheitsdienstes geschehen heimlich, ohne dass Eltern, Verwandte, Freunde oder die Universität etwas davon erfahren. Der Verhaftete ist plötzlich weg, verschollen, vielleicht im Westen.

Als Herbert Belter in Leipzig ankommt, hat die SED dafür gesorgt, dass Wolfgang Natonek verhaftet wird, und den Studentenrat übernommen. Freie Wahlen finden auch an der Universität nicht mehr statt. Bald schon wird anstelle des Studentenrats die FDJ agieren. Doch für Belter ist es bei allem und trotz allem der Start in ein neues Leben. Er ist jung, er sieht ganz passabel aus, er legt Wert auf sein Äußeres und ist dem anderen Geschlecht sehr zugetan. Ein „Kind von Traurigkeit" ist er nicht.

Werner Gumpel

Im selben Herbst wie Belter kommt aus Annaberg-Buchholz ein anderer junger Mann nach Leipzig an die Gewifa, der Sohn des Chefarztes des Stadtklinikums Fritz Gumpel, Werner Gumpel. Am 21. November 1930 geboren und damit exakt elf Monate jünger als Herbert Belter, den er zu diesem Zeitpunkt noch nicht kennt, möchte er nichts sehnlicher, als Journalist werden. Seit 1946 verfasst er Artikel für die Kreisseite der *Volksstimme*. Eigentlich bewirbt er sich an der Philosophischen Fakultät, wird dann aber an die Gewifa weitergereicht, weil dort die sogenannten Zeitungswissenschaften angesiedelt sind. Das Abitur erwirbt er im Gegensatz zu Herbert Belter regulär am Gymnasium seiner Heimatstadt, dem die Nationalsozialisten 1934 den Namen des erzgebirgischen Heimatsängers Anton Günther verliehen haben.

Im Hause Gumpel hält man nichts von den Nazis und lehnt sie sogar offen ab. Der Vater gerät in Auseinandersetzung mit dem neuen Regime, muss die Klinik verlassen und eröffnet eine Privatpraxis. Er bewahrt im Keller eine Flasche französischen Rotwein auf, Jahrgang 1933, den er erst öffnen und trinken will, wenn Hitler, „das Schwein", tot ist. Der Hass sitzt tief und er wird von der eigenen Ohnmacht täglich genährt. Der Sohn scheint ganz nach dem Vater zu kommen. Als er beim Stromern in der Umgebung auf einen Packen Flugblätter stößt, die gegen die Nationalsozialisten gerichtet sind und derer sich jemand aus Angst, beim Verteilen beobachtet und angezeigt zu werden, schnell entledigt hat, schleppt er sie nach Hause, um sie bei passender Gelegenheit zu verteilen.[36] Hass auf die Nationalsozialisten und natürlich Abenteuerlust halten sich bei dem Knaben die Waage. Als der Vater zufällig auf die Flugblätter stößt, stellt er den Sohn zur Rede. Die Nationalsozialisten würden nur darauf warten, etwas gegen ihn in die Hand zu bekommen. Er erklärt dem Sohn, dass Klugheit vonnöten sei und dass die Ablehnung der Nationalsozialisten und ein Suizid zwei verschiedene Dinge seien. Dann malt er dem Knaben die Folgen aus, wenn die Flugblätter gefunden werden würden. Die Familie würde auseinandergerissen. Werner steckte man sofort in ein NS-Kinderheim, Vater und Mutter schickten die Nationalsozialisten ins KZ. Nachdem der Vater sich darum gekümmert hat, dass die Flugblätter verschwinden, erklärt er dem Sohn, dass er sehr vorsichtig sein muss.

Obwohl es den Gumpels trotz Maßregelung besser als vielen anderen geht, empfinden sie den Druck der Diktatur, die fehlende Freiheit, die Kulturlosigkeit und Inhumanität als bedrückend. In der Schule fühlt Werner sich zum Deutschlehrer hingezogen, weil dessen Literaturunterricht sich an den Werten der Aufklärung und der Klassik orientiert. Die Scharfmacher und strammen Nazis hingegen verachtet er. An seiner Schule hat 1936 Konrad Held das Abitur abgelegt, der zum Kreis um Claus Graf Schenk von Stauffenberg gehört und noch 1945 hingerichtet wird.

Zuerst marschieren 1945 die Amerikaner in Annaberg und in Buchholz ein, doch wenig später ziehen sie sich zurück und die Russen nehmen beide Städte in Besitz, die sie sofort zu einer Doppelstadt vereinen. Nie wird Werner Gumpel den Tag vergessen, an dem die Nachricht die Familie erreicht, dass Adolf Hitler tot ist. Der Vater holt feierlich den Rotwein aus dem Keller und die ganze Familie stößt auf dieses Ereignis an. Für den 15-jährigen Knaben ist es der erste Wein, vor allem aber verbindet sich mit dem Geschmack des Weins der Geschmack der Freiheit.

In der Schule geht es nun freier zu. Die nationalsozialistischen Lehrer müssen die Schule verlassen und der Deutschlehrer kann endlich den Lektüreplan erweitern. Die Oberstudienräte Hammann und Günther werden von den Russen nach Sibirien verschleppt und Studienrat Hermann tötet sich selbst. Die Gegner der Nationalsozialisten dürfen endlich den Unterricht erteilen, wie sie ihn sich vorstellen, und die ewigen Mitläufer richten sich nach der neuen Herrschaft aus.

Der Vater, der nun als Verfolgter des Naziregimes gilt, kehrt in seine Chefarztposition zurück. Werner Gumpel lernt mit Feuereifer, aber er gehört auch zu den Mitbegründern des Antifaschistischen Jugendausschusses in Annaberg-Buchholz. Aus den Jungendausschüssen geht schließlich die Freie Deutsche Jugend hervor. Wenn selbst im Ahlener Programm der CDU von Nordrhein-Westfalen 1947 noch ein christlicher Sozialismus als Zielvorgabe definiert wird, weil das „kapitalistische Wirtschaftssystem […] den staatlichen und sozialen Lebensinteressen des deutschen Volkes nicht gerecht geworden" ist und „nach dem furchtbaren politischen, wirtschaftlichen und sozialen Zusammenbruch als Folge einer verbrecherischen Machtpolitik […] eine Neuordnung von Grund aus"[37] gefordert wird, verwundert es nicht, dass ein bürgerlicher Schüler in Annaberg-Buchholz sich für den Sozialismus engagieren will. Woher soll er wissen, dass ein demokratischer Sozialismus leider nur eine contradictio in adjecto darstellt?

Der Kreisvorstand der FDJ bestätigt dem „Kameraden" Werner Gumpel am 26. Mai 1949 für die Studienbewerbung, dass es „hauptsächlich sein Verdienst" sei, „dass die Kreisseite der Volksstimme in Bezug auf die Jugendarbeit die beste im Bezirk Chemnitz ist."[38] Auch der Kreisredakteur der *Volksstimme* spricht sich in seinem Testimonium sehr lobend über Werner Gumpel aus: „Gumpel hat in seiner publikatorischen Arbeit gezeigt, wie man in kleinem Maßstab zielbewusst demokratisch und fortschrittlich arbeiten muss, um am Aufbau der antifaschistisch-demokratischen Ordnung als Mensch der Gegenwart durch selbstverständliche Mitarbeit Anteil zu nehmen." Von 1948 bis 1949 gehört er dem Kreissekretariat der FDJ an und bekleidet die „Funktion Presse und Werbung."[39] Die journalistische Arbeit gefällt ihm.

Einen wichtigen und ersten Erfolg erzielen die Kommunisten im Kampf um die Deutungshoheit dadurch, dass ihre Begriffe des Faschismus und Antifaschismus in der politischen Diskussion vorbehaltlos übernommen werden, obwohl es sich für Deutschland genaugenommen um den Antinationalsozialismus handelt. Doch nur allzu peinlich, allzu verräterisch und allzu desaströs würde sich für die Kommunisten die wörtliche Nähe zwischen Sozialismus und Nationalsozialismus auswirken. Der Begriff des Antifaschismus erlaubt es den Kommunisten hingegen, sich als die eigentliche demokratische Kraft in Szene zu setzen. Über die erfolgreiche Besetzung der Begriffe, ermöglicht durch die ihnen bereitstehenden Medien, die *Leipziger Volkszeitung* beispielsweise, gelingt es den Kommunisten schrittweise, die Deutungshoheit zu gewinnen. Kritische Literatur wird als nazistisch diffamiert.

Die Täuschung gelingt – und auch der junge und arglose Werner Gumpel durchschaut anfangs nicht, dass die SED die Freie Deutsche Jugend unterwandert. In seinem Lebenslauf für die Studienbewerbung schreibt er: „Da meine Eltern unter den Verfolgungen der Nationalsozialisten zu leiden hatten und auch meine Geschwister und ich in HJ bzw. BDM den Faschismus zu spüren bekamen, stellte ich meine Kräfte im Oktober 1945 sofort den gegründeten Studienausschüssen zur antifaschistischen Arbeit zur Verfügung. Seither bin ich aktiv in der politischen Arbeit."[40]

Dem Abiturienten bleibt zwar nicht verborgen, dass aus der überparteilichen Jugendorganisation, für die er sich so sehr engagiert hat, immer mehr ein kommunistischer Verband wird, dass die Freiheit eingeschränkt wird, doch noch hält er das für Kinderkrankheiten. Er lebt wie Herbert Belter und andere junge Leute von 1949 in einem Utopieüberschuss. Ein demokratischer Neuanfang ist bitter nötig, dass er von der SED dazu benutzt wird, eine andere Diktatur zu errichten, ahnen die jungen Leute nicht oder sie glauben, dass es der SED nicht gelingen werde, diese neue Diktatur durchzusetzen.

In der Begründung seines Studienwunsches betont Werner Gumpel seine Liebe zur Literatur, zum Lesen, aber auch zum Schreiben. Dass ihm die Freie Deutsche Jugend die Möglichkeit gibt, „in der hiesigen Zeitung mitzuarbeiten", erweckt in ihm den Wunsch, „den Journalistenberuf zu ergreifen". Man kann es als übliche Wendung verstehen, wenn er seine Begründung mit dem Ziel beschließt, dass er „nach dem Studium der Publizistik und Geschichte […] als Journalist den bereits beschrittenen Weg weitergehen und für Frieden, Demokratie und Fortschritt kämpfen will." Interessanterweise taucht das Wort Sozialismus nicht auf. Dass nach dem Zweiten Weltkrieg Frieden einen wichtigen Wert darstellt, erstaunt nicht. Wer den Krieg so erlebt hat, will den Frieden. Nicht anders verhält es sich mit der Demokratie, die nur der richtig zu schätzen weiß, wer die Diktatur kennt. Und wer wollte nicht dem Fortschritt dienen, der alles verbessert? Wer am Alten hängt, trauert dem Nationalsozialismus nach.

Der junge Werner Gumpel verspricht allerdings nicht, für den Sozialismus zu „kämpfen", sondern für den Fortschritt.

In der „Politischen Charakteristik" des FDJ-Kreisvorstandes heißt es, dass Werner Gumpel von der Gruppenleitung der Jugendgruppe Buchholz zurücktrat, weil er sich auf das Abitur vorzubereiten gedachte. Das ist aber nicht die ganze Wahrheit. Auch er spürt, dass die FDJ immer stärker von den Kommunisten dominiert und zum Werkzeug der SED wird. Junge Leute wie Werner Gumpel mögen naiv aus Hoffnung sein, blind für das, was um sie herum vorgeht, sind sie nicht, sondern höchst wach.

Mag der Vorgang der Unterwanderung der „überparteilichen" Jugendorganisationen durch die Kommunisten in seiner erzgebirgischen Heimat auch nicht in der Härte stattfinden wie andernorts, so freut er sich dennoch, nach Leipzig zum Studium zu entschwinden. Er träumt von der Freiheit der Universität, von freier Wissenschaft und freiem Schreiben.

Das Zimmer in der Wittstockstraße 4 bei der Wirtin Schnicke wird er sich mit einem Kommilitonen aus Bad Lausick teilen müssen, der ebenfalls an der Gewifa studieren wird und mit dem er sogleich Freundschaft schließt: Siegfried Jenkner.

Siegfried Jenkner

Wie Werner Gumpel 1930 geboren, wächst Siegfried Jenkner in der Nähe von Leipzig auf. Das Licht der Welt erblickt er allerdings in Frankfurt am Main. Doch die Mutter geht mit den Kindern in ihre Heimatstadt Bad Lausick zurück, zumal der Ehemann, Siegfrieds Vater, erst im Krieg, dann in Kriegsgefangenschaft ist. Das Städtchen liegt knapp 40 Kilometer entfernt von Leipzig im Südosten in der Nähe der Kreisstadt Borna.

Als im Herbst 1945 in Bad Lausick der Antifaschistische Jugendausschuss gegründet wird, engagiert sich Siegfried Jenkner sofort. Ihm imponieren die Leute, die aus der Jugendbewegung kommen und den Jugendausschuss in seiner Stadt gegründet haben, mit ihrem Auftreten – kurze Hose, Hemd mit offenem Kragen. Das ist neu, unbelastet, optimistisch mit Blick auf die Zukunft. Den Drill in der HJ hat er verabscheut. Im Jugendausschuss wird über die Zukunft Deutschlands diskutiert, darüber, wie sich die Jungen das neue Deutschland vorstellen. Es wird aber auch gesungen und der Lagerfeuerromantik gefrönt, weil diejenigen, die zunächst die Jugendausschüsse im Kreis organisieren und später die FDJ gründen, aus der bündischen Jugend kommen, die ab 1936 von der Gestapo verfolgt wurde. Als im März 1946 in Dres-

Die Mitglieder der „Belter-Gruppe"

den die sächsische Freie Deutsche Jugend gegründet wird, fährt Siegfried Jenkner auf einem offenen LKW mit in die Landeshauptstadt und gehört so zu den Mitbegründern der FDJ Sachsens mit niedriger dreistelliger Mitgliedsnummer. Noch glaubt er an das „frei" und „demokratisch" im Namen der Jugendorganisation, so wie Herbert Belter und Werner Gumpel auch. Und woher sollen auch Zweifel rühren, wo doch die FDJ seines Kreises eher von Jugendbewegten, von Bündischen und Bürgerlichen organisiert wird? Der Kreisvorsitzende der FDJ ist niemand anderes als der Kreisjugendpfarrer. Der Bad Lausicker Pfarrer Hans Bardtke, der seit 1935 Mitglied der oppositionellen Bekennenden Kirche war, wird ein Vorbild. Mit Klassenkameraden, die wie er in der HJ waren und es zu höheren Rängen gebracht hatten, kommt es zu heftigen Diskussionen, denen er sich stellt. Siegfried Jenkner ist keiner, der mit seiner Meinung hinter dem Berg hält.

Offiziell bezieht sich die FDJ zu dieser Zeit noch nicht ausschließlich auf den kommunistischen Jugendverband (KJVD), sondern auch auf die Sozialistische Arbeiterjugend (SAJ) der SPD, und auf die Pfadfinder- und Wandervogelbewegung, also auf die bürgerlichen, teils christlich geprägten Jugendbünde. Doch setzen die Kommunisten auf ihre „Volksfront"-Strategie, die unter dem Deckmantel der Einigkeit die neue Jugendorganisation gleichschalten soll. Symptomatisch hierfür ist folgende Szene, die beinah das I. Parlament der FDJ, das in Brandenburg an der Havel vom 8. bis zum 10. Juni 1946 stattfindet, gesprengt hätte. Zufällig werden christliche Delegierte Augenzeuge eines hitzigen Streits zwischen kommunistischen Jugendfunktionären, bei dem es um das strategische Vorgehen gegen die Kirchen geht: „Wir werden [...] den Kirchen im Gegenteil täglich 10 Nackenschläge geben, bis sie am Boden liegen, und wenn wir sie wieder brauchen, streicheln wir sie ein wenig, bis die Wunden geheilt sind. Dann schicken sie wieder ein Rundschreiben raus, welches uns Mitglieder einbringt und dann schlagen wir ihnen wieder in den Nacken, bis sie am Boden liegen. So machen wir es bei uns in Sachsen."[41] Als die Kirchen-

III. Nach der Freiheit: Das Beispiel der „Belter-Gruppe"

vertreter sich daraufhin anschicken, das Parlament zu verlassen, gelingt es einem Vertreter der sowjetischen Besatzungsmacht mit der gleisnerischen Behauptung, dass diejenigen, die so etwas täten, sofort aus der FDJ ausgeschlossen werden würden, sie zum Bleiben zu überreden. Das Parlament beschließt die Proklamation der „Grundrechte der jungen Generation" und die „Grundsätze und Ziele des Jugendverbands". Zum Vorsitzenden der FDJ wird Erich Honecker gewählt.

Noch 1947 verkündet die Mitbegründerin der FDJ, Edith Baumann, die eigentlich aus der Sozialdemokratie stammt, nun aber auch der SED angehört, dass es Ziel der FDJ sein müsse, „politische Offenheit und jugendliche Kampfbereitschaft, die von den Burschenschaften bis zu den kommunistischen Jugendverbänden überlebt hat, mit der Liebe zur Natur der Wandervögel und der christlichen Toleranz der konfessionsgebundenen Verbände" zu vereinen, um so eine Organisation für die gesamte deutsche Jugend zu begründen.[42] Baumanns Worte erweisen sich als leer, denn im selben Jahr, in dem sie dies proklamiert, ist die FDJ schon unausweichlich auf dem Weg zur Jugendorganisation der SED. Dem von den Kommunisten geschickt gesteuerten Verdrängungsprozess fallen immer mehr FDJler der ersten Stunde zum Opfer. „Später", berichtet Siegfried Jenkner, „erwies sich solche ‚alte' FDJ-Mitgliedschaft als eher verdächtig, man wusste, dass die erste Mitgliederwelle nicht unbedingt systemloyal war." Als ab 1948 die Uniformierung mit dem Blauhemd einsetzt, die FDJ zur Verehrung des „Vaters der Völker" und kommunistischen Führers Stalin übergeht und man „Leute brauchte, die kommandieren konnten" und es lieben, Führern zu folgen, treten diejenigen Mitschüler Jenkners der FDJ bei, die erfolgreicher als er in der HJ gewesen waren und ihn anfangs für sein Engagement in den Jugendausschüssen und in der FDJ angegriffen haben.[43]

Wenn Jenkner und Gumpel, die später im Studium in Leipzig ein Zimmer zur Untermiete teilen, ihre Erfahrungen in der FDJ vergleichen, stimmen diese vollständig überein. Von der Gründung der FDJ 1946 bis zum Fackelzug der Jugend zur Gründung der DDR 1949 vollzieht sich ein Prozess, in dem die FDJ auf stalinistische Weise gleichgeschaltet und bürgerliche Kräfte verdrängt oder kaltgestellt werden. In der Folge lässt Jenkners Engagement nach.

Am 6. Januar 1948 erreicht Siegfried die Nachricht, dass sein Vater, den er sehr vermisst, sich in einem Kriegsgefangenenlager in Leningrad befindet und dort zum Wiederaufbau eingesetzt wird. Siegfried soll nach Leipzig an die Leibnizschule wechseln, die auch ein Internat für auswärtige Schüler unterhält, in dem er in der Woche wohnen kann, um sein Abitur zu machen. Doch für die Mutter ist es schwer, das Schulgeld für den Sohn aufzutreiben, zumal sie in Borna noch Schulgeldschulden hat. Und er ist nicht ihr einziges Kind. Siegfried hat noch drei Geschwister, zwei davon jünger als er, die unterernährt sind. Siegfried kann ab dem 17. Januar die Leibnizschule besuchen, doch der erste Schultag bringt nicht viel, denn die Schule fällt zugunsten einer Feier zum Ersten Volkskongress aus. An den Schulen setzen die Ideologisierung und Indoktrination wesentlich früher und ungleich härter ein, weil hier die Widerstände geringer sind als an der Universität.

Im Internat fremdelt er zunächst, kommen ihm die anderen Jungs doch allzu oberflächlich vor. Er sehnt auch deshalb die Rückkehr des Vaters herbei, weil dann die Mutter nicht mehr allein die Sorge für die drei Kinder schultern müsste. Dem Jungen wird klar, dass niemand ihnen hilft, dass sie selbst sehen müssen, wie sie durch die Zeiten kommen. Er empfindet das als ungerecht und stellt Fragen nach den Gründen. Siegfried Jenkner will dem Kleinstadtmief entkommen, ihn zieht es in die Welt der Kultur, in die Welt des Denkens und Schreibens. Er sieht seine Zukunft auf literarischem und journalistischem Gebiet. Mit Theater, Film und Literatur setzt er sich intensiv auseinander.

Dem wachen jungen Mann entgeht nicht, dass sich die politische Lage zuspitzt, besonderes in Berlin. Am 1. April 1948 werden auf Weisung des Chefs der SMAD, Sokolowski, im Westen der

III. Nach der Freiheit: Das Beispiel der „Belter-Gruppe"

SBZ Straßen und Schienen für Transporte von Westdeutschland nach West-Berlin gesperrt. Als die Alliierten in den Westsektoren Berlins im Juni die Währungsreform durchführen, nimmt das die SMAD zum Anlass einer unbefristeten Blockade West-Berlins, die von den Amerikanern mit der Einrichtung der Luftbrücke beantwortet wird. Für Siegfried Jenkner ist klar, dass von Berlin aus, dem Vorposten der früheren Alliierten, der Kalte Krieg beginnt. Völlig richtig vermutet er, dass die Sowjets die Verbindung West-Berlins zur Westzone kappen, um die westlichen Partner in der einstigen Anti-Hitler-Koalition zu erpressen. Doch so einfach gelingt die Einteilung von Gut und Böse nicht, denn am 5. Mai erreichen Siegfried Jenkner Nachrichten von seinem älteren Bruder Olli, der in Frankfurt am Main lebt. Er wird von zwei amerikanischen Soldaten in Fuß und Knie geschossen und verprügelt, weil er zwei Mädchen beistehen wollte.

Der amerikanischen Kultur steht er nicht ablehnend gegenüber, im Gegenteil, er liebt Jazz und liest begeistert Upton Sinclairs Roman „Boston", der in dokumentarischer Weise den Justizmord an den beiden Anarchisten Nicola Sacco und Bartolomeo Vanzetti in Boston 1927 erzählt. Wie auch Werner Gumpel, den er ein Jahr später kennenlernen wird, sind ihm sozialistische Ideen nicht fremd, sofern sie auf den Prinzipien der Freiheit und der Demokratie beruhen. Hinzu kommen christliche Vorstellungen, die ihm über Pfarrer Hans Bardtke vermittelt werden. Dass Bardtke als Professor für Theologie an die Leipziger Universität berufen wird, lässt ihn jubeln.

Im Mai 1948 trifft wieder ein Brief vom Vater ein, der Mut machen soll. Der Vater schreibt, dass das Leben im Lager zu ertragen ist, doch erwähnt er auch, dass er nur noch knapp 45 Kilogramm wiegt. So beschweren Siegfried weiter die Sehnsucht nach und die Sorge um den Vater. Dann kommen die Sommerferien 1948. Sie werden für den politisch und kulturell interessierten jungen Mann zum großen Erlebnis und sind für seine intellektuelle Entwicklung prägend. Einen Teil der Ferien verbringt er in einem Lager des evangelisch-lutherischen Jugendwerkes in West-Berlin am Wannsee. Es bietet die Möglichkeit zum Diskutieren, zum Wandern, zum Singen, zum Feiern, zum Tanzen, zum Theaterspielen, zum Anhören von Vorträgen, zur Fröhlichkeit, zur Unbeschwertheit, zur Ausgelassenheit, zu kleinen Verliebtheiten. Der geistige Austausch mit anderen Jugendlichen unterschiedlicher Herkunft und mit teils anderen Erfahrungen und Prägungen öffnet Siegfried Seele und Geist und hilft ihm, Klarheit zu gewinnen.

Nach Leipzig, in den ideologischen Drahtverhau totalitärer, „antifaschistisch" genannter Gesinnung zurückgekehrt, beginnt ihn die verlogene und volksfeindliche Politik anzuwidern, der so beleidigend leicht durchschaubare Propagandarummel, der um den Zweijahresplan und um das Aktivistentum aufgeführt wird.

Ursprünglich wird der Antifaschismus in der ersten Hälfte der 1920er Jahre von Liberalen wie dem Philosophen Benedetto Croce oder Liberalkonservativen wie dem katholischen Priester Luigi Sturzo begründet – als Kampfbegriff gegen die Vorstellungen Mussolinis in Italien. Er wird aber bald auch gegen die Bolschewiki gewendet. Bereits 1926 schrieb Luigi Sturzo: „Insgesamt kann man zwischen Russland und Italien nur einen einzigen Unterschied feststellen, daß nämlich der Bolschewismus eine kommunistische Diktatur oder ein Linksfaschismus ist und der Faschismus eine konservative Diktatur oder ein Rechtsbolschewismus ist."[44] Sturzo prägten Begriff und der Theorieansatz des Totalitarismus. Doch sehr schnell wird der Antifaschismus von den Kommunisten besetzt und als Mobilisierungsideologie in Deutschland, in Westeuropa und sehr stark in Südeuropa benutzt. Vor diesem Hintergrund wird die Einschätzung des italienischen Schriftstellers Ignazio Silone von 1945 deutlich, die der Journalist François Bondy bezeugt: „Ich traf Silone in Genf am Tag, an dem er aus dem Exil nach Italien zurückkehrte, und plötzlich sagte er: ‚Wenn der Faschismus wiederkehrt, wird er nicht sagen: »Ich bin der Faschismus«. Nein, er wird sagen: »Ich bin der Antifaschismus«.' Viele

Jahre später, als ‚Antifaschismus' in der Tat instrumentalisiert wurde und zu einem Slogan herunterkam, verstand ich, daß dieses kaustische Aperçu prophetisch war."[45]

Die Erfahrungen, die der junge Siegfried Jenkner in der von der SED angestrebten „antifaschistisch-demokratischen" Ordnung macht, spiegeln Silones Einschätzung wider.

Anfang Juli 1948, drei Wochen bevor Siegfried Jenkner in das christliche Jugendlager an den Wannsee fährt, laufen in der SBZ die Medien heiß, denn die SED inszeniert eine Scheindiskussion über den Zweijahresplan. Das propagierte Ziel besteht darin, die Industrieproduktion im Vergleich zum Vorjahr um 35 Prozent zu überbieten. Aber es geht nicht nur um die Steigerung der Industrieproduktion, sondern mit der Einführung der Plan-, oder besser Kommandowirtschaft soll das „Übergewicht des volkseigenen Sektors" herbeigeführt werden.[46] Trotz aller Propaganda reagiert die Mehrheit der Arbeiter zurückhaltend auf die Forderungen, freiwillig die Normen zu überbieten. Deshalb versucht man gezielt, Aktivisten der sozialistischen Arbeit zu finden, die aus Sicht der SED Vorbilder sein sollen, aus Sicht der Arbeiter jedoch nur Normbrecher sind. Daran ändert auch der medial bejubelte Jungaktivistenkongress im mitteldeutschen Zeitz nichts, den Siegfried Jenkner nur abstoßend findet. Der SED gelingt es nicht, die Aktivistenbewegung zu einer „Massenbewegung" zu entwickeln. Nach dem Vorbild des sowjetischen Stoßarbeiters Alexei Stachanow wird der Bergmann Adolf Hennecke, SED-Mitglied und Arbeiterinstrukteur, ausgesucht, um eine Hochleistungsschicht zu fahren. Am 13. Oktober 1948 überbietet Hennecke in seiner Schicht die Norm um 387 Prozent. Die Presse feiert ihn als Helden, für die Kollegen ist er ein Verräter. Doch die einmalige Schicht hat sich für ihn gelohnt, er bekommt eine Prämie von 50 Mark, eine Flasche Branntwein, 1,5 Kilogramm Fettzulage und drei Schachteln Zigaretten. Ein Jahr später wird Hennecke mit dem gerade gestifteten Nationalpreis I. Klasse ausgezeichnet, studiert ab 1950 an der Bergakademie Freiberg, wird Mitarbeiter der Staatlichen Plankommission, Abgeordneter der Volkskammer und schließlich Mitglied des ZKs der SED. Die Spirale der ständigen Normerhöhungen, die zum Volksaufstand am 17. Juni 1953 führen wird, hat er mit seiner einmaligen Tat eröffnet, ohne dass er tagtäglich, wie seine Kollegen, unter ihr leiden muss.

Auch Jenkner kann sich den Zumutungen des entstehenden neuen Regimes nicht ganz entziehen. Die FDJ verfügt über eine doppelte Organisationstruktur, einerseits über Ortsverbände, andererseits setzt sie sich aus Schulgruppen zusammen, so dass Jenkner in der Schulgruppe behaupten kann, dass er in der Ortsgruppe von Bad Lausick, und in Bad Lausick, dass er in der Schulgruppe der Leibnizschule in Leipzig mitwirkt. Doch dann erscheint es ihm 1948 mit Blick auf die Bewerbung zum Studium als ratsam, sich mal wieder in der Ortsgruppe der FDJ in Bad Lausick sehen zu lassen, schon aus Gründen der wichtigen gesellschaftlichen Beurteilung. Dort macht man ihn sogleich zum Wandzeitungsredakteur. Überzeugung treibt ihn nicht zu diesem Schritt, aber die Einsicht, dass er beruflich nicht weiterkommt, wenn er nicht als gesellschaftlich aktiv gilt. So bleibt ihm nur, mit den Wölfen zu heulen.

1949 besteht Jenkner die Reifeprüfung. Er will Architekt werden. Der Weg zum Architekturstudium würde für ihn über eine Maurerlehre führen, doch er bekommt keine Lehrstelle, weil die Lehrstellen für Schüler ohne Abitur freigehalten werden. So bewirbt er sich an der Philosophischen Fakultät der Universität Leipzig. Aber auch hier wird er abgelehnt. Da er mit dem Studium beginnen möchte, versucht er es erneut, diesmal an der Gewifa für ein Studium der Kulturpolitik – und wird angenommen. Pragmatisch sagt er sich, dass er, erst einmal an der Universität angekommen, zur Philosophischen Fakultät wechseln könne. Um die Zeit bis zum Studium sinnvoll zu nutzen und um Geld zu verdienen, arbeitet er an der Sosa-Talsperre mit. Deren Bau ruft die FDJ als ihr zentrales Jugendprojekt aus, und aus der ganzen Sowjetischen

Besatzungszone kommen junge Männer und auch Frauen, um hier zu arbeiten. Mindestens genauso berühmt wird das zweite zentrale Jugendprojekt, die Errichtung der Wasserleitung für die Maxhütte in Unterwellenborn unter dem Slogan „Max braucht Wasser". Um dem Vorzeigeprojekt, zu dem der Bau der Talsperre in den Medien wird, die nötige Strahlkraft zu verleihen, wird ein relativ guter Lohn und auch Trennungsgeld gezahlt. Die Arbeit ist hart, aber Jenkner hat Glück, er wird dem Vermessungsteam beigegeben. Die Teilnahme am Zentralen Jugendprojekt bringt ihm an der Gewifa Achtung ein.

Er lernt den jungen Werner Gumpel kennen und teilt sich mit ihm ein Zimmer zur Untermiete. Zwar bietet die Gewifa auch Internatsplätze an, doch ziehen die beiden jungen Männer die Privatheit der ständigen ideologischen Kontrolle an der Fakultät vor.

Karl Miertschischk

Vermutlich verbindet der am 14. Juli 1929 in Oberseifersdorf geborene Karl Miertschischk mit der Vorstellung von einer gerechten, einer sozialistischen Welt seine frühesten Kindheitserinnerungen. Der Vater, ein Maurer und Mitglied der SPD, wird von der SA verhaftet. Karl ist im Mai 1933 noch keine vier Jahre alt, doch die Angst seiner Mutter um den Ehemann, der zur 1.-Mai-Demonstration gegangen ist, obwohl seit dem 30. Januar 1933 der Reichskanzler des Deutschen Reiches Adolf Hitler heißt und seine SA-Horden als Hilfspolizei Jagd auf Oppositionelle machen, spürt er so deutlich, dass sich dieses Geschehen seinem Gedächtnis einbrennt. Der Vater kommt weder an diesem noch am nächsten Tag zurück. Während sie bangen Herzens auf ihn warten, wird er mit anderen Gefangenen im Keller der Volksbücherei in Zittau von SA-Männern mit Gummiknüppeln geschlagen. Davon werden Narben auf seinem Rücken und Narben in der Erinnerung des Sohnes zurückbleiben. Als die Mutter von einem jungen SA-Mann aus der Nachbarschaft vom Schicksal ihres Mannes erfährt, fährt sie mit ihrem Sohn Karl nach Löbau, wohin der Vater inzwischen verlegt wurde. Die zweite Erinnerung von Karl Miertschischk ist der Anblick des kahlgeschorenen Kopfes des Vaters. Er sieht wie ein Verbrecher aus. Erst nach drei Monaten wird er freigelassen.

In seinem Lebenslauf berichtet Karl Miertschischk, dass er im April 1940 ins Jungvolk eintreten „musste". Im Oktober 1944 übernimmt ihn die Hitlerjugend. Eigentlich soll er, musikalisch und musikbegeistert, wie er ist, Führer des Fanfarenzuges werden, doch dass lehnt er ab. Obwohl er die Musik liebt, will er keinerlei Engagement für den Nationalsozialismus zeigen. Wie Herbert Belter 1936 eingeschult, wechselt er 1940 in die Oberschule für Jungen im nahe gelegenen Zittau. Nach dem Kriegsende fällt die Schule zunächst aus und der Schüler arbeitet von Mai bis September 1945 in der Landwirtschaft. Ab Oktober öffnet die Jungenschule wieder, so dass Karl Miertschischk dort das Abitur ablegt. Der Vater fängt bei der Polizei an und macht dort als Verfolgter des Nationalsozialismus Karriere. Nach den Erfahrungen des Dritten Reiches kann für Karl Miertschischk die Zukunft Deutschlands nur sozialistisch sein. Im Januar 1946 tritt er in die KPD ein und gehört dadurch ab März 1946 der SED an. Nachdem die ehemaligen SPD-Genossen im Ort sich aus Angst von der Familie Miertschischk abgewandt hatten, konnte weder der Vater wieder, noch der Sohn nach 1945 in die SPD eintreten. Auch im Kulturbund zur demokratischen Erneuerung Deutschlands und im Antifaschistischen Jugendausschuss arbeitet er mit und wird im April 1946 Ortsgruppenleiter der Freien Deutschen Jugend. Geradlinig ist er, ehrlich, fleißig, treu, ein guter Charakter, musikbegeistert, optimistisch, kontaktfreudig und grundfröhlich. Seine große Liebe gehört der Chemie, die für ihn eine wahre Wunderwissenschaft ist. In seinem Reifezeugnis, das ihm das Prädikat „gut" bescheinigt, sind die beiden Fächer, in denen ein „sehr gut" steht, Musik und Chemie. „Das ganze organische Reich, sowohl Tiere als auch Pflanzen brauchen zu ihrer gesunden Entwicklung einige chemische Elemente, die sie mit der Nahrung aufnehmen", schreibt er in einem Aufsatz an der Leipziger Universität über „Die Düngung unserer Felder".[47] Die Chemie liefert für ihn den Schlüssel für den Wohlstand des deutschen Volkes. In der Begründung seiner Bewerbung an der Naturwissenschaftlichen Fakultät der Universität zu Leipzig heißt es: „Ich will mich im Studium der Chemie zuwenden, da ich mich für die chemische Wissenschaft ganz besonders interessiere. Mein Wunsch ist es, meine ganze Kraft in den Dienst der Wissenschaft und damit in den Dienst des Fortschritts zu stellen. Wenn sich das deutsche Volk den Ruf wiederringen will, den es früher einmal in Bezug auf die Wissenschaft hatte, so ist es notwendig, dass auch Menschen da sind, die bereit sind, für dieses hohe Ziel zu kämpfen. Ich wähle, weil mich mein Inneres dazu drängt, den Beruf des Wissenschaftlers und hoffe, dass ich bei den kommenden Immatrikulationen berücksichtigt werde."[48]

Doch die Naturwissenschaftliche Fakultät ist nicht die Gewifa, ideologische Töne klingen hier eher fremd. Karl Miertschischk wird abgelehnt und bewirbt sich für eine Lehramtsausbildung. Durch Krieg und Entnazifizierung mangelt es nicht nur an Universitätsdozenten, sondern auch an Lehrern. Deshalb setzen die Bildungspolitiker der Landesregierungen und der SMAD auf kurze und intensive Seminare zur Lehrerausbildung. Nur das Nötigste wird vermittelt, dann geht es bereits in den Schuldienst, die Weiterbildung durch Lehrgänge nebenher und das Selbststudium muss den „Neulehrern" genügen. Statt zur Universität geht Miertschischk zuerst in den Schuldienst, vom 1. Januar 1949 bis zum 10. April 1949 besucht er den obligatorischen Neulehrerlehrgang in Laucha, das seit 2003 zu Löbau gehört. In seiner Freizeit spielt er in einer Theatergruppe mit und scheint auch Regie geführt zu haben.

Doch Karl Miertschischk glaubt fest daran, dass sein sehnlichster Wunsch in Erfüllung gehen kann, und bewirbt sich erneut um einen Studienplatz für Chemie. Diesmal wird er angenommen. Im Herbst 1949 kommt er voller Freude und voller Hoffnung in

Leipzig an und teilt sich mit einem anderen Studenten der Chemie, dem aus Naumburg an der Saale stammenden Winzersohn Otto Bachmann, in der Pfaffendorfer Straße 50 bei der Wirtin Golschiener ein Zimmer. Auch Bachmanns Weg zum Studium verläuft über Umwege, auch er muss es sich durch Klugheit und Zähigkeit erkämpfen.

Otto Bachmann

Als Sohn eines Gewerbetreibenden bringt Otto Bachmann schlechte Voraussetzungen für eine Bewerbung an der Universität mit. Am 29. September 1930 in Naumburg geboren, besucht er zunächst die Volksschule in seinem Heimatort Bad Kösen, dann die Oberschule für Jungen in Naumburg. Der politischen Betätigung steht der Winzersohn, der dem Vater auf dem Weinberg früh zur Hand geht, distanziert gegenüber. Doch bald erkennt er, dass er sich ohne gesellschaftliches Engagement erst gar nicht für ein Studium zu bewerben braucht. So tritt er dem Kulturbund bei, der Gesellschaft zum Studium der Kultur der Sowjetunion, aus der später die DSF (Gesellschaft für Deutsch-Sowjetische Freundschaft) wird, und schließlich der FDJ. In seinem Lebenslauf im Stil der neuen Zeit schreibt er selbstkritisch: „Verhielt ich mich in dem ersten Jahr nach dem Zusammenbruch der Freien Deutschen Jugend gegenüber zurückhaltend, so änderte sich dies bald und ich trat der FDJ Bad Kösen bei. Auf der Jahreshauptversammlung 48/49 wurde ich dann zum Leiter für Kultur und Erziehung gewählt und mit der Leitung der politischen Arbeitsgemeinschaft, die ich mit noch einem anderen Jugendfreund aufgebaut hatte, beauftragt."[49]

Zunächst bewirbt sich Otto Bachmann an der Universität in Halle, gleich darauf in Leipzig. Es scheint, dass er an der Naturwissenschaftlichen Fakultät studieren will, doch ihm geraten wird, sich auf ein Lehramtsstudium für Chemie zu bewerben, und zwar an der Pädagogischen Fakultät. Chemie sei schließlich Chemie, ob als Lehrer oder als Wissenschaftler. Möglich auch, dass er tatsächlich Lehrer werden wollte, denn die Begründung des Studienwunsches klingt echt. Er betont die Bedeutung der Erziehung dafür, dass Deutschland wieder einen geachteten Platz zwischen den Völkern einnehmen werde, der kein kriegerischer, sondern ein kultureller sein müsse. „So hängt also unsere ganze neue demokratische Ordnung von der Einstellung der Lehrerschaft ab. Ich habe selbst den Einfluss der Lehrer, guten und schlechten, 12 Jahre lang gespürt. Ein Lehrer kann viel."[50] Mit diesen Idealen geht Otto Bachmann zum Studium.

In Leipzig lernt er die Chemiestudenten Hans-Dieter Scharf, Günter Herrmann und Rolf Grünberger kennen und über Letzteren den Medizinstudenten Peter Eberle. Rolf Grünberger und Peter Eberle besuchten gemeinsam die Lessingschule in Kamenz und sind befreundet.

Hans-Dieter Scharf

Hans-Dieter Scharf, geboren am 18. Juli 1930, absolviert die Leipziger Petri-Schule mit der Note 1. Er ist das einzige Kind der Eheleute Willy und Martha Scharf. Der Vater arbeitet als Koch. Scharf wächst zunächst in Klitschmar bei Delitzsch auf, bevor die Eltern nach Leipzig ziehen. Nach dem „Zusammenbruch" arbeitet er ein paar Monate im Farbwerk in Wolfen. Seine Leidenschaft gehört von Anfang an der Chemie. Außerdem wird er vom Elternhaus sehr stark christlich geprägt. Er ist eher ein unpolitischer Typ, das Interesse an der Chemie und eine einfache christliche Frömmigkeit füllen ihn vollkommen aus.

An der Petri-Schule setzt er die Schulausbildung fort. Hautnah erlebt er das plötzliche Verschwinden von Menschen, als sein bester Freund, der 16-jährige Detlef Weichhold, von einem Tag auf den anderen nicht mehr auffindbar ist und es den verzweifelten Eltern nicht gelingt, herauszufinden, was mit ihrem Sohn geschehen ist und wo er sich befindet. „Mein ehemaliger treuer Freund und Schulkamerad, Detlef Weichhold, war 1946, damals ganze 16 Jahre alt, über Nacht spurlos verschwunden. Mir waren noch die verzweifelten Bemühungen seiner alleinstehenden Mutter in Erinnerung – sein Vater war im Zweiten Weltkrieg gefallen –, eine Nachricht über den Verbleib ihres einzigen Sohnes von den, wie sie glaubte, zuständigen Stellen der Polizei zu erhalten [...] Ich konnte mich noch gut an ihr verhärmtes Gesicht und ihre verzweifelten Bemühungen erinnern, als sie bei mir anfragte, ob sich Detlef nicht eventuell bei uns aufhielt [...] Wie später durchsickerte, wurde Detlef von der politischen Polizei beschuldigt, Angehöriger des legendären Werwolfs gewesen zu sein, einer Organisation der Hitlerjugend, die angeblich auf den Partisanenkrieg gegen die Besatzungsmächte vorbereitet worden war. Diese Beschuldigung war ebenso an den Haaren herbeigezogen wie unsinnig, denn ich kannte Detlef schon seit vielen Jahren während des Krieges. Wir waren täglich in der Schule und privat zusammen. Unsere Welt war damals, im Jahre 1946, die Welt der Sechzehnjährigen – mit Idealen und Interessen, mit Streichen und phantasievollen Vorstellungen über die Zukunft, die keiner von uns in solcher Schwere erahnen konnte – gleichsam aber auch Betroffene und Opfer der Geschehnisse im Deutschland der vierziger Jahre. Nach vier Jahren ohne Lebenszeichen, ohne die Möglichkeit, eine einzige Postkarte empfangen oder an seine Mutter geschrieben zu haben, erschien Detlef in jener schicksalsschweren ersten Oktoberwoche des Jahres 1950 genauso plötzlich, wie er verschwunden war, wieder auf der Bildfläche. Er hatte ohne Urteil vier Jahre in dem berüchtigten Politzuchthaus Bautzen in einer Zelle verbracht. Einer seiner Lungenflügel war tuberkulös."[51]

1948 wird Hans-Dieter Scharf Mitglied der FDJ, nutzt die Möglichkeiten der Jugendorganisation und gründet an der Petri-Schule das FDJ-Chemielabor. Mit der Aufnahme in die Naturwissenschaftliche Fakultät geht für ihn ein Traum in Erfüllung. Er lebt auch als Student bei seinen Eltern.

III. Nach der Freiheit: Das Beispiel der „Belter-Gruppe"

Peter Eberle und Rolf Grünberger

Peter Eberle und Rolf Grünberger teilen das Glück des knappen Überlebens. Eberle wird in Freiburg in Schlesien am 26. November 1929 geboren, doch schon bald eröffnet der Vater eine Zahnarztpraxis in Dresden. Der Sohn besucht von 1935 bis 1939 die Volksschule, ab 1939 die Annenschule in Dresden. In der Nacht vom 13. auf den 14. Februar 1945 hält ein Sonderzug aus Breslau vor dem Dresdener Bahnhof. Er soll Deutsche aus dem Waldenburger und dem Striegauer Gebiet nach Hof in Oberfranken evakuieren. In diesem Zug befinden sich, wie die Eberles erst später erfahren werden, neun Verwandte, und zwar zwei Schwestern und ein Bruder des Vaters, ihre Ehefrauen, Ehemänner und Kinder. Keiner der Menschen im Zug entgeht dem Feuersturm, der über Dresden in dieser Nacht entfesselt wird.

Peter Eberle, der Bruder und die Eltern überleben das Bombeninferno, doch Wohnhaus und Praxis gehen in Flammen auf. Die Eberles ziehen in die Oberlausitz und Peter besucht von nun an die renommierte Lessingschule in Kamenz. Dort freundet er sich mit seinem Banknachbarn Rolf Grünberger an. Dessen Familie war im „Dritten Reich" schlimmsten Repressalien ausgesetzt. Rolf Grünbergers Großvater Adolf Grünberger verschleppen die Nationalsozialisten in des KZ Theresienstadt. Rolfs Vater überlebt als „Halbjude", er als „Vierteljude" Der Kreisrat von Kamenz schrieb an die Außendienststelle Bautzen der Gestapo am 10. Dezember 1942: „Anlässlich eines kürzlichen Besuchs in Kamenz hat der Gauleiter angeordnet, dass der z. Zt. noch in Kamenz, Schulplatz 2, wohnhafte Volljude Adolf Israel Grünberger, geb. 17.8.1864 dem Lager in Theresienstadt zugeführt werden soll. Ich gebe von der Anordnung des Gauleiters hiermit Kenntnis und bitte, das Weitere zu veranlassen." Das „Weitere" hieß, einen 78-Jährigen in den Tod zu schicken.

Von Rolf Grünberger erfährt Peter Eberle mehr über das Schicksal der Juden während des Nationalsozialismus. Hinzu kommt, dass der in einem konservativen, an Bildung sehr interessierten Elternhaus aufwachsende Peter Eberle die politische Entwicklung aufmerksam verfolgt. Die Berichte über den Nürnberger Kriegsverbrecherprozess, die Dokus und Artikel über die KZs und Vernichtungslager, ergänzt durch die Erfahrungen seines Freundes Rolf Grünberger, zeigen ihm schonungslos die Wahrheit über die Diktatur, in der er Kindheit und frühe Jugend verbracht hat. Für Peter Eberle ist der Vater Autorität und Vorbild zugleich. So fragt er ihn eines Tages: „Wie war das alles möglich? Hast Du denn nichts davon gewusst? Hast Du denn nichts dagegen tun können?" Tief beschämt antwortet der Vater: „Was hätte ich denn tun können?" Und dann kam der entscheidende Satz für die Entwicklung des Sohnes: „Was hätte ich denn tun können. Das hätte man am Anfang vielleicht verhindern können und da hat niemand gewusst, wo das alles hinführt." Sehr viel später notiert Eberle im Rückblick: „An diesem Tage habe ich mir fest vorgenommen: deine Angehörigen, deine Kinder sollen dir nie einen derartigen Vorwurf in ihren Fragen machen können. Und als ich in den folgenden Jahren sah, dass sich wieder alles so entwickelt wie in der Zeit von 1933 bis 1945, da wurde es nur noch eine Frage des aktuellen Anlasses, der mich zum Handeln brachte."[52]

Zunächst scheint die Zukunft aber offen zu sein. Die Schule nimmt im Herbst 1945 wieder ihre Arbeit auf, der Antifaschistische Jugendausschuss wird gegründet. Den ersten Schock für die Freunde löst die Verhaftung fast aller Jungen des Abiturjahrganges 1945 – aller bis auf drei – aufgrund des Verdachts aus, zum paramilitärischen Verband „Werwolf" (auch: „Wehrwolf") zu gehören. In ihrer Paranoia nehmen die Russen die Gerüchte um den Werwolf ernst, nach denen die Nationalsozialisten fanatisierte Schüler als Kämpfer ausgebildet hätten, die nun als Schläfer darauf warteten, Terroranschläge auf die SMAD und die Rote Armee auszuführen. Die Russen hatten im Zweiten Weltkrieg erfolgreich die Partisanentaktik entwickelt und mit Partisaneneinheiten hinter der Front operiert. Nun fürchten sie, die Deutschen könnten es

III. Nach der Freiheit: Das Beispiel der „Belter-Gruppe"

ihnen hierin gleichtun. Mit den willkürlichen Verhaftungen von Schülern, ihren Verurteilungen zu Haft- und Todesstrafen verursachen sie großes Leid und zerstören Biografien. Insgesamt wurden über 10 000 Jugendliche verhaftet, entweder in Bautzen eingekerkert, nach Russland verschleppt oder auch erschossen. Der Jüngste unter ihnen war erst 13 Jahre alt.

Doch noch können sich Peter Eberle und Rolf Grünberger diesen Terror mit den erst kurz zurückliegenden Gräueln des Krieges und des Repressionssystems der Nationalsozialisten erklären, zumal sie noch nicht wissen, dass der andere Sozialismus mit Gulag und Genickschuss, mit Deportation und Umsiedlung von Völkern, mit dem bewusst herbeigeführten Holodomor nicht menschenfreundlicher agiert.

Im Herbst 1945 werden Peter Eberle und Rolf Grünberger an der Lessingschule in einer demokratischen Wahl in den Schülerrat gewählt. Im Vordergrund stehen praktische Fragen. Es stärkt das Selbstvertrauen des Rates, als es den Schülern gelingt, trotz fehlender Fahrzeuge Kohlen für die Schule aus einem nahen Vorkommen zu besorgen. Um Mitschülern, deren Eltern sich nicht mehr in der Lage sehen, die Kosten für den Schulbesuch ihrer Kinder aufzubringen, zu helfen, veranstaltet der Rat eine Tombola.

Allerdings arbeitet der kommunistische Rektor der Schule konsequent daran, die Lehranstalt gleichzuschalten. Die bürgerlichen Lehrer wagen in ihrer Mehrheit keinen Widerspruch, auch wenn sie versuchen, den Vorstellungen des Rektors entgegenzuwirken. Die brachiale Entnazifizierung, die häufig recht willkürlich verläuft und sich gern auf Denunziationen stützt, so dass auch persönliche Rachegelüste, Neid und Gier ins Spiel kommen, schüchtert die Lehrer ein. Zwar klingt es gut, dass alle sich am Aufbau der SBZ beteiligen und dabei ihre demokratische Gesinnung unter Beweis stellen dürfen, doch was demokratisch ist, entscheidet die sowjetische Staatssicherheit, Stalins Schergen und Ulbrichts Genossen.

Die Schüler, die zu jung sind, um durch die Diktatur des Nationalsozialismus kompromittiert worden zu sein, empfinden die neue Freiheit, den Anfang von etwas Neuem mit allen Fasern ihres Daseins. Alle, ob sie später zu Oppositionellen werden oder an „ihren Staat" glauben, vertrauen darauf, dass ein Neustart bevorsteht, dass man dieses gefallene Land wieder aufbaut und zum Besseren führt.

Die Freunde Peter Eberle und Rolf Grünberger erleben noch, dass ein Versuch, den Schülerrat durch kommunistische Funktionäre der Freien Deutschen Jugend zu ersetzen, scheitert, bevor sie zum Studium gehen. Sie bewerben sich nach erfolgreich abgelegter Abiturprüfung in Leipzig, Peter Eberle für Medizin, Rolf Grünberger für Chemie. Eberle gehört inzwischen der CDU an. Die Gleichschaltung der Lessingschule in Kamenz erleben sie nicht mehr als Schüler mit, werden aber detailliert über die Vorgänge unterrichtet.

Wie die Überführung einer Demokratie in eine Diktatur praktisch erfolgt, wenn es die Machthaber, wenn es die Regierung möchte, dafür bietet die Entwicklung der Lessingschule in Kamenz einiges an Anschauungsmaterial: Rechtspositionen werden aufgelöst, Begriffe in ihr Gegenteil verkehrt und Parallelstrukturen geschaffen. Moralistische Argumente begründen die Selbstermächtigung der Aktivisten und rechtfertigen Rechtsbrüche und undemokratische Maßnahmen unter Verweis auf höhere Werte und eine höhere Moral.

Nirgends wird diese moralistische Argumentation klarer ausgedrückt als im 1949 abgefassten „Lied von der Partei":

„Die Partei, die Partei, die hat immer recht!
Und, Genossen, es bleibe dabei;
Denn wer kämpft für das Recht,
Der hat immer recht.
Gegen Lüge und Ausbeuterei.
Der das Leben beleidigt,
Ist dumm oder schlecht.
Wer die Menschheit verteidigt,

Hat immer recht.
So, aus Leninschem Geist
Wächst von Stalin geschweißt,
Die Partei – die Partei – die Partei."

Der Verweis auf höhere, aufgrund ihrer Abstraktheit nicht überprüfbare Ziele wie die „Verteidigung der Menschheit" macht aus jeder Opposition zur Parteilinie einen Angriff auf die Menschheit, der unverzeihlich und mit allen Mitteln zu bekämpfen ist.

Wie läuft die „Verteidigung der Menschheit" an der Lessingschule in Kamenz ab? Zunächst fordert die FDJ-Gruppe der Schule, dass alle Schüler aller Klassen eine Grußadresse zum 71. Geburtstags Stalins im Dezember 1949 zu unterzeichnen. Die liegt bereits formuliert vor und beginnt mit den Worten: „Das Glück der Menschheit hat Geburtstag". Sowohl die 12a als auch die 11a verweigern die Unterschrift. Für die FDJ-Funktionäre hat sich damit der Klassenfeind enttarnt. Auf der Jahreshauptversammlung der FDJ-Schulgruppe Anfang 1950 wird dann eine Resolution eingebracht, wonach die Schulgruppe geschlossen der Gesellschaft für Deutsch-Sowjetische Freundschaft beitritt und sich die FDJ-Schulgruppe zur Politik der Regierung, also zur SED, bekennt. Doch die Resolution geht nicht einstimmig durch, es gibt Stimmenthaltungen und sogar Gegenstimmen. Die FDJ-Funktionäre erkennen darin bezeichnenderweise keinen demokratischen Vorgang, sondern eine unverzeihliche Provokation. Zunächst wird eine Pressekampagne gegen die „reaktionären Kräfte" an der Lessingschule in Gang gesetzt, dann wird am 23. Februar 1950 eine Protestversammlung von „progressiven Kräften" in der Aula der Lessingschule organisiert und inszeniert. Denn unter den 500 Jugendlichen in der Aula befinden sich neben den Schülern der Lessingschule auch Jugendliche aus Betrieben und anderen Orten des Kreises, die man als „demokratische Öffentlichkeit" zusammengekarrt hat und die durch ihre Anzahl die Schüler und Lehrer der

Lessingschule einschüchtern sollen. Da totalitäre Kräfte immer in Verschwörungstheorien denken, sucht man nach den Rädelsführern und findet sie in der „antidemokratischen" Einstellung des reaktionären Klassenlehrers. Gegenstimmen in einer demokratischen Abstimmung werten die FDJ-Funktionäre diskussionslos als undemokratisches Verhalten.

Der Klassenlehrer einer der beiden Klassen, die sich geweigert haben, die Grußadresse an Stalin zu unterschreiben, wird zum Opfer auserkoren, an dem für alle sichtbar zur Einschüchterung das Exempel statuiert wird. Die FDJ-Funktionäre haben nicht vergessen, dass Herwarth Lohse sich mit der Begründung: „Was hat eine Grußadresse wohl für einen Wert, die durch Zwang zusammengekommen ist?", weigert, seine Klasse unter Druck zu setzen. Diesen Anstand wird er bitter bezahlen müssen.

Der Altphilologe Dr. Herwarth Lohse, der von den Nazis einst an die Lessingschule strafversetzt worden war, wird auf der Versammlung persönlich angegriffen und diffamiert. Eine Resolution wird gegen ihn beschlossen, gegen die nur ein Lehrer stimmt. Lohse wird schließlich vom Schuldienst suspendiert. Verarmt und vereinsamt wird er 1955 in Kamenz sterben. Den Schulchor benennt man in FDJ-Chor um und den beiden Schülern, die von der Schule relegiert werden, weil sie nicht in einem FDJ-Chor mitwirken wollen, bleibt nur die Flucht in den Westen.

Rolf Grünberger und Peter Eberle sind zu diesem Zeitpunkt schon als Studenten in Leipzig. Aber die Nachrichten aus Kamenz beunruhigen sie.

Günter Herrmann

Aus Zwickau stößt Günter Herrmann zu den Chemiestudenten. Geboren am 11. Januar 1931 in einer Cainsdorfer Arbeiterfamilie, entstammt er einem geradezu klassischen sozialdemokratischen Milieu. Sein Großvater ist im Zwickauer Gebiet als Sozialdemokrat bekannt, der, weil von den Nationalsozialisten drangsaliert und misshandelt, zum Invaliden wurde. Während sich der Vater noch in französischer Kriegsgefangenschaft befindet, eröffnet die Mutter ein Lebensmittelgeschäft. Der Sohn muss die Schule verlassen und im Geschäft helfen. Als der Vater 1946 nach Hause zurückkehrt, kann Günter Herrmann den Schulbesuch in Zwickau fortsetzen. Er ist fleißig, denn er weiß, dass er Zeit verloren und viel nachzuholen hat, wenn er Chemie studieren möchte. Die Eltern befürworten den Wunsch ihres Sohnes, so kann er in der Rubrik, wie er das Studium zu finanzieren gedenkt, eintragen: durch Unterstützung der Eltern.[53] In der Freien Deutschen Jugend engagiert er sich als Organisationsberater einer Untergruppe. Auch er wünscht sich ein neues, ein sozialistisches, allerdings demokratisches Deutschland. Mit diesen Vorstellungen kommt er im Herbst 1949 in Leipzig an, voller Freude auf das Studium der Chemie.

Er ist gesellig, humorvoll und freundet sich schnell mit einigen Kommilitonen an: Hans Dieter Scharf, Karl Miertschischk und Otto Bachmann, mit denen er, wie es inzwischen an der Leipziger Universität eingeführt worden ist, in eine FDJ-Studiengruppe gesteckt wird, in der die Lern- und Seminararbeit erfolgt.

Erhard Becker

Der einzige Nicht-Student, der verhaftet und zur „Belter-Gruppe" gerechnet wird, ist der junge Tischler Erhard Becker, der in Bad Lausick wohnt und mit Siegfried Jenkner befreundet ist. Natürlich haben die Freunde über Politik diskutiert. Jenkner wird später einige Broschüren bei Becker lassen, die bei der Hausdurchsuchung gefunden werden. So gerät der junge Tischler in eine Geschichte, mit der er nichts zu tun hat. Er wird auch als Einziger nicht nach Westdeutschland fliehen und, aus dem Arbeitslager zurückgekehrt, in der Tischlerwerkstatt seines Vaters arbeiten, die er dann weiterführt.

Ankunft an der Universität

Die Weichen für die kommunistische Diktatur werden 1948 gestellt und mit der Gründung der DDR am 7. Oktober 1949 hat unter dem Decknamen der Demokratie diese „Diktatur des Proletariats" als unumschränkte Herrschaft einer Handvoll Parteiführer Staatsform angenommen. Der Leipziger Student, LDP-Mitglied und ehemaliges Mitglied des Studentenrates Gerhard Schulz schreibt am 9. Oktober 1949 in sein Tagebuch: „Und so stehe ich dann ebenso erstaunt wie jeder der vielen, die nur zum Feierabend die Zeitung lesen oder das Radio hören, vor der Tatsache einer ostdeutschen Staatsgründung. Der Lauf der Dinge dürfte in absehbarer Zeit wesentliche Änderungen erfahren. Im einzelnen sieht es recht unerfreulich aus: Die SED stellt nicht nur den Ministerpräsidenten, sondern auch den Staatspräsidenten, und natürlich auch die Mehrzahl der Minister [...] Wahlen gibt es vorerst nicht: Zum ersten Male wird eine Regierung, die sogar ein Staatsoberhaupt inauguriert – und zwar als Volksregierung –, die sich selbst einsetzt, aus der Verabredung einer Handvoll Parteiführer hervorgeholt, nachdem die Besatzungsmacht die dringliche Anregung, ja den Befehl dazu gegeben hat."[54] Die DDR ist ein Gebilde Moskaus. Deshalb schöpft Gerhard Schulz einen Rest von Hoffnung aus der Option, dass „ein Zurücktreten der Besatzungsmacht ein freieres Spiel der Kräfte ermöglicht."[55] Doch die Besatzungsmacht wird am 17. Juni 1953 sogar Panzer gegen unbewaffnete Demonstranten schicken, um ein „freieres Spiel der Kräfte" zu verhindern.

Es ist eine große Tragödie: Die neun Studenten, die im Wintersemester 1949/50 ihr Studium in Leipzig beginnen, überschauen die Dimension der politischen Weichenstellungen wie so viele andere nicht. Gegen die Realität steht die Hoffnung. Denn gemeinsam haben die neun bei aller Unterschiedlichkeit erstens, dass sie 1945 an den Neuanfang geglaubt haben, den Sommer der Freiheit genießen wollen und sie weiter davon überzeugt sind, dass sich die

Demokratie auch in der SBZ verwirklichen lässt. Zweitens haben sie sich alle in den Antifaschistischen Jugendausschüssen und später in der FDJ engagiert, wobei drittens jedoch bei ihnen spätestens ab 1948 die Ernüchterung einsetzt, die ab 1949 immer stärker in Frustration und Ablehnung der Herrschaft von Ulbricht, Pieck und Grotewohl umschlägt, wenn auch noch nicht bei allen der Bruch mit der SED stattfindet, der drei von ihnen angehören. Sie setzen wie so viele auf das sozialdemokratische Erbe, doch gerade diese Hoffnung reduziert sich in dem Maße, in dem in der Partei der Kampf gegen den Sozialdemokratismus vorangetrieben wird. Sie sehen zwar immer deutlicher die Gefahren, nur glauben sie nicht, dass alle Messen bereits gesungen sind. Peter Eberle hat den Satz des Vaters noch im Ohr, dass man am Anfang noch etwas gegen die Nationalsozialisten hätte tun können – und man stand doch schlimmstenfalls erst am Anfang einer neuen Diktatur. Wenn man also für Demokratie und Freiheit eintreten will, wann, wenn nicht jetzt? Einige der neun haben auch gar nichts gegen den Sozialismus, nur demokratisch muss er sein und kein kommunistisches Kommandosystem, so etwa Herbert Belter und wohl auch Karl Miertschischk.

Die neun Studenten haben ihre Kindheit und frühe Jugend im Nationalsozialismus zugebracht – keiner von ihnen hat sich für die HJ besonders begeistert, keiner von ihnen an den Nationalsozialismus geglaubt. Manches in der Gegenwart der Jahre 1948 und 1949 erinnert sie an Früheres, die Unterdrückung anderer Meinungen, die Uniformierung der Jugend und die ständigen Aufmärsche. Am Abend des 11. Oktober 1949 organisiert die FDJ einen großen Fackelzug der Jugend, die mit Transparenten, auf denen „Es lebe die DDR" steht, durch das Zentrum Berlins zieht und die Regierung der DDR mit großem Jubel feiert. Von da an wird der Fackelzug zur Tradition. Er soll für die Verbundenheit der Jugend mit der Regierung der DDR und der SED ein Zeichen setzen.

Noch kennen sich die Studenten zu Studienbeginn im Herbst 1949 nicht, außer Peter Eberle und Rolf Grünberger. Auch dass die Universität gerade auf Linie gebracht wurde, wissen sie ebenfalls noch nicht, bekommen es aber bald zu spüren, die Studenten der Gewifa stärker als die der Naturwissenschaften oder Medizin.

In den vier Jahren ihres Bestehens doktert die SED beständig an der Gewifa herum. Sie soll ihre Kaderschmiede und der Hebel zum Umbau der Universität werden. Letztlich führen die Bemühungen nicht zum Erfolg, so dass die Gewifa schließlich im Wintersemester 1950/51 in eine Wirtschaftswissenschaftliche Fakultät überführt und das Grundstudium Marxismus/Leninismus für die Studenten aller Studienrichtungen mit Prüfungen für verbindlich erklärt wird. Doch von dieser Veränderung kündigt sich 1949 noch nichts an.

Die Gewifa ist die einzige Fakultät der Leipziger Universität, in der die Institute an einem Ort angesiedelt werden, und zwar im Franz-Mehring-Haus, Goethestraße 3. Die Konzentration aller Einrichtungen in einem gemeinsamen Gebäude dient der Überwachung und der Zentralisierung. Man will die künftigen Funktionäre unter ständiger Kontrolle halten. Doch die vier Gewifa-Studenten ziehen private Zimmer der Gemeinschaftsunterbringung im Internat vor, die gemeinsame Verpflegung in der Mensa nehmen sie in diesen kargen Zeiten gern in Anspruch. Teils hören sie begeistert bei exzellenten Professoren, wie den Historikern Walter Markov und Ernst Engelberg, dem Germanisten Hans Mayer oder dem Philosophen Ernst Bloch und dem Zeitungswissenschaftler Hermann Budzislawski.

Ein Vorteil der Gewifa besteht – besonders für ältere Studenten – darin, dass ab dem Sommersemester 1949 das Studium nach sechs Semestern mit einem Diplom abgeschlossen werden kann. Viele Studenten der Gewifa haben ohnehin kein Interesse für vertiefte Studien, sie möchten so schnell wie möglich ein Diplom besitzen. Als Bertolt Brecht im Januar 1949 nach Leipzig kommt, füllen nicht Hans Mayers Gewifa-Studenten den Saal, sondern vor allem Korffs und Frings' Germanistikstudenten, die es an kritischen Fragen an Brecht nicht mangeln lassen.

III. Nach der Freiheit: Das Beispiel der „Belter-Gruppe"

Bei ihrer Ankunft erleben die vier Studenten die Auswirkungen des sogenannten Objektivismusstreits, den einige Studenten auch dazu benutzen, um gegen den Wirtschaftswissenschaftler Friedrich Behrens Front zu machen, der „seine Vorlesungen zu abstrakt gehalten hat, so dass die Arbeiter- und Bauernstudenten nicht in der Lage waren, den gebotenen Stoff zu verarbeiten, dass man sagen konnte, wenn sie ihr Studium abgeschlossen haben, können sie es verwenden", wie der Gewifa-Student und Vorsitzende der Universitätsparteileitung der SED, Helmut Häußler, moniert. Überhaupt empfindet ein nicht geringer Teil der Gewifa-Studenten es als überflüssigen Ballast, sich mit Fachliteratur zu beschäftigen. Ihrer Meinung nach genügt das Studium der „Klassiker" Marx, Engels, Lenin und Stalin vollständig. Da der Marxismus-Leninismus eine „wissenschaftliche Weltanschauung" ist, kann Wissenschaft nur wissenschaftlich sein, wenn sie marxistisch-leninistisch ist, weshalb die Kenntnis des Marxismus-Leninismus eigentlich genügt. Lenins Dogma in der Schrift „Drei Quellen und drei Bestandteile des Marxismus" wird zum Glaubenssatz für alle Studenten der Gewifa erhoben: „Die Lehre von Marx ist allmächtig, weil sie wahr ist. Sie ist in sich geschlossen und harmonisch, sie gibt den Menschen eine einheitliche Weltanschauung, die sich mit keinerlei Aberglauben, keinerlei Reaktion, keinerlei Verteidigung bürgerlicher Knechtung vereinbaren lässt. Sie ist die rechtmäßige Erbin des Besten, was die Menschheit im 19. Jahrhundert in Gestalt der deutschen Philosophie, der englischen politischen Ökonomie und des französischen Sozialismus hervorgebracht hat."[56]

Im Juni 1951 wird der Wirtschaftswissenschaftler Fred Oelßner, Mitglied des Politbüros des ZK der SED und Intimfeind von Behrens, auf der Konferenz der SED „Die Bedeutung der Arbeiten des Genossen Stalin ‚Über den Marxismus und die Fragen der Sprachwissenschaft' für die Entwicklung der Wissenschaften" es so formulieren: „Der dialektische Materialismus, der von Marx und Engels begründet, von Lenin und Stalin weiterentwickelt wurde, ist die erste und einzige wissenschaftlich begründete Weltanschauung. [...] Darum kann wirkliche Wissenschaft nur auf der Grundlage des Marxismus-Leninismus gedeihen. Je gründlicher die Wissenschaftler dies verstehen, um so besser werden sie die Wissenschaft vorwärts bringen."[57]

Der Kampf gegen den „bürgerlichen Objektivismus und Kosmopolitismus", den die SED zwischen 1949 und 1951 inszeniert und der zudem zu mancher persönlichen Abrechnung Gelegenheit bietet, dient auch dazu, die Bedeutung des politischen – oder im Sinne des Marxismus-Leninismus weltanschaulichen – Bekenntnisses in Berufungsverfahren zu erhöhen.

Jenkner, Gumpel und Belter sowie der bald zu ihnen stoßende Helmut du Ménil gehören einer Minderheit an der Gewifa an, die von Neugier und Wissendurst getrieben ist und die das verschulte System der Gewifa abstößt, das mit der Bildung von Seminargruppen, mit den zentralistischen Studien- und Studienformvorgaben die Freiheit in Lehre und Forschung ad absurdum führt.

Mit der Gründung der DDR am 7. Oktober 1949 sollten Wahlen stattfinden, doch die werden kurzerhand um ein Jahr verschoben. Die SED ist noch nicht so weit, „wählen" zu lassen. Die Enttäuschung auch darüber sitzt bei den vier Studenten tief. Unter dem Vorwand, dass man alle Kräfte für den Wiederaufbau benötige und sich nicht verzetteln könne, hat die SED sich dreist der Pflicht enthoben, sich der Wahl zu stellen. Siegfried Jenkner beispielsweise zweifelt nicht mehr daran, dass die SED-Bonzen die Wahl zu Recht fürchten. Noch aber hofft er, dass diese Politik Schiffbruch erleiden wird. Seltener verschätzt man sich in der Prognose, häufig jedoch bei der Länge des prognostizierten Zeitraums. Es wird statt vier 40 Jahre dauern, bis das SED-Regime von der Friedlichen Revolution hinweggefegt wird. Im Oktober 1990 wird Siegfried Jenkner nach Leipzig fahren. Er will das Ende dieses Staates dort feiern, wo er seinen Anfang erlebt hat.

Die ständigen ideologischen Schulungen, die studienzeitraubende gesellschaftliche Arbeit, Agitationseinsätze und freiwillige

III. Nach der Freiheit: Das Beispiel der „Belter-Gruppe"

Arbeitsstunden – unbezahlt natürlich – erzeugen Unmut bei ihnen. So haben sie sich das Studium nicht vorgestellt. Doch noch hat die SED an der Universität nicht völlig gesiegt. Die schon erwähnte Grußadresse zum 70. Geburtstag von Stalin, die auch an der Lessingschule in Kamenz dazu dienen sollte, Lehrer und Jugendliche auf Linie zu bringen, wird in Leipzig von weniger als 50 Prozent der Studenten unterzeichnet.

Im Februar 1950 finden verspätet Studentenratswahlen statt. Doch Wahlen kann man die Farce nicht nennen, nachdem man 1948 kurz vor den Studentenratswahlen Wolfgang Natonek verhaftet und Kandidaten der CDU und LPD einfach von der Liste gestrichen hat. Die Demokratie existiert nicht mehr an der Alma Mater Lipsiensis.

Zum ersten Mal bringt die SED mit Blick auf die Volkskammerwahlen die „Nationalen Front" des demokratischen Deutschlands ins Spiel. Gerhard Schulz schreibt hellsichtig: „Die Politik der ‚Nationalen Front' scheint das Grab der selbständigen Parteien unserer Zone werden zu sollen. Morgen wird Landtagspräsident Buchwitz zur Studentenschaft sprechen über die für den nächsten Monat vorgesehenen Studentenratswahlen. Die Kandidaten werden von einigen Klassenorganisationen aufgestellt. Damit ist die letzte Selbständigkeit des Studentenrats und die letzte Verbindung mit der Westzone zu Ende."[58]

Am 3. Februar 1950, gerade noch rechtzeitig vor den Studentenratswahlen, löst sich nach der Betriebsgruppe der LDP an der Universität auch die Arbeitsgemeinschaft Demokratischer Studenten, die erste Interessenvertretung der Studenten, die gleich nach der Eröffnung der Universität 1946 gegründet worden ist, auf. Die Leipziger Liberalen Carlheinz von Brück und Manfred Gerlach schaffen mit Unterstützung des „Realpolitikers" und Vorsitzenden des Kreisverbandes der LDP Leipzig, Wilhelm Freiherr von Stoltzenberg, eine neue, der SED hörige LDP-Studentenorganisation. Der junge Liberale Walter Nienhagen, der mit Wolfgang Natonek 1948 verhaftet worden war, berichtet später in seinen Erinnerungen, dass Stoltzenberg im Bezirksverband der LDP der „rote Baron" genannt wurde.[59]

Doch auch Stoltzenberg muss erkennen, dass der Weg des Kompromisses mit der SED in die vollständige Aufgabe des Liberalismus und der Freiheit führt. Er flieht Anfang August 1951 nach Frankfurt am Main. Unter Beobachtung durch IMs steht er bereits seit Längerem. So wird dem Staatssicherheitsdienst gemeldet, dass Stoltzenberg „auf den Sitzungen des Landesverbandes [...] eine scharfe Stellung gegen die Parteileitung Berlin" einnimmt und „von Sachsen aus eine Störung in der Politik der gesamten LDP durchzuführen" versucht. Nach einem Vortrag, den Wilhelm von Stoltzenberg als Volkskammerabgeordneter 1951 an der Richterschule im sächsischen Bad Schandau über das Wesen der englischen Demokratie und über den Liberalismus gehalten hat, empören sich die linientreuen Lehrgangsteilnehmer an der Wandzeitung dann auch entsprechend im SED-typischen Oberlehrerton: „H. Dr. v. Stoltzenberg scheint noch nicht erkannt zu haben, was das Wesen des Staates ist. Darum empfehle ich unseren Kollegen von der LDP ihn einmal darüber aufzuklären. Dann wird er wahrscheinlich in Zukunft unterlassen uns mit gewissen Taschenspielertricks in der Diskussion seine geistigen Ergüsse als ‚Wissenschaft' vorzusetzen."[60]

Dass solche Richteranwärter, die nicht das Recht, sondern die Ideologie, nicht die Gerechtigkeit, sondern die Klassenjustiz zur Richtschnur ihres Handelns machen, die Vorstellungen des Liberalismus als Hochverrat betrachten, ist folgerichtig. So verwundert es nicht, dass ein Lehrgangsteilnehmer nach Stoltzenbergs Vortrag in Bad Schandau droht: „Es könnte [...] der Eindruck entstehen, dass der Herr Staatssekretär [Stoltzenberg war zu diesem Zeitpunkt auch Staatssekretär im Ministerium für Aufbau] fehl am Platze ist." Denn der Lehrgangsteilnehmer erwartet „von einem Kandidaten der Volkskammer, dass er seine nicht geraden fortschrittlichen Gedanken revidiert, so dass das gesamte Volk zu ihm volles Vertrauen haben kann."[61]

III. Nach der Freiheit: Das Beispiel der „Belter-Gruppe"

Ernst Melsheimer, ab Dezember 1949 der erste Generalstaatsanwalt der Deutschen Demokratischen Republik, formuliert die Gegenposition zur liberalen Rechtsauffassung von Wilhelm von Stoltzenberg im Januar 1948 auf der 3. Tagung des Ausschusses für Rechtsfragen beim ZK der SED: „Man sollte beherzigen, daß es ein alter revolutionärer und demokratischer Grundsatz ist, daß man einen Staat dann umwandelt, wenn man zwei Dinge in der Hand hat: die Polizei und die Justiz. Die Polizei hat man in der Hand, die Justiz noch nicht. Daß wir sie in die Hand bekommen, sollte unser Ziel sein."[62] Melsheimer profilierte sich daher folgerichtig bei der politischen Säuberung der Deutschen Zentralverwaltung für Justiz (DJV), der Vorläuferorganisation des Justizministeriums der DDR in der SBZ. Dabei störte es die SED und die SMAD nicht, dass Melsheimer als Jurist Karriere unter Hitler gemacht hatte. Irgendwie gelang es Melsheimer, „die Treue zum nationalsozialistischen Staat" nicht in politischen Strafprozessen „ernsthaft unter Beweis stellen zu müssen."[63] In den späteren Schauprozessen gegen Wolfgang Harich, Walter Janka, Leo Herwegen, Otto Fleischer und Leonhard Moog wird er in einer seinem Lehrmeister Freisler würdigen Weise die Anklage vertreten.

Zwar erringt die SED in der Studentenratswahl im Februar 1950 mit 45 Prozent der Stimmen die Mehrheit, doch dem gegenüber stehen trotz Auflösung der Betriebsgruppe der LDP an der Leipziger Universität 48 Prozent Stimmen für die CDU und die LDP sowie ungültige Stimmen. Zur CDU gehört Peter Eberle, der sich als Kandidat hat aufstellen lassen und gewählt wird. Gegen die SED-Mehrheit im Stipendienausschuss, dem er angehört, kann er nichts ausrichten. Die Stipendienvergabe wird zum aktiven Mittel der Verdrängung bürgerlicher Studenten und zur Schaffung einer sozialistischen Intelligenz. Vergeben wird nicht nach Leistung, sondern nach sozialer Herkunft und politischer Einstellung. Eberle muss mit ansehen, dass mancher Student im letzten Semester das Studium nicht beenden kann, weil ihm das Stipendium gestrichen wird. Einigen kann er helfen, indem über geheime Kanäle in West-Berlin und in Westdeutschland Geld gesammelt und den Bedürftigen zugeteilt wird.

Wieder versucht die SED durch eine „Wir sind mehr"-Kampagne die nicht linientreuen Studenten einzuschüchtern, indem sie das Wahlergebnis mit Aufmärschen der FDJ als Sieg der „demokratischen Kräfte" feiert. Um ganz sicherzugehen, findet die konstituierende Sitzung des Studentenrates nicht in der Universität statt, sondern in einem Leipziger Großbetrieb, damit klassenbewusste Arbeiter im Notfall reaktionären Studenten zeigen können, wo es politisch langgeht. Im Studentenrat geben nun kommunistische FDJ-Funktionäre den Ton an. Der Studentenrat ist allenfalls eine Hülle für die FDJ-Studentengruppe der Universität, die nach und nach die Aufgaben des Studentenrats übernimmt.

Um diese Macht nicht mehr zu gefährden, verschieben die „demokratischen Kräfte" die Wahl des Studentenrats 1951 um ein Jahr, doch das erleben die vier Studenten nicht mehr an der Universität – da befinden sie sich längst in den Fängen eines ganz anderen „Vortrupps des Fortschritts", des sowjetischen Staatssicherheitsdienstes.

Wie die „Gruppe" sich findet

Helmut du Ménil gehört der FDJ und der SED an. Die Ortsparteigruppe von Gröditz bescheinigt dem jungen Mann, dass er am 27. November 1945 Mitglied der KPD wurde, also mit 16 Jahren, und „einer unserer ersten jugendlichen Genossen" ist, der „in der Zeit seines Hierseins sich in der politischen Arbeit sehr gut entwickelt" hat. Die Ortsparteigruppe der SED hebt hervor, dass auch Helmuts Vater und Mutter Mitglieder der Partei sind.[64] Doch ganz so einfach ist es mit Mutter und Vater im Leben des Helmut du Ménil-Schürer nicht, denn er wird am 17. März 1929 als uneheliches Kind der jetzigen Ehefrau seines Vaters Elly

III. Nach der Freiheit: Das Beispiel der „Belter-Gruppe"

du Ménil in Bockwa geboren. Zu dieser Zeit ist Bockwa noch selbständig, wird aber 1944 nach Zwickau eingemeindet. 1934 bringt die Mutter ihren Sohn zu ihrer Mutter nach Neustädtel ins Erzgebirge, weil sie in Gröditz in Nordsachsen eine Arbeit angenommen hat. 1939 holt die Mutter den Sohn zu sich und dem Pflegevater Henry du Ménil. Zwischen 1946 und 1947 beginnt Helmut du Ménil im Labor des Pflegevaters, der als Zahnarzt arbeitet, eine Lehre als Zahntechniker. Weil Helmut hinaus in die Welt möchte, besucht er die Volkshochschule und legt das Abitur an der Oberschule in Großenhain ab. An der Volkshochschule hört Helmut du Ménil Vorlesungen zur Wirtschaftsgeografie und interessiert sich immer stärker für die Volkswirtschaftslehre, die er auch studieren möchte, weil er später „selbst einmal in der Wirtschaft" mitwirken will.[65]

Herbert Belter und Helmut du Ménil haben viel gemeinsam, beide lechzen sie nach Leben, beide legen sehr viel Wert auf ihr Äußeres, beide sprühen vor Aktivität.

Auf die Frage, wie Belter, du Ménil und Gumpel zusammenfanden und wie der Chemiestudent Karl Miertschischk zu ihnen stieß, antwortet Werner Gumpel mit einem russischen Sprichwort: „Ein Fischer erkennt den anderen."[66] Die vier Gewifa-Studenten drängen sich politisch nicht in die vorderste Reihe. Hin und wieder müssen sie mit der FDJ-Studiengruppe ins Kino gehen, um sich wieder einmal ein Meisterwerk der sowjetischen Filmkunst anzuschauen. Und staunen, als in dem Moment, in dem von einem Schauspieler verkörpert der Genosse Stalin auftritt, sich die Zuschauer von ihren Plätzen erheben und begeistert applaudieren.

Werner Gumpel und Herbert Belter lernen sich im November 1949 kennen, Helmut du Ménil, mit dem Herbert Belter gleich in den ersten Tagen des Studiums in Kontakt kommt, stößt zu den beiden, ebenfalls Siegfried Jenkner, der mit Werner Gumpel sich ein Zimmer teilt und den Gumpel mit Belter bekannt macht. Jenkner, Gumpel, Belter und du Ménil sind Mitglieder der FDJ, die beiden Letzteren gehören außerdem der SED an.

Im Februar 1950 werden die Gewifa-Studenten zum Arbeitseinsatz nach Berlin geschickt. An der Chausseestraße wird durch den Einsatz von Jugend- und Studentenbrigaden für das Deutschlandtreffen der Jugend das Walter-Ulbricht-Stadion errichtet und am 20. Mai 1950 nach nur 120 Tagen Bauzeit eröffnet. Während des erzwungenen Arbeitseinsatzes lernen Otto Bachmann und Karl Miertschischk Herbert Belter und Helmut du Ménil kennen, die wie Dioskuren auftreten.

Herbert Belter, der frustriert zur Kenntnis nimmt, dass die Vorstellungen, mit denen er in die SED eintrat, im Grunde Illusionen sind, dass die bunte sozialistische Utopie mit der kasernenhofgrauen Realität des Kommunismus nichts gemein hat, kehrt vom Arbeitseinsatz mit dem Willen zurück, nach Berlin zu wechseln. Was immer die SED mit dem Arbeitseinsatz der Studenten bezweckte, er führte ihnen auch den Unterschied zwischen dem West- und den Ostteil der Stadt vor Augen. Häufig vergnügen sich die jungen Leute trotz Schwerstarbeit nach der Schicht in West-Berlin, auch wenn man sich dann am nächsten Morgen stärker auf seine Schippe stützen muss, als dass man sie schwingt.

Nach Leipzig zurückgekehrt, versucht Herbert Belter den Wechsel nach Berlin. Es ist die Zeit, in der Gerhard Schulz tatsächlich nach Berlin wechselt. Doch Schulz immatrikuliert sich an der frisch gegründeten Freien Universität in Westberlin, deshalb benötigt er keine Befürwortung der Leipziger Alma Mater und braucht auch keinen Wechselantrag zu stellen. So weit würde Herbert Belter nicht gehen. Er hat die Kämpfe in Leipzig zwischen 1946 und 1949 nicht erlebt und hegt noch Hoffnungen. Außerdem verlöre er sein Stipendium und von seinen Eltern, die diesen Schritt ohnehin nicht guthießen, kann er auch mit Blick auf das Einkommen seines Vaters keine finanzielle Unterstützung erwarten. Insofern bittet er, sein Studium an der Humboldt-Universität fortsetzen zu dürfen. Als Grund gibt er eine schwangere Freundin an, die er heiraten möchte. Er versucht, seiner Bitte um den Wechsel des Studienortes Nachdruck zu verleihen, indem er etwas kryptisch andeutet, dass seine zukünftige Frau gesundheitlich nicht in der Lage sei, sich allein um das Kind zu kümmern. Eine Freundin in Berlin existiert wirklich, ob sie jedoch schwanger ist, bleibt fraglich. Den Wohnort seiner Freundin gibt Belter mit Hennigsdorf bei Berlin an, wo er auch hinziehen möchte. Mehr lässt sich über seine Beziehung nicht in Erfahrung bringen.

Herbert Belter ist kein Kind von Traurigkeit. In dem Notizbuch, in dem er penibel über seine Ausgaben Buch führt, findet sich alle drei bis vier Wochen in schöner Regelmäßigkeit der Posten „Friseur" wieder – und in der Tat lässt der modische Haarschnitt, den man auf dem einzigen Foto bewundern kann, das von Herbert Belter erhalten geblieben ist, an einen Filmschauspieler dieser Zeit denken. Aber auch Ausgaben für Bücher, für Kino und Theater finden sich regelmäßig. Später wird die Stieftochter von Herbert Belters Leipziger Vermieter dem Kommissariat K 5, das sie für den 5. Oktober 1950 zur Vernehmung vorlädt, noch am Tag von Herbert Belters Verhaftung, aussagen, dass Herbert Belter „laufend Besuch von seinen Studienfreunden, die ich nicht mit Namen kenne", erhält, „auch kommen laufend Frauen". Sie ereifert sich darüber, dass er „öfters betrunken am frühen Morgen nach Hause" zurückkehrt und er in der „Femina" am Markt und im Nachtlokal „Atrium" in der Hainstraße verkehrt.[67]

Was davon Übertreibung ist, lässt sich nicht sagen, Belter führte ein fröhliches Studentenleben. Der Stieftochter des Vermieters fällt auch auf: „Belter ist bekleidungsmäßig sehr gut ausgerüstet, angezogen geht er äußerst auffällig. Dasselbe trifft auf du Ménil-Schürer zu."[68] Bestätigt wird diese Aussage durch das Protokoll der Hausdurchsuchung, das den Besitz Herbert Belters, auch seine Kleidung, aufführt. Doch die Zeugin behauptet auch, dass Herbert Belter und Helmut du Ménil ihren Unterhalt von ihren in West-Berlin wohnenden Eltern beziehen würden. Das erstaunt zunächst, doch erklärt es sich damit, dass die beiden Studenten die Eltern in West-Berlin deshalb erfunden haben, um den Paketen aus West-Berlin, die eigentlich vom RIAS kommen und verbotene

Literatur und Propagandamaterial enthalten, einen harmlosen Anstrich zu verleihen. Explizit weist die Stieftochter daraufhin, dass sie nie dabei war, wenn die Pakete geöffnet wurden. Auch Belters Vermieter betont in seiner Aussage gegenüber dem Kommissariat K 5, dass Herbert Belter häufig Frauenbesuch bekommen habe. Auch ihm hätten Belter und du Ménil gesagt, dass ihre Eltern in West-Berlin wohnen würden. „Einmal gab mir Belter auch eine Ami-Zigarette, die ich jetzt noch in meiner Wohnung habe." Den häufigen Besuch von Kommilitonen bestätigt der Vermieter.

Die lebenshungrigen jungen Männer stoßen an die Grenzen eines immer rigider agierenden Systems, an die Enge sozialistischer Spießigkeit und kommunistischer Diktatur. Gesellschaftliche Arbeit wird großgeschrieben. Man muss die richtige Haltung zeigen. Die Phrasen, die man von ihnen hören will, können sie im Schlaf hersagen. Sie sind unternehmungslustig, sollen aber ihre ganze Kraft dem Aufbau des Sozialismus widmen – und daran ist gar nichts lustig. 1951 schreibt ein Schriftsteller auf der anderen Seite des Atlantiks in den USA in seinem berühmten Roman „On the Road" die Sätze: „Denn die einzigen Menschen sind für mich die Verrückten, die verrückt sind aufs Leben, verrückt aufs Reden, verrückt auf Erlösung, voll Gier auf alles zugleich, die Leute, die niemals gähnen oder alltägliche Dinge sagen, sondern brennen, brennen, brennen wie phantastische gelbe Wunderkerzen und wie Feuerräder unter den Sternen explodieren, und in der Mitte sieht man den blauen Lichtkern knallen und alle rufen ‚Aaah!'"[69] Diese wilde Lebenslust, die Jack Kerouac feiert, empfinden auch Herbert Belter und Helmut du Ménil. Den Sozialismus, die neue Gesellschaft haben sie sich anders vorgestellt, großzügiger, freier, lässiger. Und so sprechen sie auch in der Küche darüber, dass die Partei, der sie selbst angehören, „nichts taugen würde, und dass die Köpfe an der Regierung nicht in Ordnung wären". So berichtet der Vermieter es den Vernehmern der K 5. An den Fragen und an der Orthografie erkennt man, dass dem Vermieter eher Leute seiner geistigen Begrenztheit als Vernehmer gegenübersitzen.

III. Nach der Freiheit: Das Beispiel der „Belter-Gruppe"

So werden die Worte beider Studenten in der dürftigen Sprache eines Heizers und eines Polizisten festgehalten. Der Vermieter fährt fort:

„Man müsste alles anders machen. Weiterhin haben sie in äußerst abfälliger Weise über die SED gesprochen. Ich habe ihnen gesagt, dass sie dieses unterlassen sollen, weil ja doch alles seinen Gang geht. Die Hetzerei hat keinen Zweck. Die meisten Hetzreden führte Belter, während du Ménil-Schürer nur ab und zu einige Worte einwarf.

Frage: Warum können Sie sich nicht genau an die Hetzunterhaltung erinnern?

Antwort: Ich kann mich jetzt erinnern, dass Belter und der du Ménil-Schürer in übelster Weise gegen Wilhelm Pick und Otto Grotewohl gehetzt haben. Indem sie sagten, diese beiden wären Lumpen und müssten von der Regierung runter, andere müssen hin.

Frage: Warum haben Sie diese beiden Hetzredner nicht bei der Polizei angezeigt?

Antwort: Ich habe dieses deshalb unterlassen, weil ich es ihnen 3mal in meiner Wohnung verboten habe. Nachdem ich dies gesagt habe, gingen sie in ihr Zimmer, die Unterhaltung mit den antidemokratischen Hetzereien hatte in meiner Küche stattgefunden. Was weiter in dem Zimmer gesprochen wurde, weiss ich nicht.

Frage: Haben Sie gewusst, dass sie diese antidemokratischen Äußerungen in Ihrer Küche, der Polizei melden mussten?

Antwort: Ja, ich habe es gewusst. Ich sagte auch meiner Frau, dass ich sie der Polizei melden müsste."

Hinter der Ungelenkheit der Äußerungen des Vermieters steckt die Wahrheit, dass Herbert Belter zu diesem Zeitpunkt mit der DDR-Führung abgeschlossen hat, seine Überzeugung war, dass es anders werden muss, wenn es eine wirkliche Demokratie, einen wirklichen Sozialismus für das Volk geben soll. Ein überzeugter Sozialist dürfte auch der Heizer nicht gewesen sein. Nur, jetzt, da es ernst wird und die Polizei ermittelt, versucht er seine Haut zu retten, zumal er nicht weiß, was die beiden Studenten über die Gespräche in der Küche aussagen.

Herbert Belters legale Flucht nach Berlin misslingt, sein Wechselgesuch wird mit der Begründung abgelehnt, dass er noch keine Prüfung an der Gewifa abgelegt hat. Formal ist das richtig, andererseits existiert aber an der Humboldt-Universität keine Gewifa. Herbert Belter hätte also der Gewifa entkommen und an der Philosophischen Fakultät die Fachrichtung Wirtschaftswissenschaften studieren können. Doch von den Fakultäten, die von den Kommunisten unter ihre Kontrolle gebracht wurden, der Gesellschaftswissenschaftlichen (Gewifa) und der Pädagogischen, den projektierten Kaderschmieden sozialistischer Intelligenz, lässt man ungern Studenten ziehen. Schließlich sieht man sich als Elite und nicht als Absprungbrett. Otto Bachmann, der an der Pädagogischen Fakultät immatrikuliert ist, gelingt es nur unter Vorlage eines ärztlichen Attests, dass er den Beruf des Lehrers aus gesundheitlichen Gründen nicht ausüben und unter größten Mühen zur Naturwissenschaftlichen Fakultät in Leipzig wechseln kann. Die Fürsprache von Dozenten des Studiengangs Chemie und der FDJ-Leitung der Chemiker, der Otto Bachmanns Freund Hans-Dieter Scharf angehört, ermöglich nach vielem Hin und Her schließlich den Wechsel. Auch Siegfried Jenkner nimmt sich vor, die Gewifa zu verlassen, er will zu den Philosophen. Zum Wechsel wird es nicht mehr kommen.

Gerhard Löwenthal verantwortet ab Ende der 1940er Jahre eine bei Studenten höchst erfolgreiche Sendung beim RIAS, die den Titel trägt: „Studenten kommen zu Wort". Als Löwenthal, der neben seiner Arbeit für den RIAS an der Berliner Universität studiert, 1948 von der SED-Verwaltungsdirektorin der Universität, Anna von Pritzbuer, während einer Reportage einfach das Kabel vom Mikrophon durchgeschnitten wird und er in der Folgezeit wegen seiner Rundfunkarbeit körperlich bedroht wird, bricht er das Studium in Ost-Berlin ab und begründet die Freie Universität in Berlin-West mit. Helmut du Ménil, der Löwenthals Sendung hört, schreibt im Mai 1950 einen Brief über die Farce der Studentenratswahlen und die Verhältnisse an der Leipziger Universität an den Berliner Journalisten. Herbert Belter, der ja eine Freundin in Berlin hat, begibt sich auf die Reise und bringt den Brief nach Berlin. Möglich, dass er an dem Deutschlandtreffen der Jugend teilnimmt, für das auch das Walter-Ulbricht-Stadion fertiggestellt werden musste, und das Ende Mai 1950 in Ost-Berlin veranstaltet wird. Der RIAS-Redakteur lädt du Ménil zu einem Gespräch in den RIAS ein. Im Juni folgen Helmut du Ménil und Herbert Belter der Einladung. Werner Gumpel und Siegfried Jenkner sind eingeweiht. Nachdem sie über die Zustände an der Leipziger Universität berichtet haben, vereinbaren die Freunde mit Löwenthal, dass sie Broschüren, Bücher und Flugblätter auf dem Postweg erhalten. Postlagernd mit Tarnabsender. Es sind diese Pakete, die der Vermieter und dessen Stieftochter für Sendungen der „West-Berliner" Eltern der Studenten halten.

Wer nach West-Berlin fährt, hat auch für die Angehörigen einzukaufen und eine lange Liste abzuarbeiten. Die Einkaufsfahrt stellt eine gute Tarnung dar. Aber da ist noch mehr. Löwenthal benötigt Artikel, Texte, Reportagen, die authentisch über das Leben in der Sowjetischen Besatzungszone im Allgemeinen berichten und für das Hochschulprogramm des RIAS über die Zustände an den ostdeutschen Universitäten im Besonderen. Werner Gumpel, der Journalist werden möchte und noch einen Presseausweis der *Volksstimme* besitzt, sieht eine Chance, journalistisch zu arbeiten. Aber auch Karl Miertschischk zeigt sich interessiert. Ihm geht es vor allem darum, sich gegen die werdende Diktatur, gegen die Stalinisierung der sozialistischen Idee zu wehren. Miertschischk ist von einem starken Gerechtigkeitsgefühl beseelt, einer, der nicht schweigt, wenn Unrecht geschieht. Die Kindheitsgefühle und die frühen Erfahrungen sitzen tief.

Aus denselben Gründen erklärt sich auch Siegfried Jenkner bereit, Artikel zu verfassen, der zudem freier Mitarbeiter des mdr ist. Im Prozess legt er später sein Motiv dar: „Zuerst hatte ich eine positive Einstellung zur Gesellschaftsordnung in der Ostzone, aber dann habe ich, als ich Student wurde, gesehen, dass wir keine demokratischen Rechte haben, und ich war gegen die DDR und ihre demokratische Gesellschaftsordnung."[70] Jenkner oder der Protokollant benutzt die verpflichtende Sprachregelung von der „demokratischen Gesellschaftsordnung" der DDR, einer Demokratie allerdings, wie der erste Teil des Satzes deutlich feststellt, in der keine „demokratischen Rechte" existieren. Dass dieser Widerspruch keinem auffällt, liegt daran, dass es nicht um Recht oder Wahrheit geht, sondern um Sprachschablonen. Die richtigen Wörter müssen an die richtige Stelle gesetzt werden, wenn sie sich widersprechen, hat derjenige, dem das auffällt, nur noch nicht die wissenschaftliche Weltanschauung begriffen, und seine Einwände oder Fragen sind „Taschenspielertricks", Zeichen eines „abweisenden und überheblichen Wesens [...] in Form von leichten Degenartionserscheinungen", wie der Staatssicherheitsdienst es beispielsweise bei Wilhelm von Stoltzenberg charakterisiert.[71]

Siegfried Jenkner wird auf eine Frage von Peter Eberle im Prozess bestätigen, dass die angeklagten Studenten eine Gruppe gebildet haben. „Die vordringlichste Aufgabe unsere Gruppe war es, die Bevölkerung der DDR aufzuklären über die wirkliche Situation [...], dass es in der DDR keine Demokratie gebe. Wir kämpften gegen die in der DDR bestehende Situation in Fragen der Demokratie." Die Studenten, die der sowjetische Staatssicherheitsdienst später als „Belter-Gruppe" zusammenstellt, wenden sich gegen die Auflösung der studentischen Selbstverwaltung, gegen die Verschulung der Universität, den nicht wissenschaftlichen, sondern politischen und ideologischen Eingriff in Studiengang und Studieninhalte, gegen die Studienplatz- und Stipendienvergabe nicht aufgrund von Leistungen, sondern abhängig von sozialer Herkunft und politischer Einstellung, gegen die Aufhebung der Freiheit von Lehre und Forschung. Alles Dinge, die sie an der gleichgeschalteten Universität Leipzig zu ihrer großen Enttäuschung erleben. Das freie Studentenleben ist längst nicht mehr so frei, wie sie gehofft haben. Zutiefst empört sie die Verschiebung der Volkskammerwahl vom Herbst 1949 auf den Herbst 1950. Belter, du Ménil, Gumpel und Jenkner halten Kontakt zum RIAS und besuchen im Frühjahr 1950 auch das Ostbüro der SPD sowie das Maison de France, das französische Kulturzentrum, in West-Berlin.

Am 4. Oktober 1949, unmittelbar vor Gründung der DDR, beschließt der Parteivorstand der SED, die „Nationale Front" zu schaffen. Anfang 1950 stellt dann die SED Ausschüsse der Nationalen Front zusammen. Mit welchem Ziel, das verrät das schon öfter zitierte offiziöse Lehrbuch der DDR-Geschichte ungewollt: „Die Diskussion aller Fragen in diesen Versammlungen förderte das Erstarken der progressiven sowie die Isolierung der reaktionären Kräfte in CDU und LDPD."[72] Es geht also um Gleich- und Ausschaltung. Das Adjektiv „progressiv" wird zum Synonym für den Kadavergehorsam gegenüber einer totalitären Parteidoktrin. Im Mai 1950 lässt die SED den Demokratischen Block den Beschluss fassen, dass für die im Oktober stattfindenden Wahlen die Nationalen Front einen gemeinsamen Wahlvorschlag mit einem gemeinsamen Wahlprogramm unterbreitet. Der Haken an der Sache ist, dass kein anderer oder alternativer Vorschlag existiert.

Im Juni 1950 beginnt der Koreakrieg, der viele fürchten lässt, dass der Kalte Krieg in einen neuen Weltkrieg umschlagen und nach Europa, gerade auch auf das gespaltene Deutschland, übergreifen könnte. So oder so ähnlich ist der Grundton der Propaganda, der mit Kriegsausbruch auf die DDR-Bürger und in noch heftigerer Weise auf die Studenten der Gewifa niedergeht: „Der Imperialismus nutzte die Situation zum Anheizen antikommunistischer Hysterie und internationalen Spannungen. Die Gefahr eines neuen Weltkrieges wurde akut und zwang die sozialistischen Staaten zu erhöhten Anstrengungen zu ihrem Schutz."[73]

Am 27. Juni 1950, zwei Tage nach dem Beginn des Koreakriegs, treffen sich – wohl zufällig – Karl Miertschischk und Herbert Belter auf dem Leipziger Augustusplatz. Seit der Zeit in Berlin im Februar haben sich die beiden nicht mehr gesehen, doch der Gewifa-Student hat noch in Erinnerung, dass der Chemiestudent ähnlich kritisch denkt. Sie führen ihr auf dem Augustusplatz begonnenes Gespräch in Belters Zimmer weiter. Schnell wird deutlich, dass die beiden Studenten mit der Situation in der DDR „nicht einverstanden waren".[74]

Vom 20. bis 24. Juli tagt der III. Parteitag der SED in der Werner-Seelenbinder-Halle in Berlin. Der Parteitag beschließt die Ausweitung der Planwirtschaft, indem vom Zwei- zum Fünfjahresplan übergegangen wird. Mit dem Umtausch der Parteiausweise wird eine innerparteiliche Überprüfung und Säuberung vorgenommen und der Kampf gegen den Sozialdemokratismus abgeschlossen. Indem nach sowjetischem Vorbild die Funktion eines Generalsekretärs der SED für Walter Ulbricht geschaffen wird, ist die SED auch organisatorisch zu einer „Partei neuen Typs" geworden. Der Parteitag beschließt denn Aufbau der Grundlagen des Sozialismus. Die Kriegsgefahr, die die Studenten in Leipzig empfinden, ist real: „Der Parteitag bekräftigte, dass die DDR in der Auseinandersetzung der zwei Weltlager fest an der Seite der Sowjetunion und der anderen sozialistischen Staaten steht, und verpflichtete die Parteimitglieder, die Werktätigen darüber aufzuklären, dass es im Falle einer imperialistischen Aggression ihre Pflicht ist, gegen die Aggressoren zu kämpfen und die Sowjetunion bei der Herbeiführung des Friedens zu unterstützen."[75]

Auch die Parteimitglieder Helmut du Ménil, Herbert Belter und Karl Miertschischk stehen in der Pflicht. Zu den lautesten Schreiern an der Gewifa gehören kommunistische Studenten, die aus Westdeutschland an die Gewifa nach Leipzig gekommen sind. Sie prahlen damit, dass, wenn es in Deutschland zum Krieg komme, sie die Aufgabe hätten, in Westdeutschland Leitungspositionen zu besetzen. Das sei ihnen schon gesagt worden. Jenker, Gumpel. Miertschischk und Belter empfinden für die 150-Prozentigen aus dem Westen nur eine tiefe Verachtung.

Die Atmosphäre führt dazu, dass Herbert Belter Opposition und Widerstand vorantreibt. Am 28. Juni trifft er in der Wohnung des Chemikers Karl Miertschischk die Kommilitonen Rolf Grünberger und Otto Bachmann. In dem Gespräch eröffnet Herbert Belter, dass er Kontakt zum RIAS und zur Freien Universität habe, und bittet die Kommilitonen, Literatur aus dem Westen zu verbreiten. Außerdem sollen sie SED- und FDJ-Funktionäre beobachten und Berichte über die Stimmung unter der Studentenschaft anfertigen. Was man als Spionage missverstehen könnte, wenn man es unbedingt wollte, sind die Beschreibungen und Anleitungen eines Studenten, der sich vorstellt, dass Journalismus eben so funktioniert, denn die Berichte sind als Artikel und Texte für die Sendungen von Gerhard Löwenthal gedacht.

Als sich Belter und Miertschischk wenig später erneut treffen, rät Belter zur Vorsicht und gibt den drei Chemiestudenten Decknamen. Doch die gibt Miertschischk, der das für albern gehalten haben dürfte, nicht weiter. Die SED- und FDJ-Funktionäre werden von den Chemiestudenten nicht beobachtet und Karl Miertschischk legt auf zwei Feststellungen Wert: erstens, dass sie Geld weder bekommen noch genommen haben, und zweitens, dass er es allein ist, der einen Artikel darüber geschrieben hat, „dass ein großer Teil der Studenten mit den politischen Verhältnissen unzufrieden ist."[76]

In der Gaststätte „Atrium" stößt im Juli Werner Gumpel zu Belter, Bachmann, Grünberger und Miertschischk. Bachmann und Miertschischk sind mit Hans-Dieter Scharf und Günter Herrmann befreundet, der wiederum enge Kontakte zu seinem Schulfreund Peter Eberle unterhält. Allen gemein ist, dass sie gegen die Stalinisierung der Universität und des Staates mit ihren Mitteln kämpfen wollen, ein legitimer demokratischer Protest, der mit der Beseitigung der Demokratie im Namen der „Demokratie" und der Abschaffung der Freiheit im Namen des Fortschritts und des Antifaschismus in die Illegalität gedrängt wird. Herbert Belter gibt mehrere Exemplare von Büchern, Broschüren und Zeitschriften weiter, die er von Gerhard Löwenthal unter falschem Absender postlagernd geschickt bekommen hat. Unter dem Material befindet sich die Sonderausgabe der Zeitschrift *Der Monat*, mit dem Titel „Der NKWD-Staat". Diese „internationale Zeitschrift für Politik und Kultur" gründet der amerikanische Intellektuelle und Publizist Melvin J. Lasky 1948, der als Linker mit einer ausgesprochen antistalinistischen Überzeugung die Publikation antikommunistisch ausrichtet.

Während sich im Juni 1950 die Studenten im „Atrium" und bei Herbert Belter in dessen Studentenzimmer in Leipzig treffen, um Aktionen gegen den Wahlbetrug zu planen, tritt vom 26. bis 30. Juni 1950 im Berliner Titania-Palast der „Kongress für kulturelle Freiheit" zusammen, auf dem Melvin J. Lasky freie Wahlen für die Menschen in Osteuropa und die Gewährung der Menschenrechte fordert. Ihn unterstützen unter anderem Hannah Arendt, Albert Camus, George Orwell und Karl Jaspers. In dem Sonderdruck des *Monats*, den Gerhard Löwenthal Herbert Belter schickt, werden die Speziallager des sowjetischen Geheimdienstes in Ostdeutschland wie Torgau, Bautzen und das ehemalige KZ Sachsenhausen benannt.

In der Zusammenfassung des Sonderdrucks heißt es:
„Mündliche und schriftliche Berichte ehemaliger Internierter aus den Konzentrationslagern im sowjetisch besetzten deutschen Gebiet lieferten das Material für diese Untersuchung, mit der versucht wird, Wesen und Absicht des NKWD-Systems der ‚politischen Internierung' auf deutschem Boden zu erkennen. Aus der Fülle der Protokolle in Form eidesstattlicher Zeugenaussagen, die von den Entlassenen bei der ‚Kampfgruppe gegen Unmenschlichkeit' niedergelegt wurden, bevorzugte der Verfasser diejenigen Berichte, die sich durch besondere Urteilskraft und Vertrauenswürdigkeit auszeichneten oder Fälle von grundsätzlichem Interesse mitteilten. [...] Die aus allen eingesehenen Berichten gezogenen Erkenntnisse wurden mit den Feststellungen verglichen, die von den Mitarbeitern der ‚Kampfgruppe' und von Angehörigen der

III. Nach der Freiheit: Das Beispiel der „Belter-Gruppe"

Abteilung für Flüchtlingswesen beim Magistrat von Groß-Berlin bei den vielen täglichen Gesprächen mit Entlassenen gemacht worden sind. Der Autor unseres Beitrags, der Schriftsteller und Romanautor Günther Birkenfeld, der als Herausgeber einer Zeitschrift, Rundfunk-Kommentator, Gründungsmitglied des neuen deutschen PEN-Clubs zu den demokratischen und fortschrittlichen Elementen der Berliner und der deutschen Öffentlichkeit gehört, ist Mit-Lizenzträger der von Rainer Hildebrandt geleiteten ‚Kampfgruppe gegen Unmenschlichkeit'."77

Die Kampfgruppe gegen Unmenschlichkeit (KgU) gründen 1948 der Publizist Rainer Hildebrandt, der sich schon im Widerstand gegen den Nationalsozialismus engagiert hatte, und der Jurist und Politiker Ernst Benda. Ziel der Kampfgruppe ist der Widerstand gegen den Kommunismus, gegen die Stalinisierung der Sowjetischen Besatzungszone; zu ihren Aktivitäten gehören der Suchdienst für die Verschwundenen in der SBZ, aber auch Spionage und Sabotage bis hin zu Anschlägen auf die Infrastruktur. Mitglieder der Kampfgruppe, die in der SBZ gefasst werden, werden von der sowjetischen Militärjustiz, und nach Gründung der DDR auch durch DDR-Gerichte, zu Todes- und hohen Freiheitsstrafen verurteilt.

Außerdem gibt Herbert Belter weitere Exemplare der Zeitschrift *Der Monat* sowie der Studentenzeitung *Der freie Student* und der SPD-nahen Zeitung *Telegraf* weiter, ebenso eine Geschichte der KPD und eine Dokumentation über die Friedensbemühungen der UNO in Korea, die nicht im Sinne der Sowjets sind. Rolf Grünberger vermittelt einen Kontakt zu dem Studenten der Zahnmedizin Peter Eberle, der sich im Studentenrat in der Stipendienkommission und in der CDU engagiert. Eberle zeigt sich interessiert, verharrt aber in vorsichtiger Distanz. Hans-Dieter Scharf wird das Material heimlich in dessen schwarze Lederaktentasche gesteckt. Sein einziges „Verbrechen" wird darin bestehen, die Literatur mit nach Hause genommen, zum Teil gelesen und nicht weggeworfen zu haben.

Wie die „Gruppe" sich findet

Im August 1950 beginnen die Semesterferien und Herbert Belter reist zu den Eltern nach Rostock, während Werner Gumpel und Siegfried Jenkner die Ferien in einer Ferienhütte der Gumpels im Erzgebirge verbringen. Die Chemiker bleiben in der vorlesungsfreien Zeit in Leipzig, um die kommenden Praktika, Seminare und Vorlesungen vorzubereiten.

Auf dem Weg nach Rostock macht Herbert Belter Station in Berlin und gibt die Artikel von Jenkner, Gumpel und Miertschischk in Löwenthals Sekretariat ab, den Journalisten trifft er nicht an. Helmut du Ménil wird den Freund in Rostock besuchen. Sie genießen die Sonne, die Ostsee, die Tanzveranstaltungen. Und Herbert Belter hat eine Liebelei – und vergisst darüber die Zeit. Gumpel und Jenkner kehren Ende August nach Leipzig zurück. Belter fehlt. Es beunruhigt die Freunde, dass sie nichts von ihm gehört haben. Ist er verhaftet worden oder in den Westen geflohen? Natürlich sind Jenkner und Gumpel nervös, wahrscheinlich ist ihnen das Risiko, das sie eingehen, viel bewusster als Herbert Belter, der sich auch als Protagonist in einem Film sieht. Sein Verhältnis zum Leben mag etwas Spielerisches haben, das macht auch seinen Charme aus – und seinen Leichtsinn. Darin ähnelt er von Ferne etwas Hans Scholl. Schließlich fährt Werner Gumpel, um Klarheit zu gewinnen, nach Rostock. Zur gleichen Zeit begibt sich Siegfried Jenkner zum RIAS nach West-Berlin. Doch Herbert Belter, der ein wenig die Zeit mit einer jungen Frau, die ihn im Brief „Teddy" und sich selbst „Püppi" nennt, vertanzt, hat es lediglich unterlassen, sich bei den Freunden zu melden.[78] Gumpel kann also beruhigt nach Leipzig zurückreisen.

Bevor Herbert Belter die elterliche Wohnung am 28. September verlässt, trifft noch ein Brief aus West-Berlin ein, von einem Schulfreund, der inzwischen an der Freien Universität studiert, den er liest und dann achtlos in seine Jacken- oder Hosentasche steckt. Als er sich an diesem Tag von seinen Eltern verabschiedet, um nach Leipzig zu fahren, sehen Karl und Lottchen ihr einziges Kind zum letzten Mal. Wieder macht er auf der Rückreise von

III. Nach der Freiheit: Das Beispiel der „Belter-Gruppe"

Rostock nach Leipzig in Berlin Station und begibt sich zum RIAS. Es wird vereinbart, dass er Flugblätter gegen die Farce der um ein Jahr verschobenen Volkskammerwahl wieder via Post erhält.

An der Universität in Leipzig laufen indes die Vorbereitungen zur Volkskammerwahl, die für den 15. Oktober 1950 angesetzt wurde, auf Hochtouren. Doch die SED hat nicht vor, sich wirklich zur Wahl zu stellen. Sie hat die Macht – und die gibt sie nicht mehr her. Statt einer Verhältniswahl, wie es beschlossen war, zaubert die SED plötzlich einen Wahlvorschlag der Nationalen Front hervor, in dem von vornherein festgelegt ist, wie viele Sitze die einzelnen Parteien in der Volkskammer nach dem Willen der Kommunisten zustehen. Der Wähler kann den gemeinsamen Wahlvorschlag nur annehmen oder ablehnen. Einen Einfluss auf die Zusammensetzung des Parlaments zu nehmen, wird ihm vorenthalten. Dass sich die anderen Parteien, die CDU, die LDP und NDPD, darauf einlassen, bedeutet das Ende ihrer Eigenständigkeit, sie existieren nur noch als Blockparteien, als willfährige Anhängsel der SED. Für die SED geht es darum, die vorgetäuschte Wahl wie den Willen des Volkes aussehen zu lassen – und das bedeutet, ein sehr hohes Quorum an Zustimmung zu erreichen. Wenn sich fast alle Bürger an der Wahl beteiligen, dann kann die SED Kritikern entgegnen, dass die Bürger allein durch Teilnahme diese Form der Wahl akzeptiert bzw. akklamiert hätten. Deshalb wird die Wahlbeteiligung zum eigentlichen Politikum. Bürger, die nicht zur Wahl gehen oder die Wahlkabine aufsuchen, anstatt den Wahlzettel vor aller Augen entgegenzunehmen, ihn vor aller Augen zu falten und ihn schließlich vor aller Augen in die Wahlurne zu werfen, werden diskriminiert und drangsaliert. Nicht dieser Verhaltensnorm zu entsprechen, wird als reaktionäre oder staatsfeindliche Haltung, was im Grunde auf dasselbe hinausläuft, gewertet. Auch Krankheit ist kein Grund dafür, nicht zu wählen, dafür wird die „fliegende Wahlurne" erfunden.

Es werden alle „gesellschaftlichen Kräfte" eingespannt, um für die Teilnahme an der Wahl Propaganda zu machen, Druck zu erzeugen. An der Leipziger Universität startet Anfang Oktober 1950 die FDJ-Hochschulgruppe einen Aufruf „10 Tage Kampf und Organisation des Sieges der Liste des demokratischen Deutschlands". Unter „Organisation" verstehen die FDJ-Funktionäre, dass sie den Studenten Wohnhäuser zuteilen, deren Bewohner sie am Tag der Wahl „abholen" sollen, um mit ihnen zum Wahllokal zu prozessieren, damit auch niemand das Hochamt des Faltens des Blattes und des Einwerfens in die Wahlurne verpasst.

Nicht genug damit, dass es keine freien Wahlen geben soll. Es wird von den Studenten auch noch verlangt, am Gelingen mitzuwirken. Hätte es noch eines letzten Anstoßes bedurft, dann wäre er mit diesem Aufruf gegeben gewesen. Ohne sich miteinander abzusprechen, teils auch ohne voneinander zu wissen, entschließen sich die Studenten der „Belter-Gruppe", die Flugblätter und Broschüren, die sie vom RIAS erhielten, zu verteilen. Neben den Flugblättern sind das die Tarndrucke von Georges Orwells „1984", von Margarete Buber-Neumanns „Gefangene bei Stalin und Hitler", „Die Geschichte der Kommunistischen Partei Deutschlands. 1917 bis 1945", „Der Freiheitskampf gegen Stalins Fremdenlegion", „Deutsche Jugend – Wohin? Nach der Hitler-Jugend – die Freie Deutsche Jugend?", der Sonderdruck und weitere Exemplare des *Monats*, des *Telegrafs* und des *Freien Studenten*. Während Werner Gumpel und Siegfried Jenkner ihre Exemplare direkt von Helmut du Ménil und Herbert Belter erhalten, vertraut Belter einen größeren Posten Karl Miertschischk an, der sie an Otto Bachmann, Günter Herrmann und Rolf Grünberger weitergibt. Von Rolf Grünberger bekommt Peter Eberle Material, das er gern heimlich im Vorlesungssaal auslegt, um zu beobachten, wie die Studenten es an sich nehmen, einige es gleich wegwerfen, andere es verstohlen einstecken, wieder andere es empört bei der Fakultätsleitung abgeben, doch eben nicht alle. Hans-Dieter Scharf dürfte seine Schriften von Otto Bachmann bekommen haben. Bei dem Tischlergesellen Erhard Becker in Bad Lausigk lässt Siegfried Jenkner Material zurück.

III. Nach der Freiheit: Das Beispiel der „Belter-Gruppe"

Die Verhaftungen

Am Morgen des 4. Oktober zieht Helmut du Ménil zu Herbert Belter. Am selben Tag brechen die Freunde gegen 22.30 Uhr auf und kleben Flugblätter an die Litfaßsäulen am Hauptbahnhof, am Nordplatz und in der Rosa-Luxemburg-Straße. Handzettel werfen sie auf die Straßen. Doch auf dem Rückweg laufen die beiden Studenten einer Polizeistreife in die Arme. Im Ermittlungsbericht der Volkspolizei vom 8. Oktober 1950 mit dem Betreff „Antidemokratische Umtriebe in der Universität Leipzig" heißt es, dass Herbert Belter und Helmut du Ménil-Schürer am 5. Oktober gegen 00.20 Uhr einer Personenkontrolle unterzogen worden sind. Sie sind nicht die Einzigen, die zu später Stunde ihre Personalausweise vorzeigen müssen. Da am 10. Juli 1950 um 0.10 Uhr in der Dresdner Straße sogenannte „Hetzbuchstaben" gefunden worden sind und die Polizei nicht im Stande ist, denjenigen oder diejenigen zu ermitteln, die diese verstreut haben, patrouillierte die Staatsmacht verstärkt, besonders vor den unfreien Wahlen, dem „Zettelfalten", wie diese Posse bald im Volksmund heißen wird. Als „Hetzbuchstaben" werden ausgeschnittenes Papier in Form des Buchstabens „F" bezeichnet, der für das Wort „Freiheit" steht. Gefunden haben die Polizisten im Juli 30 rosafarbene Buchstaben in einer Größe von sieben Zentimetern, aus rosafarbenen Formularblättern ausgeschnitten. Da dieses Zeichen als Protest und Ruf nach Freiheit vom Westen popularisiert wurde, wissen viele, was mit dem einfachen „F" gemeint ist. Das allein wertet die Staatsmacht als Hetze. Dass diese Buchstaben von Herbert Belter oder Helmut du Ménil verteilt wurden, ist eher unwahrscheinlich, in den Verhörprotokollen spielen sie jedenfalls keine Rolle.

Herbert Belter und Helmut du Ménil werden in dieser Nacht mit auf das Revier genommen und in zwei verschiedene Zimmer gesetzt. Im Ermittlungsbericht, der am 8. Oktober von Leipzig nach Dresden geschickt wird, heißt es: „Die Überprüfung des du Ménil-Schürer ergab nichts auf dem 2. VP.-Revier. Die Überprüfung in der Meldestelle ergab, dass der Obengenannte auf dem 2. VP.-Revier polizeilich gemeldet ist und aus diesem Grund wurde er wieder freigelassen."[79]

Was in diesem Zusammenhang verwundert, ist, dass Helmut du Ménil im Gespräch mit dem Bürgerkomitee Leipzig e. V. im Jahr 2010 behauptet, dass er zwei Polizisten zur Wohnung führen sollte. Unterwegs will er den Mut zur Flucht gefasst, sich losgerissen, einen der beiden Polizisten die Waffe entrissen haben und zum Bahnhof geflüchtet sein. Ohne Fahrkarte oder Ausweis will er ungehindert Berlin erreicht haben. Nichts in dieser Version stimmt mit der Aktenlage überein. Es mag sein, dass einige in der „Belter-Gruppe" aufgrund dieser Räuberpistole ihn später verdächtigen, sie denunziert zu haben. Doch so wenig die Akten die spektakuläre Flucht bestätigen, so wenig belegen sie einen Verrat Helmut du Ménils. Hätte er sich auf diese James-Bond-würdige Weise befreit, wäre sofort eine Großfahndung eingeleitet wurden. Doch davon findet sich keine Spur. Überdies wird du Ménils Wohnung noch nicht mit der von Herbert Belter in Verbindung gebracht, denn da er erst am Morgen zum Freund zieht, ist er noch unter seiner alten Adresse, Rudolf-Breitscheid-Straße 43, gemeldet. Möglicherweise rettet dieser Umstand Helmut du Ménil. Da er sich ausweisen kann, die Taschenkontrolle nichts ergibt und seine Meldeadresse stimmt, gibt es keinen Grund, ihn länger festzuhalten, und man entlässt ihn. Doch er ahnt, dass ihre oppositionelle Tätigkeit nun jederzeit auffliegen kann. Er dürfte in Panik geraten sein. Ohne einen der anderen zu warnen, begibt er sich zum Bahnhof und nimmt den nächsten Zug nach Berlin, ohne Fahrkarte vielleicht, nicht aber ohne Ausweis. Jenkner und Gumpel können du Ménil vorwerfen, dass er sie nicht gewarnt, sondern ins Messer hat laufen lassen. Wenn es auch kein Verrat war, so war es doch auch keine Heldentat. Das kann man ihm nicht vorwerfen, dass er später versuchte, eine Heldentat daraus zu machen, schon.

III. Nach der Freiheit: Das Beispiel der „Belter-Gruppe"

Herbert Belter, der in einem anderen Zimmer befragt wird, muss seine Taschen leeren. Bei sich führt er zwei DM und den Brief seines Freundes aus West-Berlin, den er in seiner Tasche vergessen hat. Im Grunde hätte man ihn, wie Helmut du Ménil, auch nach einer gründlichen Belehrung, dass man seinen DPA (Deutschen Personalausweis) immer bei sich zu führen habe, entlassen können. Doch in den Taschen des Studenten finden sich Westgeld und ein „Brief aus West-Berlin mit zweifelhaftem Inhalt". Diese Kombination macht die Polizisten misstrauisch. So ist als Grund für die Einlieferung in die Polizei-Haftanstalt vermerkt: „Besitz von Westgeld, Besitz von verdächtiger Westkorrespondenz und ohne Personalausweis."[80] Der Brief aus West-Berlin lässt den Verdacht aufkommen, dass Herbert Belter ein Spion ist. Es gibt um 7.30 Uhr morgens eine Hausdurchsuchung in seiner Wohnung. Es ist eindeutig: Alles, was folgt, hat den Brief zur Ursache, den Herbert Belter achtlos mit sich herumträgt. Dieser Brief, der Herbert Belter das Leben kosten und den weiteren Lebensweg von vielen Menschen maßgeblich beeinflussen und für immer prägen wird, hat folgenden Wortlaut:

„Mein lieber Herbert,
nun wird es glaube ich höchste Zeit, dass Du eine Nachricht von mir bekommst. Vor allem, da Du ja in Kürze auch wieder nach Leipzig fährst u. dann hoffentlich hier einkehrst.

Also, ich bin hier gut angekommen u. wohne im Augenblick noch bei Jochen. Am 1. September ziehen wir dann in ein größeres Zimmer, es ist aber bei der gleichen Wirtin. Mit meinem Studium usw. usw. wird sicherlich alles in Ordnung gehen. Doch bis dahin haben wir noch eine Menge Zeit und wir sehen uns Berlin genau an. Weißt Herbert, es ist doch eine ganz andere Sphäre hier. Man kann wieder frei und ungezwungen wissenschaftlich arbeiten, ohne mit politischen Phrasen belastet zu sein. Von mir ist ein richtiger Alpdruck gewichen. Aber eines kann ich Dir jetzt schon sagen, wenn es dem Osten einfallen sollte, gegen uns zu ziehen, soll es ihm verdammt schwer gemacht werden, eventuell erleben diese willens- und gedankenlosen Steppenhengste ein kleines Wunder, durch das sie geheilt werden von der sowjetischen Massenpsychose.

Aber davon genug, Du bist ja selbst informiert. Jochen wird Dir einen Brief an Ilona geben, er ist für mich finanziell wichtig. Versäume bitte keine Zeit und bestelle ihn sofort, da Jochen die Antwort am nächsten Tag wieder mitbringen soll, tust du mir den Gefallen? Gebe ihn bitte nur persönlich an sie ab, ja? Was hast Du nun so inzwischen erlebt? Wie ist es mit S. ausgelaufen? An Deine Mutti und Vati bestelle bitte die herzlichsten Grüße. Wenn Du zu meinen Eltern gehst, grüße sie und sage ihnen, dass ich in cirka 4 Wochen so viel Geld habe, dass ich ihnen so ungefähr 500 DM Ost schicken kann, dann können sie meine Schulden, die ich teilweise habe, bezahlen. Nun hoffe ich nur, dass Du hier herkommst Herbert und noch eins: Gehe bitte zu […] und sage ihr bitte meine genaue Adresse, es war ein Irrtum mit der (unleserlich) Straße, und sie soll mich mal besuchen. Nun sei vielmals gegrüßt von deinem Freund […]. Hab nochmals vielen Dank für alles. Schreibst Du mir gleich?"[81]

Die Andeutungen über Schulden, über Geld im Zusammenhang mit dem Brief an eine Ilona kann auf misstrauische Gemüter in der allgemeinen Agentenhysterie der Polizei und des Staatssicherheitsdienstes schnell den Eindruck einer verschlüsselten Botschaft machen. Wäre der Brief in der Tat die verschlüsselte Botschaft eines Spionagerings gewesen, hätte sich der Briefautor mit Sicherheit der launig-kritischen Bemerkung über den Osten enthalten. Doch die Wohnungsdurchsuchung fördert nun einen Pappkarton „mit zahlreichem Hetzmaterial antidemokratischen Inhaltes" hervor. „Im gleichen Schrank sowie in der Kommode und im Waschtischkasten wurden noch verschiedene Broschüren, Bücher und umfangreiches Adressenmaterial vorgefunden. Ferner wohnt in der gleichen Wohnung ein zweiter Untermieter mit Namen Du Menuel [sic!], Helmut, bei dem gleichfalls Adressmaterial

III. Nach der Freiheit: Das Beispiel der „Belter-Gruppe"

vorgefunden wurde, desgleichen antidemokratisches Hetzmaterial." Jetzt erst wird der Polizei klar, dass sich Helmut du Ménil und Herbert Belter ein Zimmer teilen, jetzt erst wird die Fahndung nach Helmut du Ménil, der sich bereits auf dem Weg in den Westen befindet, ausgelöst.[82]

Als Herbert Belter nach dem Brief und nach seinem Briefe schreibenden Freund gefragt wird, muss er seine Achtlosigkeit verflucht haben, und er versucht sich durch Verharmlosung, was ja nicht einmal gelogen ist, und durch Distanzierung vom Freund, den er im sicheren West-Berlin weiß, aus der Affäre zu ziehen: „Am 24.9.1950 erhielt ich durch einen Freund meines Schulkameraden [...] einen Brief zugesandt, in dem dieser seine politische Meinung sehr offen darlegt. Dieser Brief erregte das Interesse der hiesigen Polizeibehörden. Man nahm mich deswegen am 4.10.1950 in Haft. Ich möchte ausdrücklich betonen, dass ich mich mit dem Inhalt dieses Briefes nicht identisch erkläre, trotz meines Vergehens. Zur Erklärung meiner Handlungsweise werde ich einen besonderen Bericht schreiben.

[Geschwärzt] ist ein ehemaliger Schulkamerad von mir, der aber aufgrund von schlechten Leistungen von der Anstalt [Vorstudienanstalt] entfernt wurde. Einen Lehrerkursus, den er bald darauf besuchte, musste er auch wieder verlassen. Er wurde auf Fürsprache der FDJ Seminarleiter an der Landespionierleiterschule [...]. In der Zeit meiner Semesterferien traf ich ihn in Rostock wieder. Wir verstanden uns menschlich sehr gut, doch ging ich einer politischen Diskussion mit ihm aus dem Wege, da wir hier beide verschiedener Ansicht waren. Er gestand mir offen ein, dass er seinen Posten [...] nur des Geldes wegen angenommen habe. Er bezeichnete sich selbst als Gesinnungslumpen, den er aber nicht länger spielen wollte. Er würde die Republik verlassen. Das waren die letzten Worte, die ich mit ihm in einer politischen Diskussion geführt habe. Einige Zeit darauf bekam ich dann von ihm jenen Brief."

Doch um den Brief geht es längst nicht mehr. Die Ermittler des K 5 können ihr Glück kaum fassen, sie sind einer gefährlichen „antidemokratischen" Verschwörung auf die Spur gekommen. Sie werden sich vor den sowjetischen Genossen auszeichnen. Als verhängnisvoll für die anderen Studenten wird sich erweisen, dass die politische Polizei ein Notizbuch findet, in dem die „einzelnen Namen der Vertrauensleute mit ihren Decknamen und Nummern angegeben sind." Das Notizbuch beweist für die Polizisten, dass eine Organisation besteht, die am 22. Juli 1950 gegründet worden ist. Im Notizbuch finden sie die „einzelnen Treffpunkte mit den Vertrauensleuten". Eigentlich benötigen sie Herbert Belters Geständnis nicht mehr, sie haben alles, was sie brauchen, um zuzuschlagen. Zuerst wird die vorläufige Festnahme von Karl Miertschischk verfügt. Als die Polizei gegen 16 Uhr in der Wohnung des Studenten steht, stellt sie fest, dass auch der Student Otto Bachmann hier wohnt. „Nach fernmündlicher Rücksprache mit der Dienststelle wurde auch dessen vorläufige Festnahme bestimmt." Da beide unterwegs sind, wird die Wohnung überwacht. „Nach ihrem Eintreffen gegen 20.50 Uhr wurden M. und B. vorläufig festgenommen und der Haftanstalt der VPP-Leipzig zugeführt."[83]

Als Werner Gumpel, der Herbert Belter besuchen will, um Propagandamaterial und Tarndrucke abzuholen, den Hausflur in der Langen Straße 8, in der Herbert Belter zur Untermiete wohnt, betritt, funktioniert die Treppenhausbeleuchtung nicht. Im Dunkeln sieht er eine Zigarette aufglimmen. Er spürt die Gefahr, doch er ringt sich nicht zur Flucht durch, sondern klingelt an der Wohnungstür. Ein bulliger Mann, der sich als Polizist ausweist, fordert ihn unmissverständlich und nachdrücklich auf, hereinzukommen. Werner Gumpels Personalien werden aufgenommen und er wird zum Polizeipräsidium gebracht. Nun wird auch Gumpels und Jenkners Zimmer durchsucht und Siegfried Jenkner ebenfalls festgenommen.

Als Hans-Dieter Scharf am Freitag, dem 6. Oktober nachmittags im Laboratorium arbeitet, bemerkt er, dass seine Kommilitonen Karl Miertschischk und Otto Bachmann fehlen.

Gegen 15 Uhr betritt der SED-Funktionär Ingo Merbeth das Labor und bittet Günter Herrmann mit zur Fakultät zu kommen, um einen Sachverhalt zu klären. Angeblich sei er für Biologie und nicht für Chemie eingeschrieben. Günter Herrmann ärgert sich über die Unterbrechung seiner Arbeit, zumal der Irrtum erst nach zwei Semestern auffällt. Doch Merbeth gibt keine Ruhe, so dass Herrmann seine Sachen nimmt und dem Funktionär folgt.

Hans-Dieter Scharf wohnt bei seinen Eltern. Im Hausflur fällt ihm ein Mann im Trenchcoat auf, doch er denkt sich nichts dabei. Nach dem Abendessen klingelt es bei den Scharfs. Ein Mann bittet den Studenten, zum Lokal der Nationalen Front zu kommen, da Absprachen für den Wahltag getroffen werden sollen. Das Wahllokal ist verschlossen, der Student wird heimlich verhaftet.

Karl Miertschischk und Otto Bachmann wurden bereits am 5. Oktober um 20.50 Uhr festgenommen, Rolf Grünberger am Abend des 6. Oktober, Peter Eberle erst am 1. November 1950.

Im Oktober und November sucht die Polizei weiter nach Helmut du Ménil, es wird sogar in der Nähe seines Elternhauses ein Informant aktiviert, der Meldung erstatten soll, sobald sich der flüchtige Student zeigt. Die Mutter telegrafiert nach Leipzig, dass der Sohn unbedingt nach Hause kommen soll, weil die Polizei nach ihm frage. Allmählich dämmert den Ermittlern, dass Helmut du Ménil im Westen ist.

Am 8. Oktober 1950 schreibt eine unglückliche Mutter aus Hennigsdorf einen Brief an Herbert Belter, den der aber nicht mehr erhält. Es ist sehr wahrscheinlich, dass die junge Frau aus Hennigsdorf von ihm als Grund für seinen Wechselwunsch an die Berliner Universität angegeben wurde, und der Hinweis der Mutter, dass die Tochter immer Hunger habe, lässt zumindest eine Schwangerschaft in Erwägung ziehen. Doch die Mutter wird keine Antwort auf ihren Hilferuf erhalten, weil Herbert Belter niemandem, eingeschlossen sich selbst, mehr helfen kann.

Die Verhaftungen

„Werter Herr Belter!
Heute will ich etwas von meiner Tochter Brigitte erzählen. Vielleicht legen Sie keinen Wert mehr darauf. Doch meinem Versprechen gemäß schreibe ich an Sie.

Am 4.10. fand der Termin statt und fand seinen Abschluss. Das Urteil lautet auf 1 Jahr + 3 Monate Gefängnis wegen Wirtschaftsverbrechen. Ich wohnte dem Termin bei, und ich muss Ihnen sagen, es war nicht schön, sie sollte 1 Jahr Zuchthaus bekommen, nachdem sie nun um milde Beurteilung bat, fällte man das Urteil, wie schon gesagt.

Ich habe mir erlaubt, Brigitte die herzlichen Grüße von Ihnen zu bestellen, denn wenn man das Mädel sieht, möchte man als Mutter auf alles verzichten, um ihr nur etwas Freude in ihr dunkles Dasein zu bringen. Vor allem hat sie immer Hunger, und ich bin schon immer dabei ihr etwas Essbares zu schicken. Wenn ich Brigittes neue Anschrift habe, dann teile ich Sie Ihnen mit und schließe mich mit der Bitte an, wenn es Sie noch interessieren sollte, schreiben Sie ihr, wie gesagt, um ihr etwas Freude zu bringen. Im Dezember kann sie dann wegen Bewährungsarbeit beantragen, so dass sie im Februar schon draußen sein kann.

In der Hoffnung, dass Sie meinen Brief in Leipzig bekommen, und mir darauf antworten grüßt sie freundlichst

P. S. Ich lese eben den Brief nochmals und muss Sie um Entschuldigung bitten, er ist etwas sehr herb und streng ausgefallen, aber ich habe immer noch diese schreckliche Verhandlung vor Augen."[84]

Die junge Frau, die wegen eines Wirtschaftsverbrechens vor Gericht steht, dürfte eines der vielen Beispiele dafür sein, dass unter Melsheimer und Benjamin Menschen wegen Lappalien zu hohen Strafen verurteilt wurden. Zuweilen reicht es aus, einen Nagel von der Baustelle mitgenommen zu haben, oder ein paar Essensmarken irrtümlich falsch geklebt zu haben, oder das Malheur, dass dem Verkäufer die Milch schlecht geworden ist, um für längere Zeit ins Gefängnis zu kommen. Diese Justizpraxis trägt zur großen

Unzufriedenheit bei, die sich dann im Volksaufstand vom 17. Juni 1953 Luft verschafft. Nach dem 17. Juni 1953 bricht man dann auch mit dem Exzess übertriebener Strafen für Bagatelldelikte.

Die deutsche Polizei übergibt den Fall Belter am 10. Oktober 1950 den „Freunden", wie es in den Dokumenten heißt, also dem sowjetischen Staatssicherheitsdienst, verhört werden die Studenten von russischen NKWD-Offizieren, die sie routiniert zu einem Komplex zusammenfassen, der „Belter-Gruppe". Schließlich werden die Gefangenen nach Dresden in die Zentrale des sowjetischen Staatssicherheitsdienstes in der Bautzener Straße überführt. In dem Mannschaftswagen, der sie nach Dresden bringt, sehen sich einige Studenten der „Belter Gruppe" das erste Mal. Otto Bachmann, Rolf Grünberger, Günter Herrmann, der Tischler Erhardt Becker aus Lausick, ein Freund Siegfried Jenkners. Werner Gumpel und Siegfried Jenkner werden an diesem Abend zusammen nach Dresden überstellt. Herbert Belter, den man für den Kopf der Gruppe hält, wird von allen getrennt.

Die Studenten verteilt man auf die Zellen im Keller des Hauptgebäudes. Nach ein paar Tagen beginnen die zermürbenden Verhöre, immer nachts.

Die Verhöre

Die jungen Männer sind dem Psychoterror und der raffinierten wie grausamen Folter des Schlafentzugs ausgesetzt und ihr nicht gewachsen. Hans-Dieter Scharf beschreibt in seinen Erinnerungen, wie die Verhöre ablaufen: „Von diesem Tag an wurde ich jeden Abend kurz vor dem Schlafengehen zum Verhör geholt und auf immer die gleiche Weise behandelt. Erst gegen Morgen wurde ich wieder in die Zelle geschleppt, so dass sich mein Schlafdefizit summierte, denn am Tage durfte man nicht liegen oder gar schlafen. Wenn einem die Augen während des Tages im Sitzen zufielen, trat der Posten, der ohnehin in kurzen Zeitabständen durch den Türspion schaute, mit dem Fuß gegen die Tür und schrie ‚Nix schlaffen!', so dass man aufschreckte. In der siebenten Nacht wurde ich wieder abends, als die Zellengenossen sich zum Schlafen hinlegen durften, zum Verhör geschleppt, denn ich war unfähig zu gehen. Ich konnte nichts mehr essen, der Kopf dröhnte, und ich hatte nur noch einen Wunsch: schlafen. Alles, was sie wollten, war ich bereit zu gestehen: nur schlafen können. Ich war unfähig, einen anderen Gedanken zu denken. Mein Gehirn gehorchte mir nicht mehr. Ich hatte Halluzinationen, und es kam mir vor, als spräche jemand zu mir, obwohl ich allein in dem Untersuchungszimmer war. Ich hatte immer denselben Wachtraum: eine Gefahr durch eine unheimliche schwarze Gestalt, der ich entfliehen wollte, aber nicht konnte, weil mir die Beine versagten. Zum Schluss brach ich in Tränen aus, ich war fertig, ein schluchzendes Häufchen Elend. In diesem Zustand wurde ich wieder diesen stalinistischen Menschenschindern vorgeführt. Ich war bereit, meine Mutter zu verraten, wenn sie es von mir verlangt hätten, aber sie fragten nur, ob ich der antisowjetischen Widerstandsgruppe an der Universität Leipzig angehört hätte, und ich sagte ja! Dieses Geständnis war lächerlich. ‚Antisowjetische Widerstandsgruppe'. Wir waren ein Freundeskreis von zwanzigjährigen Studenten, weiter nichts, aber mir war alles egal. Nur schlafen dürfen! Nach diesem Geständnis ließen sie mich für die nächsten Wochen in Ruhe."[85]

Auch die Russen spielen das Spiel „Guter Bulle, böser Bulle", mal verständnisvoll, warm, mal hart, kalt. Den Ermittlern ist klar, dass sie im Grunde nichts Weltbewegendes in der Hand haben, etwas verbotene Literatur, ein paar Artikel für den Rundfunk, allerdings für den RIAS. Doch da sie nicht vor eine Jury treten müssen, benötigen sie keine Beweise und keine hieb- und stichfeste Argumentation. Ab einen gewissen Punkt geht es in den Verhören nicht mehr darum, neue Erkenntnisse zu gewinnen, sondern die Gefangenen im Sinne der Anklage auf den Prozess vorzubereiten. Die Verhörprotokolle sind eigentlich keine

III. Nach der Freiheit: Das Beispiel der „Belter-Gruppe"

Verlaufs-, sondern Ergebnisprotokolle. Zum Ende des Verhörs wird ein idealer „Verlauf" zusammengestellt, der bereits auf die Linie der Anklage zielt.

Die Protokolle selbst dienen in der Gerichtsverhandlung als Beweisstücke. Mehr hat man oft nicht, mehr benötigt man auch nicht, man kann auf den stärksten denkbaren Beweis verweisen – das Geständnis. Deshalb werden die immer gleichen Fragen gestellt und die immer gleichen Antworten erwartet, bis der Ablauf stimmt. Allerdings weiß der Verhörte nicht wirklich, was er am Ende als Aussage unterschreibt, da die Protokolle auf Russisch gehalten sind. Hinzu kommen Verkürzungen und eine fehlerhafte Übersetzung, weil nicht immer die russischen Worte, die gewählt werden, den deutschen präzise entsprechen. In den Protokollen begegnet man nicht der Sprache oder dem Ausdruck, auch nicht dem Sprachgestus des Verhörten, sondern einer Zusammenfassung, einer Verkürzung und Vergröberung. Deutlich wird das auch daran, dass das Verhör von einem russischen und nicht von einem deutschen Sprachgestus getragen wird.

Am 23. Oktober verläuft laut Protokoll das Verhör von Herbert Belter so:

„Verhörprotokoll (23. Oktober 1950)
Dresden
Ich, der Untersuchungsführer des Operationssektors MGB für das Land Sachsen, der Oberleutnant Kondratew, habe heute den Gefangenen in deutscher Sprache befragt:

Belter Herbert, geboren im Jahr 1929 in Greifswald/Mecklenburg, Deutscher, mit deutscher Staatsbürgerschaft, Mitglied der SED, Student an der Universität Leipzig, ledig, ohne Vorstrafen, wohnhaft in Leipzig, Langestrasse 8.

Frage: Sie sind wegen illegaler antisowjetischer und antidemokratischer Tätigkeit in der Deutschen Demokratischen Republik verhaftet worden. Auf wessen Anweisung haben Sie diese Tätigkeit ausgeführt?

Antwort: Ich gebe zu, dass ich in der Deutschen Demokratischen Republik antisowjetische, antidemokratische Tätigkeit durchgeführt habe. Diese Tätigkeit habe ich im Auftrag eines der leitenden Angestellten des Berliner Radiosenders ‚Rias' – Löwenthal – durchgeführt. Seine anderen Namen sind mir nicht bekannt.

Frage: Zu welchem Zeitraum gehört der Beginn Ihrer illegalen antisowjetischen Tätigkeit?

Antwort: Ich wurde Ende Juni 1950 in illegale Aktivitäten verwickelt.

Frage: Durch wen?

Antwort: Den oben genannten Löwenthal.

Frage: Erzählen Sie mir, unter welchen Umständen geschah dies?

Antwort: Den Kontakt zu Löwenthal habe ich Ende Juni 1950 mit der Hilfe meines Kameraden Helmut du Ménil hergestellt.

Frage: Hatte du Ménil schon vorher eine Verbindung zu Löwenthal?

Antwort: Soweit ich aus seinen eigenen Erzählungen weiß, hatte er vor Ende Juni dieses Jahres keinen persönlichen Kontakt zu Löwenthal. Etwa Mitte Mai dieses Jahres schickte er an den Radiosender ‚Rias' einen Bericht über die Stimmung der Studenten der Universität Leipzig, über den Wahlkampf und über die Wahlen des Studentenrats. Ende Mai erhielt er einen Brief von Löwenthal, der die Radiosendung über die Hochschulen bearbeitete, in dem er zu einem persönlichen Gespräch nach Berlin eingeladen wurde.

Gemäß der erhaltenen Einladung reiste du Ménil Anfang Juni nach Berlin, aber seine Reise war erfolglos, da er Löwenthal nicht antraf und ihr Treffen dann nicht stattfand. Ende Juni beschloss er, wieder eine Reise nach Berlin zu unternehmen, um Löwenthal zu treffen, und lud mich ein. Ich habe sein Angebot angenommen und wir sind zusammen nach Berlin gefahren.

Frage: Hat das Treffen mit Löwenthal stattgefunden?

Antwort: Ja. Nach der Ankunft in Berlin gingen wir zu der Adresse des Radiosenders ‚Rias', die du Ménil schon kannte – Berlin,

III. Nach der Freiheit: Das Beispiel der „Belter-Gruppe"

Schöneberg, Kufsteinerstrasse, wo wir von Löwenthal empfangen wurden.

Frage: Erzählen Sie ausführlich über das Treffen mit Löwenthal.

Antwort: Löwenthal hat uns in seinem Büro empfangen. Während des Gesprächs, das etwa 30 Minuten dauerte, erzählte uns Löwenthal, dass er ein Student an der Humboldt Universität im sowjetischen Sektor Berlins war, wo er auch illegale Arbeit verrichtet hatte, die er uns nicht erklärte. Aus diesem Grund sollte er verhaftet werden, ist aber geflohen. Wir haben ihm wiederum von der Situation an der Universität Leipzig erzählt, von unserer Unzufriedenheit mit den bestehenden Lehrmethoden, bei denen besondere Aufmerksamkeit auf die politische Ausbildung gelegt wird, usw. Wir haben die Meinung geäußert, dass unter den Studenten eine gegen die bestehende Situation gerichtete Agitationsarbeit durchgeführt werden muss. Löwenthal teilte unsere Meinung und betonte die Notwendigkeit, auf dem Territorium der Deutschen Demokratischen Republik subversive Agitationsarbeit durchzuführen. Als wir sagten, dass wir keine Literatur haben, um eine solche Arbeit durchzuführen, sagte er, dass er zwar die Literatur hat, aber keine Menschen hat, die sich mit der Verbreitung der Literatur beschäftigen können. Wir haben uns somit verständigt, dass er uns Literatur zur Durchführung einer gegen die DDR gerichteten Agitationsarbeit geben wird und wir unsererseits die Literatur verbreiten werden. Am Ende unseres Gesprächs schlug Löwenthal vor, dass wir ihm regelmäßig Informationen über die Lage an der Universität Leipzig, über die Stimmung der Studenten und über andere Angelegenheiten an der Universität vorlegen. Dazu haben wir zugestimmt und versprochen, bei unseren Besuchen für Literatur die notwendigen Informationen für ihn mitzubringen. Wir nahmen dann von Löwenthal etwa 20 Zeitschriften „Der Monat", 50 Exemplare der Broschüre „Freie Studenten" und 50 Exemplare der Zeitung „Kleiner Telegraf". Wir verpackten alles in einem Paket und gingen weg.

Frage: Welche Anweisungen zur Gründung einer illegalen Gruppe in Leipzig hat Ihnen Löwenthal gegeben?
Antwort: Löwenthal hat uns keine Anweisungen zur Gründung einer illegalen Gruppe in Leipzig gegeben. Über diese Frage haben wir überhaupt nicht gesprochen.
Frage: Welche Art von Informationen sollten Sie außerhalb der Universität sammeln?
Antwort: Löwenthal hat von uns nicht verlangt, Informationen außerhalb der Universität zu sammeln. Bei diesem Treffen äußerte er nur Interesse an Informationen über die Universität.
Das Protokoll mit meinen Worten ist richtig geschrieben, es ist mir vollständig in deutscher Sprache vorgelesen worden, worin ich hiermit unterschreibe. (Herbert Belter)"[86]

Man sieht an dem Protokoll, dass die zu gestehenden Straftaten bereits in den Fragen genannt werden, die dann in den Antworten als Geständnis vom Verhörten übernommen werden. Wichtig ist das übernommene Wort „illegal", damit gesteht der Verhörte, wissend und bewusst gegen das Gesetz verstoßen zu haben. Welches Gesetz gemeint ist, ist völlig klar, und zwar das Strafgesetzbuch der RSFSR, und hier der Universalparagraf 58, nach dem alle Oppositionellen oder Kritiker verurteilt werden. Als Basistatbestand gilt „antisowjetische Tätigkeit", die dann als Propaganda, Sabotage oder Spionage näher bestimmt werden kann. Bemerkenswert ist der Verfassungsbruch, den der sowjetische Staatssicherheitsdienst und die Militärrichter begehen. Denn die deutschen Studenten, Bürger der DDR, werden nicht nach DDR-Recht, sondern nach sowjetischem Recht angeklagt und verurteilt. Deshalb wird die Verteidigungslinie der Studenten im Prozess später so verlaufen, dass man zugibt, gegen die DDR tätig gewesen zu sein, nicht aber gegen die Besatzungsmacht.

Siegfried Jenkner hat später berichtet, dass die Studenten in der Hoffnung bei der Wahrheit geblieben sind, dass die Vernehmer erkennen, wie harmlos das Ganze ist. Ihre kritische Haltung zur DDR geben sie zu, wie auch ihre Tätigkeit gegen die SED. Sie rechnen nicht damit, nach sowjetischem Recht angeklagt und verurteilt zu werden. Die Verfassung der DDR sieht die freie Meinungsäußerung vor, so haben sie mit Blick auf diese Verfassung in der Tat nichts verbrochen. Deshalb haben die Studenten aus ihrer Sicht auch nichts zu verbergen, deshalb erzählen sie, wie es sich wirklich zugetragen hat, auch – welch großes Missverständnis – um eigentlich ihre Unschuld darzustellen. Sie haben keine Vorstellung davon, welcher Maschinerie sie gegenüberstehen – und dass sie im Grunde schon verurteilt sind. Im nächsten Verhör geht es zunächst gezielt um „antisowjetische Literatur":

„Verhörprotokoll (24. Oktober 1950)
Dresden
Ich, der Untersuchungsführer des Operationssektors MGB für das Land Sachsen, der Oberleutnant Kondratew, habe heute den Gefangenen in deutscher Sprache befragt: Belter Herbert
/Die festgestellten Informationen des Falles sind verfügbar/
Frage: Erzählen Sie mir, wie haben Sie die von Löwenthal erhaltene antisowjetische-antidemokratische Literatur in Leipzig transportiert?

Antwort: Wie ich früher erwähnt habe, haben wir die von Löwenthal erhaltene Literatur in einem Paket verpackt, das wir dann per Post nach Leipzig geschickt haben. Wir haben es an die Poststelle in der Friedrichstraße im sowjetischen Berliner Sektor übergeben und mich als Absender angegeben. Das Paket war an die Hauptpost in Leipzig adressiert, an du Ménil. Zwei Tage nach unserer Rückkehr aus Berlin erhielten wir das Paket.

Frage: Erzählen Sie mir, wie haben Sie die erhaltene Literatur verbreitet?

Antwort: Ich habe die ganze Literatur von der Post in meine Wohnung transportiert. Zunächst wollten wir die erhaltene Literatur gemeinsam mit du Ménil verbreiten, aber dann geschah es so, dass einige unserer anderen Kameraden, die mit der bestehenden Situation unzufrieden waren, sich mit uns zusammenschlossen.

Frage: Wer waren diese Personen?

Antwort: Die erste Person, die sich bereit erklärte, die von uns mitgebrachte Literatur zu verbreiten, war Werner Gumpel – ein Student der Fakultät für Sozialwissenschaften.

Frage: Unter welchen Umständen wurde er in die Verbreitung der Literatur verwickelt?

Antwort: Gumpel studiert mit mir an derselben Fakultät und hat mich schon vor meiner Kontaktaufnahme mit Löwenthal in meiner Wohnung besucht. Anfang Juni dieses Jahres kam er, wie üblich, zu mir, noch ohne etwas über die Literatur zu wissen. Während des Gesprächs erzählte ich ihm, dass ich interessante Literatur habe, und zeigte ihm die Zeitschrift „Der Monat", die Broschüre „Der Freie Student" und die Zeitung „Telegraf". Er zeigte Interesse an dieser Literatur und ich schlug ihm vor, einen Teil davon für sich selbst zu nehmen und, wenn möglich, die Literatur unter den anderen Studenten weiter zu verteilen. Er hat seine Zustimmung dazu gegeben.

Frage: Welche Art von Literatur und wie viel haben Sie ihm gegeben?

Antwort: Ich habe ihm ungefähr 15 Exemplare von der Broschüre „Der Freie Student" und die gleiche Anzahl von der Zeitung „Telegraf" gegeben.

Frage: Wie sollte er diese Literatur verbreiten?

Antwort: Dies war sein eigenes Geschäft."

An dieser Stelle kann man die Ungenauigkeit der Übersetzung zeigen. Herbert Belter sagt sicher: „Dies war seine Sache." Im Russischen heißt Geschäft auch „delo", doch zuallererst Sache, Angelegenheit, Tat, Werk, Handlung und dann erst Geschäft.

„Ich sagte ihm, dass ich ihm Literatur geben würde. Wie er sie verbreiten würde, wem er sie geben würde, interessierte mich nicht.

Frage: Hat er Ihren Auftrag erfüllt?

III. Nach der Freiheit: Das Beispiel der „Belter-Gruppe"

Antwort: Er sagte mir, dass er die gesamte Literatur, die er von mir erhalten hatte, verbreitet hat. Wo er sie verbreitet hat und wie, hat er mir allerdings nicht gesagt und ich interessierte mich für diese Frage nicht.

Frage: Haben Sie Gumpel anvertraut, von wem Sie die Literatur bekommen?

Antwort: Soweit ich mich erinnere, habe ich ihm gesagt, dass ich die Literatur aus Berlin mitgebracht habe und sie beim Radiosender ‚Rias' erhalten habe.

Frage: Haben Sie ihm die Aufgabe gegeben, Informationen zu sammeln?"

An diesem Punkt wird als „antisowjetische Tätigkeit" bereits der Straftatbestand der Spionage eingeführt, das Sammeln von Informationen ist für die Russen immer Spionage. Das fällt umso schwerer ins Gewicht, weil nun geklärt werden muss, worin die antisowjetische Tätigkeit besteht. Der Vorwurf der Spionage wird später in der Verhandlung und für das Urteil eine große Rolle spielen, besonders für Herbert Belter. Herbert Belter, der das nicht wissen kann, läuft in die Falle, als er antwortet:

„Ja, ich habe ihm diese Aufgabe gegeben. Als er sich bereit erklärte, die Literatur zu verbreiten, sagte ich ihm, er solle mir alle möglichen Informationen über die Stimmung der Studenten; über die Entscheidungen, die in den Versammlungen getroffen wurden, usw. übermitteln, die ich dann an ‚Rias' weiterleiten werde.

Frage: Wie hat er Ihre Aufgabe erfüllt?

Antwort: Bezüglich dieser Aufgabe habe ich bis zum Tag meiner Verhaftung zwei Berichte von Gumpel erhalten. In einem der Berichte schrieb er über eine Sitzung der FDJ-Organisation und über einen während dieser Sitzung gefassten Beschluss, an dessen Inhalte ich mich jetzt nicht mehr genau erinnern kann. In dem anderen Bericht schrieb er, dass [...] eine Ankündigung gemacht wurde, dass alle Studenten der Freien Deutschen Jugend beitreten sollten, wobei [...] die Studenten, die dieser Organisation nicht beitreten würden, von der Universität verwiesen werden sollten.

Diese Berichte habe ich während meiner nächsten Reise zum ‚Rias' [unleserlich] für Löwenthal [unleserlich] worüber ich noch weiter erzählen würde.

Frage: Wen sonst haben Sie für die Verbreitung antisowjetischer, antidemokratischer Literatur angezogen?

Antwort: Die nächste Person, die an der Verbreitung antisowjetischer, antidemokratischer Literatur beteiligt war, war ein Student der Fakultät für Chemie namens Karl Miertschischk.

Frage: Unter welchen Umständen wurde diese Person von Ihnen für die Verbreitung der Literatur angezogen?

Antwort: Miertschischk habe ich im Februar oder März dieses Jahres bei dem Bau des Walter-Ulbricht-Stadions in Berlin kennengelernt. Nach meiner Rückkehr aus Berlin traf ich mich zufällig mit Miertschischk zum ersten Mal Anfang Juni dieses Jahres in einem Restaurant ‚Atrium' in Leipzig, wo ich mit Du Ménil zusammen war. Miertschischk kam damals mit seinem Freund, Otto Bachmann, in das Restaurant. In den Gesprächen, die wir während dieses Treffens führten, habe ich bemerkt, dass alle Anwesenden mit der in der DDR bestehenden Situation unzufrieden waren. Miertschischk machte mir einen besonderen Eindruck und ich hielt ihn für eine geeignete Person für die Verbreitung der Literatur. Ich beschloss, ihn als eine Vertrauensperson an der Fakultät für Chemie anzuziehen. Ich habe mich dann entschieden, die Einladung von Miertschischk, seine Wohnung zu besuchen, zu diesem Zweck auszunutzen. Ein paar Tage nach dem Treffen im ‚Atrium' traf ich Miertschischk auf dem Karl-Marx-Platz. Während des Gesprächs mit ihm sagte ich, dass ich interessante illegale Literatur habe, die unter den Studenten verbreitet werden sollte. Miertschischk hat mich gefragt, ob dies mit der Existenz irgendwelcher illegaler Widerstandsgruppen zusammenhängt. Darauf habe ich geantwortet, dass es eine solche Gruppe gibt. Tatsächlich existierte die Gruppe im Wesentlichen noch nicht, sondern befand sich nur in der Organisationsphase. Außer mir, du Ménil und Gumpel, war niemand in der Gruppe. Als Miertschischk von der Existenz der illegalen Widerstandsgruppe erfuhr, teilte er mit, dass er sich für diese Tätigkeit interessiert und erklärte, dass man auch an der Fakultät für Chemie eine illegale Tätigkeit durchführen sollte, wobei er bereit sei, sich persönlich der Gruppe zur Verfügung zu stellen. So trat Miertschischk der von mir gegründeten Widerstandsgruppe bei. Wir vereinbarten ein weiteres Treffen mit ihm am Abend desselben Tages in seiner Wohnung.

Frage: Hat dieses Treffen stattgefunden?

Antwort: Ja.

Frage: Wer war dabei?

Antwort: Neben Miertschischk und mir waren auch Miertschischks Kameraden – Otto Bachmann, der mit Miertschischk in derselben Wohnung lebte, und Rolf Grünberger – bei diesem Treffen anwesend.

Frage: Erzählen Sie mir von diesem Treffen.

Antwort: Während dieses Treffens haben wir schließlich vereinbart, dass Miertschischk die illegale Arbeit an der Fakultät für Chemie übernimmt und ich ihm die für die Durchführung dieser Arbeit notwendige Literatur geben würde, wobei er sie dann nach seinem eigenen Ermessen innerhalb der Fakultät verbreiten muss. Ich habe ihm außerdem angeboten, mir Informationen über die Stimmung der Studenten der Fakultät für Chemie, über die Lage an der Fakultät, über alle möglichen Versammlungen und getroffenen Entscheidungen vorzulegen. Mit diesem Vorschlag, wie auch mit der Verbreitung der Literatur, war Miertschischk völlig einverstanden.

Frage: Haben Sie Miertschischk mitgeteilt, von wem Sie die Literatur erhalten haben und für wen Sie die oben genannten Informationen benötigen?"

An dieser Stelle wird es wichtig, ob der Vorwurf der Spionage auch für Karl Miertschischk erhoben werden kann, die Frage lautet, ob er wusste, dass er und für wen er „spionieren" soll.

„Antwort: Ja, ich habe ihm gesagt, dass ich Literatur von einem Mitarbeiter des Radiosenders ‚Rias' bekomme und ebenfalls für ihn die Informationen benötige."

Die Verhöre

Für den sowjetischen Staatssicherheitsdienst ist der RIAS kein Rundfunksender, sondern eine Abteilung der CIA, die Spionage und ideologische Diversion (Zersetzung) betreibt, weil sich die Sowjets und auch die SED-Funktionäre freie Medien nicht vorstellen können, freie Medien für sie auch nicht existieren, alles ist für sie Klassenkampf, Partei-Krieg, ein Krieg, in dem nur eine Frage gestellt wird, und zwar: Wer vernichtet wen? Nach kommunistischer Auffassung stehen Medien immer im Dienst einer Macht, in der DDR der SED eben, in der Bundesrepublik der amerikanischen Imperialisten und des deutschen Monopolkapitals. Lenin hat das ein für alle Mal in dem Aufsatz „Parteiorganisation und Parteiliteratur" definiert:

„Die literarische Tätigkeit muss zu einem Teil der allgemeinen proletarischen Sache, zu einem ‚Rädchen und Schräubchen' des einen einheitlichen, großen sozialdemokratischen Mechanismus werden, der von dem ganzen politisch bewussten Vortrupp der ganzen Arbeiterklasse in Bewegung gesetzt wird. Die literarische Betätigung muss ein Bestandteil der organisierten, planmäßigen, vereinigten sozialdemokratischen Parteiarbeit werden." Das bedeutet: „Die Zeitungen müssen Organe der verschiedenen Parteiorganisationen werden. Die Literaten müssen unbedingt Parteiorganisationen angehören. Verlage und Lager, Läden und Leseräume, Bibliotheken und Buchvertriebe – alles dies muss der Partei unterstehen und ihr rechenschaftspflichtig sein. Diese ganze Arbeit muss vom organisierten sozialistischen Proletariat verfolgt und kontrolliert werden [...]."[87]

Das ist der ideologische Hintergrund für die Frage nach der Verbreitung von Literatur, die im Paragraf 58, Artikel 10 unter Strafe gestellt wird, und zwar wird Propaganda gegen die Sowjetmacht verfolgt, wozu die Verbreitung, Herstellung oder Aufbewahrung von Schriften gehört, die gegen die Sowjetmacht gerichtet sind.

„Frage: Wurden Bachmann und Grünberger auch von Ihnen für die Verbreitung von Literatur angezogen?

III. Nach der Freiheit: Das Beispiel der „Belter-Gruppe"

Antwort: Sie waren bei dem Gespräch anwesend und erklärten sich auch bereit, die Literatur zu verbreiten. Aber ich habe mit ihnen nicht persönlich darüber gesprochen, da sie an derselben Fakultät wie Miertschischk studierten, und er sollte für sich selber entscheiden, ob er sie benutzen wollte oder nicht. Soweit ich von Miertschischk weiß, hat er sie dazu gebracht, Literatur zu verbreiten, aber ich hatte persönlich nichts mit ihnen zu tun und ich weiß nichts über ihre Aktivitäten.

Frage: Wie hat Miertschischk den Auftrag ausgeführt, den Sie ihm gegeben haben?

Antwort: Bis zum Tag meiner Verhaftung erhielt Miertschischk zweimal von mir Literatur zur Verbreitung. Das erste Mal erhielt er von mir ungefähr 15 Exemplare der Broschüre „Der Freie Student" und der Zeitung „Telegraf" und 2 oder 3 Exemplare der Broschüre „Der NKWD-Staat". Früher habe ich vergessen zu sagen, dass ich von Löwenthal auch 6 oder 7 Exemplare der Broschüre „Der NKWD-Staat" erhalten habe. Beim zweiten Mal erhielt er etwa 20 Zeitschriften „Der Monat" von mir. Wie ich bereits erwähnt habe, hat er Bachmann, Grünberger und noch einen anderen seiner Kameraden, dessen Namen ich nicht kenne, dazu gebracht, Literatur zu verbreiten.

Frage: Welche Informationen haben Sie von ihm erhalten?

Antwort: Ich habe einen Bericht von Miertschischk über die Stimmung der Studenten der Fakultät für Chemie, über die Haltung der Studenten gegenüber der Regierung der Sozialistischen Republik Deutschland erhalten. Ich habe keine weiteren Berichte von ihm erhalten.

Frage: Haben die durch Miertschischk rekrutierten Personen auch Informationen gesammelt?

Antwort: Das weiß ich nicht, ich habe ihnen persönlich keine Aufgaben gegeben."

Wieder geht es um Spionage, jetzt darum, ob die anderen, „von Miertschischk rekrutierten Personen" auch spioniert haben. Die „Gruppe Belter" wird strukturiert.

„Die Vernehmung wurde unterbrochen

Das Protokoll mit meinen Worten ist richtig geschrieben und ist mir vollständig in deutscher Sprache vorgelesen. (Herbert Belter)"[88]

Deutlich wird in der Vernehmung, dass als Kopf der Gruppe Herbert Belter gesehen und für die Verhandlung präpariert wird. Ab jetzt werden die Fragen bereits mit Blick auf den Prozess geordnet und die Reihenfolge und Abläufe der „illegalen Tätigkeit" geübt:

„Ich, der Untersuchungsführer des Operationssektors MGB für das Land Sachsen, der Oberleutnant Kondratew, habe heute den Angeklagten in deutscher Sprache befragt: Belter Herbert
/Die festgestellten Informationen des Falles sind verfügbar/
Frage: Wer war die nächste Person, die Sie in die illegale Gruppe verwickelt haben?
Antwort: Die nächste Person, die in die Gruppe eintrat, war ein Student der Fakultät für Sozialwissenschaften namens Jenkner Siegfried.
Frage: Erzählen Sie mir von den Umständen, unter denen Jenkner in die illegale Gruppe verwickelt wurde?
Antwort: Jenkner Siegfried wohnt zusammen mit Werner Gumpel in einer Wohnung. Der Letztere, nachdem er in die Verbreitung der antisowjetischen Literatur verwickelt wurde, erzählte Jenkner davon. Worüber sie gesprochen haben, weiß ich nicht, aber Gumpel hat mir bei einem Treffen gesagt, dass Jenkner auch bereit ist, an der Verbreitung der Literatur teilzunehmen. Aufgrund dieser Mitteilung von Gumpel habe ich beschlossen, Jenkner als zweite, mit der Verbreitung der Flugblätter beschäftigte Vertrauensperson an der Fakultät für Sozialwissenschaften zu gewinnen. Diese Fakultät war die größte und es wäre für eine einzelne Person schwierig, die Verbreitung so zu bewältigen, so dass die Flugblätter von so vielen Studenten wie möglich gelesen werden konnten. Zu diesem Zweck lud ich Jenkner in meine Wohnung ein, wo er

III. Nach der Freiheit: Das Beispiel der „Belter-Gruppe"

seine Bereitschaft zur Teilnahme an der Verbreitung der Literatur bestätigte. Ich teilte ihm mit, dass er die erforderliche Literatur von mir erhalten würde und dass er sie unter den Studenten der Fakultät für Sozialwissenschaften verteilen müsse. Ich sagte ihm, dass er und Werner Gumpel diese Arbeit in der Fakultät zusammen durchführen werden. Ich schlug außerdem vor, dass er mich über die Stimmung der Studenten, über die Lage an der Fakultät und über andere Ereignisse an der Universität informieren sollte. Diesem Vorschlag stimmte Jenkner auch zu.

Frage: War Gumpel bei diesem Treffen mit Jenkner anwesend?

Antwort: Möglicherweise. Aber daran kann ich mich nicht mehr genau erinnern.

Frage: Wie hat Jenkner Ihren Auftrag ausgeführt?

Antwort: Von mir persönlich hat Jenkner einmal Literatur erhalten. Dies war am 3. Oktober 1950. Damals gab ich ihm eine große Anzahl antisowjetischer Broschüren und Flugblätter. Er erhielt von mir die Broschüren „Der NKWD-Staat", „Als Gefangene unter Stalin und Hitler", „Die Vereinigung der Friedenskämpfer", „Die Geschichte der Kommunistischen Partei Deutschlands" sowie die Flugblätter „Aufruf der Deutschen Freiheitsliga an das deutsche Volk" […], die auf eine Schreibmaschine getippt waren. Wie er diese Literatur verbreitet hat, weiß ich nicht. Ob er zusätzliche Literatur von Gumpel erhalten hat, ist mir nicht bekannt. Bis zum Tag meiner Verhaftung erhielt ich von ihm einen Bericht über die Stimmung der Studenten, über die Lage an der Fakultät. In diesem Bericht wies er auf den Fall von Professor Korff hin, von dem die Mitglieder der FDJ forderten, dass er eine Proklamation zum Verbot der Atomwaffen unterzeichnet. Er wurde gezwungen, den Hörsaal zu verlassen.

Frage: Wen haben Sie noch in die illegale Gruppe verwickelt?

Antwort: Ich habe niemanden mehr in die illegale Gruppe involviert. Aus Gründen der Geheimhaltung wollte ich nicht, dass die Gruppe zu groß wird.

Frage: Wie oft haben Sie Versammlungen von Gruppenmitgliedern organisiert?

Antwort: Solche Versammlungen gab es überhaupt nicht. Ich habe zu keinem Zeitpunkt alle Mitglieder der Gruppe zusammengebracht, so dass sie sich nicht kannten. Aus Gründen der Geheimhaltung wollte ich die Gruppe so strukturieren, so dass die Vertrauenspersonen der einen Fakultät die Vertrauenspersonen der anderen nicht kannten. So wusste Karl Miertschischk nicht, dass Jenkner und Gumpel auch Mitglieder der Gruppe waren. Deshalb interessierte ich mich nicht für die Aktivitäten meiner Vertrauten – ich hoffte auf ihr Gewissen. Ich weiß auch nicht, wen sie in die Verbreitung der Literatur noch verwickelt haben, abgesehen von dem, was mir Miertschischk zu diesem Thema erzählte. Jedes Mitglied der Gruppe wurde bei mir unter einem Pseudonym eingetragen.

Frage: Wie lauten die Pseudonyme, die Sie den Gruppenmitgliedern gegeben haben?

Antwort: Ich persönlich hatte das Pseudonym „FWL-1", du Ménil – „FWL-2", Gumpel – „KPW-3", Jenkner – „KPW-4", Miertschischk – „TZP-6". Außerdem habe ich Miertschischk noch drei Pseudonyme gegeben, und zwar – „TZP-7", „TZP-8" und „TZP-9", die er […] zuweisen sollte. Die ersten Buchstaben des Pseudonyms beginnen mit dem Namen der Fakultät oder der Abteilungen […]. Die Zahlen deuten auf die Reihenfolge der Gruppenmitglieder hin.

Frage: Sie haben nicht gesagt, zu wem die Nummer 5 gehört? Warum verstecken Sie diese Person?

Antwort: Die Nummer 5 blieb unbesetzt. Ich wollte eine andere Person in die Gruppe aufnehmen, nämlich meinen Freund Rudolf Mai, einen Student der Fakultät für Sozialwissenschaften. Aber da er [unleserlich], entschied ich mich, ihn in diese Angelegenheit nicht zu verwickeln. Darüber sprach ich mit ihm nicht. Und da die Nummer 5 für ihn bestimmt war, aber er nicht beteiligt war, blieb diese Nummer frei.

Frage: Welche Ziele verfolgte Ihre Gruppe?

Antwort: Wie aus meiner Aussage hervorgeht, hat unsere Gruppe es sich zur Aufgabe gemacht, antisowjetische-antidemokratische Literatur zu verbreiten und Informationen über die Lage an der Universität Leipzig zu sammeln. Andere Aufgaben hatten wir nicht."

Herbert Belter kann nicht wissen, dass der Terminus „Informationen" für den sowjetischen Staatssicherheitsdienst nur ein Synonym für Spionage ist.

„Frage: Welchen Namen trug Ihre Gruppe?
Antwort: Ich habe der Gruppe den Namen ‚WUL-1' gegeben – ‚Widerstandsgruppe der Universität Leipzig - 1'.
Frage: Kannten die anderen Teilnehmer diesen Namen?
Antwort: Möglicherweise. Aber ich kann es nicht mit Sicherheit sagen.
Frage: Auf wessen Anweisung haben Sie die illegale Gruppe gegründet?
Antwort: Ich habe die illegale Gruppe aus eigener Initiative und ohne Auftrag eines anderen gegründet.
Frage: Haben Sie nicht einen solchen Auftrag von Löwenthal bekommen?
Antwort: Nein. Als wir bei Löwenthal waren, haben wir ihm gesagt, dass wir eine illegale Gruppe an der Universität Leipzig gründen wollen. Er war nicht dagegen, gab uns aber keine Anweisungen in dieser Angelegenheit und warnte uns, dass wir vorsichtig sein sollten.
Frage: Haben Sie es Löwenthal gemeldet, dass Sie eine illegale Gruppe gegründet haben?
Antwort: Nein, da ich mich persönlich mit Löwenthal nicht mehr treffen konnte. Er konnte dies jedoch aus den zahlreichen Berichten schließen, die ihm vorgelegt wurden, da sie mit dem Namen der Gruppe unterzeichnet waren und von verschiedenen Personen stammten.
Frage: Wenn Sie Löwenthal nicht getroffen haben, wie haben Sie ihm dann die Berichte übermittelt?

Antwort: Vom 1. August bis 1. Oktober dieses Jahres waren wir im Urlaub. Am 4. August fuhr ich nach Rostock, um meine Eltern zu besuchen. Auf dem Weg dorthin machte ich einen Zwischenstopp in Berlin und besuchte den Radiosender ‚Rias' mit der Hoffnung, Löwenthal zu treffen und ihm die Berichte zu übermitteln, die ich von Gumpel, Miertschischk und Jenkner erhalten hatte. Ich konnte mich mit Löwenthal allerdings nicht treffen, da er abgereist war […], also übergab ich die Berichte an seiner Sekretärin und ging weg. Am 28. September kehrte ich nach Leipzig zurück und besuchte den ‚Rias' erneut, aber auch diesmal traf ich Löwenthal nicht. Laut der Sekretärin war er damals auf der Versammlung der Amerikanischen Wirtschaftlichen Gesellschaft. Was das für eine Versammlung war und was Löwenthal damit zu tun hatte, weiß ich nicht. Dann wählte ich die antisowjetische, antidemokratische Literatur aus, die ich für die Verbreitung benötigte, packte sie zusammen, und, nachdem ich der Sekretärin gesagt habe, sie solle das Paket an mich in Leipzig schicken, ging ich weg. Den ‚Rias' habe ich nicht mehr besucht, da ich wenige Tage nach meiner Rückkehr in Leipzig verhaftet wurde.

Frage: Haben Sie die von Ihnen für die Verteilung ausgewählte Literatur erhalten?

Antwort: Ja, ich habe sie bekommen. Ich habe sie am 30. September dieses Jahres bekommen.

Frage: Wie haben Sie die erhaltene Literatur verbreitet?

Antwort: Wie ich bereits früher erwähnt habe, habe ich einen Teil dieser Literatur an Jenkner Siegfried zur Verbreitung gegeben. Ich konnte mich vor meiner Verhaftung mit den anderen Gruppenmitgliedern nicht treffen. Einen Teil der Literatur habe ich per Post an 10 Professoren der Universität Leipzig verschickt. Am Abend des 4. Oktober dieses Jahres habe ich zusammen mit du Ménil etwa 80 Flugblätter auf die Straßen von Leipzig verteilt. Der Rest der Literatur wurde mir bei der Durchsuchung beschlagnahmt.

Frage: Während der Durchsuchung wurde die folgende antisowjetische Literatur beschlagnahmt: 18 Broschüren mit dem

III. Nach der Freiheit: Das Beispiel der „Belter-Gruppe"

Titel „Die Vereinigung der Friedenskämpfer", 22 Broschüren mit dem Titel „Als Gefangene unter Stalin und Hitler", 15 Broschüren „Die Geschichte der KPD", 62 Broschüren „Der NKWD-Staat", 166 Flugblätter mit dem Titel „Aufruf der Deutschen Freiheitsliga an das deutsche Volk" und 490 Flugblätter mit dem Titel „Zusatzpunkt zu Punkt 5 der Wahlparolen". Gleichzeitig wurden auch die Broschüren „Der Freie Student" und die Zeitung „Telegraf" Nr. 14 bei den anderen Mitgliedern der Gruppe beschlagnahmt. All diese Literatur wird Ihnen vorgelegt. Haben Sie diese Literatur von Löwenthal erhalten und verbreitet?

Antwort: Ja, ich habe genau diese Literatur erhalten und verbreitet. Diese Literatur habe ich Jenkner und den anderen Mitgliedern der Gruppe gegeben. Diese Literatur habe ich direkt persönlich verbreitet oder mit der Hilfe meiner Vertrauenspersonen.

Frage: Welche Vergütung haben Sie für Ihre illegale Tätigkeit erhalten?

Antwort: Ich habe die illegale Tätigkeit nicht gegen Bezahlung durchgeführt, sondern aufgrund meiner politischen Überzeugung.

Das Protokoll mit meinen Worten ist richtig geschrieben, es ist mir vollständig in deutscher Sprache vorgelesen, worin ich hiermit unterschreibe. (Herbert Belter)"[89]

Gerhard Löwenthal sehen die Ermittler als Agentenführer der CIA. Routiniert fabriziert der sowjetische Staatssicherheitsdienst eine staatsfeindliche „Belter-Gruppe" und die entsprechende Anklage nach dem berüchtigten Paragrafen 58 des Strafgesetzbuches der RSFSR.

Eigentlich fallen die Studenten nicht unter die Jurisdiktion der Besatzungsmacht, doch da von Anfang an der Verdacht der Spionage für die USA im Raum steht, melden die deutschen Dienststellen dem sowjetischen Staatssicherheitsdienst die Verhaftung, der dann auch sogleich übernimmt. Der sowjetische Staatssicherheitsdienst wird den deutschen bis zum Ende der DDR immer nur als Unterabteilung ansehen. Dort, wo es die Sowjets für wichtig erachten, ziehen sie die Sache an sich, den deutschen Staatssicherheitsdienst überwachen sie mit Argusaugen. Frei nach Juvenal könnte man den sowjetischen Staatssicherheitsdienst mit Blick auf den deutschen den Bewacher der Bewacher nennen. Das geht so weit, dass von den sowjetischen Sicherheitsorganen die deutschen nicht nur angeleitet, sondern auch ausspioniert werden. Für die Deutschen sind die sowjetischen Genossen, auch in der amtlichen Bezeichnung auf Formularen „Freunde", wie bspw. in den offiziellen Haftentlassungszetteln, wenn die deutschen Gefangenen aus der deutschen Haft „entlassen" werden, um „an die Freunde übergeben" zu werden.

Nicht nur gegen Herbert Belter und seine Kommilitonen ermitteln die Sowjets. Man hat es bei der „Belter-Gruppe" nicht mit einem Einzelfall zu tun, sondern die Maschinerie des sowjetischen Terrors arbeitet stets nach dem gleichen Muster. Laut der russischen Menschenrechtsorganisation Memorial, die sich besonders der Aufarbeitung der sowjetischen bzw. stalinistischen Verbrechen widmet, werden zwischen 1950 und 1953 927 deutsche Staatsbürger in Moskau hingerichtet, ihre Leichen im Krematorium beim Donskoi-Friedhof eingeäschert und die Asche im Massengrab Nummer 3 verscharrt.

Im Verhör vom 27. Oktober wird Herbert Belter vom Untersuchungsführer mit der Anklage und dem Paragrafen, nach dem die Anklage erfolgt, vertraut gemacht:

„Frage: Sie wurden gemäß den Artikeln 58-6-1, 58-10-2 und 58-11 des Strafgesetzbuches der RSFSR angeklagt. Verstehen Sie die Anklage und bekennen Sie sich schuldig?

Antwort: Die Anklage gemäß den Artikeln 58-6-1, 58-10-2 und 58-11 des Strafgesetzbuches der RSFSR verstehe ich. Ich bekenne mich völlig schuldig.

Frage: Worin bekennen Sie sich konkret schuldig?

Antwort: Ich bekenne mich schuldig, Ende Juni 1950 mit Löwenthal, einem Mitarbeiter des Westberliner Rundfunksenders ‚Rias', Kontakt aufgenommen zu haben. Von dem erhielt ich antisowjetische Literatur und den Auftrag, sie in Leipzig zu verbreiten, sowie die Aufgabe, Informationen politischer Art über die Universität Leipzig zu sammeln. Um die antisowjetische Literatur zu verbreiten und politische Informationen zu sammeln, habe ich eine illegale Widerstandsgruppe gegründet, zu der neben mir auch die Studenten du Ménil, Gumpel, Jenkner und Miertschischk gehörten, die sich mit der Verbreitung der antisowjetischen Literatur und dem Sammeln von Informationen ebenfalls befasst haben. Die Informationen für Löwenthal, die ich von den Gruppenmitgliedern erhalten habe, habe ich an dessen Sekretärin weitergegeben. Insgesamt habe ich Löwenthal vier Berichte gegeben. Ich hatte bereits in den früheren Vernehmungen ausführlich über den Inhalt meiner Tätigkeit berichtet."[90]

Anschließend wird, noch am 27. Oktober 1950, der Beschluss zur Anklagerhebung gegen Belter gefasst:
„Er wurde als Anführer einer illegalen antisowjetischen Widerstandsgruppe entlarvt, die in Leipzig antisowjetische, antidemokratische Flugblätter verbreitet hatte. Er hatte die Flugblätter aus West-Berlin mitgebracht und sich mit der Sammlung von Informationen politischer Natur beschäftigt."[91]
Es folgt die Liste der Anklagepunkte (siehe unten).
Damit ist die Untersuchung im Wesentlichen erledigt. Herbert Belter wird zwar noch ein paar Mal befragt werden, aber da geht es nur noch um das Üben des Frageablaufes und der Überprüfung von Details, die sich in den Verhören der anderen ergeben haben.
Den Studenten und dem Tischlergesellen muss das alles surreal, geradezu kafkaesk vorkommen, eine absurde Situation.
Im November enden die Verhöre für die Angeklagten. Die Anklageschrift wird erstellt.
Die jungen Männer verbringen nun eintönige und bange Tage in ihren Zellen und warten. Sie versuchen, sich der Situation anzupassen. Noch hoffen sie, bald wieder auf freiem Fuß zu sein,

denn sie haben ja eigentlich nichts verbrochen. Sicher sind sie sich indessen, dass man sie exmatrikulieren wird.

Am 4. Januar 1951 findet eine Vorbereitungssitzung des Militärtribunals des Truppenteils 48240 statt. Der Berichterstatter, Major der Justiz Jakowenko, und der Mitberichterstatter, Oberstleutnant der Justiz Denisow, tragen einer Kommission vor, die aus dem Vorsitzenden Oberstleutnant der Justiz Dewjatkin, dem Oberstleutnant der Justiz Zhurawlew und als Sekretär dem Leutnant Sawostjanow besteht. Einer der beiden Berichterstatter ist der Militärstaatsanwalt, der andere ist der spätere Vorsitzende des Gerichts, Denisow.

Im Protokoll heißt es über den Bericht:

„Nachdem der Berichterstatter die Umstände des Falles dargelegt hatte, schlug er vor, die Anklageschrift zu bestätigen und BELTER, JENKNER, MIERTSCHISCHK und GUMPEL, gemäß den Artikeln 58-6-1, 58-10-2 und 58-11 des Strafgesetzbuches der RSFSR, und HERMANN, GRÜNBERGER, BACHMANN, EBERLE, BECKER und SCHARF, gemäß den Artikeln 58-10-2 und 58-11 des Strafgesetzbuches der RSFSR, vor Gericht zu bringen.

Die Verhandlung des Falles wird in einer geschlossenen Gerichtssitzung stattfinden, am Standort des Militärtribunals, ohne Teilnahme der Staatsanwaltschaft und der Verteidigung, ohne Vorladung von Zeugen.

[…] Der Vorsitzende erklärte die Vorbereitungssitzung für geschlossen."[92] Damit steht der Prozess unmittelbar bevor.

Der Prozess

Die Kälte nistet sich im neuen Jahr endgültig in den langen Fluren des wuchtigen Gebäudekomplexes in Dresdens Bautzener Straße ein und hat die letzte Erinnerung an die Wärme des Herbstes vertrieben – und sie würde auch vor Ende März nicht

III. Nach der Freiheit: Das Beispiel der „Belter-Gruppe"

weichen. Die zehn jungen Männer, die der sowjetische Staatssicherheitsdienst nun zur „Belter Gruppe" zusammengefast hat, sehen sich am 20. Januar kurz vor 11 Uhr morgens im Kellergang vor einer schweren Tür zum ersten Mal wieder, seit sie im fast noch spätsommerlichen Oktober mitten in der Nacht von Leipzig nach Dresden transportiert worden sind. Einige von ihnen sehen sich jetzt und hier zum ersten Mal, zum Beispiel Herbert Belter und Peter Eberle. Zur Freude besteht keine Veranlassung. Ihre Gesichter sind ernst, blass, die Nasen spitz von den Strapazen, den Zwängen, den Ängsten der letzten Monate, gezeichnet von nächtlichen Verhören, dem Schlafentzug. Die hygienischen Verhältnisse mit dem stets stinkenden Kübel in der Zelle, dem Fehlen von Toilettenpapier, dem schlechten Essen wirken wie Folter. Inzwischen glauben die Studenten und der Tischlergeselle nicht mehr daran, dass sie mit dem berühmten blauen Auge davonkommen, dass es für die Studenten mit der Relegation vom Studium sein Bewenden haben würde. Dennoch bleibt ein Rest von Hoffnung, dass es zwar schlimmer, doch nicht allzu schlimm kommen kann, denn die Russen müssen doch endlich einsehen, dass sie völlig harmlos sind und sie die falschen „geschnappt" haben. Sie werden lernen, dass es nicht um die Richtigen oder die Falschen geht, sondern dass die, die man verhaftet, immer die Richtigen sind. Die Tür zu dem großen Kellerraum, der notdürftig zum Gerichtssaal umgestaltet wurde, steht offen und lässt den Blick in einen tristen Raum zu, der von Glühbirnen beleuchtet wird, denn die Fenster wurden abgedunkelt, so dass niemand hinein- oder herausschauen kann. Dass der Gerichtssaal improvisiert ist, macht ihn noch kafkaesker.

Wie viele Urteile mochten in diesem Raum gefällt worden sein? Als Mindestmaß gelten zehn Jahre für die ganz Unschuldigen, wie Siegfried Jenkner später sarkastisch spottet, in der Regel werden 25 Jahre Arbeitslager verhängt, doch auch die Todesstrafe, die vorübergehend ausgesetzt worden ist, wird wieder verhängt. Wenn an einem Ort ein Übermaß an Unrecht verübt und Leid erlitten wird, so nehmen die Wände, die Decke, die Fußböden dieses Leid an und dünsten es aus.

Kafkas meisterhafte Erzählung „Der Schlag ans Hoftor" endet mit den Sätzen: „Noch glaubte ich fast, ein Wort werde genügen, um mich, den Städter, sogar noch unter Ehren, aus diesem Bauernvolk zu befreien. Aber als ich die Schwelle der Stube überschritten hatte, sagte der Richter, der vorgesprungen war und mich schon erwartete: Dieser Mann tut mir leid. Es war aber über allem Zweifel, daß er damit nicht meinen gegenwärtigen Zustand meinte, sondern das, was mit mir geschehen würde. Die Stube sah einer Gefängniszelle ähnlicher als einer Bauernstube. Große Steinfließen, dunkel, ganz kahle Wand, irgendwo eingemauert ein eiserner Ring, in der Mitte etwas, das halb Pritsche, halb Operationstisch war. Könnte ich noch andere Luft schmecken als die des Gefängnisses? Das ist die große Frage oder vielmehr, sie wäre es, wenn ich noch Aussicht auf Entlassung hätte."[93]

Das Lieblose, Geschäftsmäßige, Hässliche des Raumes wirkt deprimierend, dennoch betreten die zehn jungen Männer den Gerichtskeller nicht ganz ohne Hoffnung. Nach den ermüdenden und zermürbenden Verhören der letzten Wochen, den beengten Verhältnissen in den Zellen weckt die Anberaumung des Prozesses in Herbert Belter immerhin das Gefühl, dass sich etwas ändern wird. Dass er als Hauptschuldiger, als Rädelsführer hingestellt wird, weiß er schon aus den Verhören, auch, was ihm zur Last gelegt wird, und natürlich, was er gestanden hat. Die Verhöre dienen nicht der Wahrheitsfindung, sondern der Präparation der Angeklagten, auch wenn es sich nicht um einen Schauprozess, sondern um einen „geschlossenen Prozess"[94] handelt. Herbert Belter hat die Rolle, die ihm zugedacht wurde, angenommen, weil er in der Tat die Seele des Ganzen war, vor allem jedoch, weil er hofft, durch sein Schuldeingeständnis die Kommilitonen entlasten zu können. Auf eine Zwischenfrage des Vorsitzenden des Militärtribunals, des Gardeobersten der Justiz Denisow, wird er antworten: „Gumpel sagt richtig, dass ich der Leiter der Gruppe bin."[95]

III. Nach der Freiheit: Das Beispiel der „Belter-Gruppe"

Prozessvorbereitung und Prozessdurchführung stehen unter dem Diktum Stalins, dass die Zahl und die Gefährlichkeit der Feinde des Sozialismus mit den Erfolgen beim Aufbau des Sozialismus zunehmen. Wie in allen Bereichen der Volkswirtschaft und des Lebens in der UdSSR herrscht der sozialistische Wettbewerb auch in den Justizorganen. Selbst in den Staatssicherheitsorganen existieren Pläne, die zu erfüllen und nach Möglichkeit überzuerfüllen sind, nur handelt es sich im sowjetischen Staatssicherheitsministerium (MGB) nicht um die Überbietung des Solls der Produktion von Löffeln oder von Getreide oder von Brot, sondern darum, wie viele Volksfeinde von der politischen Polizei aufgespürt und von der Justiz innerhalb eines Monats verurteilt werden müssen, wie viele zu erschießen, wie viele zu deportieren sind. Alles geschieht nach Plan und auch die neun Studenten und der Tischlergeselle stellen nur eine Plankennziffer dar. Sie sind, vor das Tribunal gestellt, keine Menschen mehr, weder Bürger- noch Menschenrechte existieren für sie, sie sind nur noch Feinde des Sozialismus, die es zu vernichten gilt. Stalin in Moskau, der sich inzwischen nach den Zeiten der Großen Säuberung in den 1930er Jahre zurücksehnt, bereitet eine neue Terrorwelle vor, die Fabrikation der großen Verschwörung jüdischer Ärzte, die angeblich den sowjetischen Funktionären nach den Leben trachten und Stalins Liebling und potenziellen Nachfolger Andrei Shdanow (gestorben 1948) umgebracht haben sollen, als Teil des Kampfes gegen die „Kosmopoliten". Berija und der sowjetische Staatssicherheitsdienst befinden sich in den Vorbereitungen zur Entfesselung von neuen Massenrepressalien, einer ungeheuerlichen und monströsen Terrorwelle.

Doch davon weiß Herbert Belter nichts, als er den Raum betritt, nichts davon, dass es hier nicht auf Recht und Gesetz ankommt, sondern einfach ein Plan, der Unschuld nicht vorsieht, zu erfüllen ist. Für den erfolgreichen Aufbau des Sozialismus werden Volksfeinde als Zwangsarbeiter, als Arbeitssklaven benötigt. Also produziert man sie, zum Beispiel für den Bau des Weißmeer-Ostsee-Kanals Anfang der 1930er Jahre, zu dem über 10 000 Gulag-Häftlinge gezwungen wurden.

Die zehn jungen Männer befinden sich nicht in der Gewalt der deutschen, sondern der sowjetischen Justiz. Obwohl sie alle bereits erlebt oder davon gehört haben, dass Menschen von einem auf den anderen Tag verschwinden, Existenzen mit Leichtigkeit vernichtet werden, reicht ihre Fantasie bei Weitem nicht aus, sich vorzustellen, wie ihr Prozess ausgehen würde.

Sophie Scholl, die sich bei ihrer Verhaftung 1943 im gleichen Alter wie Herbert Belter 1950 befand, wusste sehr genau, worauf und gegen wen sie sich einließ, als sie mit Flugblättern und an die Wand gemalten Parolen gegen die Nationalsozialisten kämpfte. Sie zweifelte nicht im Geringsten daran, dass die Nazis sie hinrichten würden, wenn sie ihrer habhaft würden. Herbert Belter rechnet nicht damit, dass die Macht so drakonisch vorgehen würde. Er lehnte den Sozialismus auch nicht ab, forderte aber, dass er demokratisch sein und die bürgerlichen Freiheiten akzeptieren sollte. Er steht nicht unversöhnlich einem Todfeind gegenüber. Der Prozess gegen Sophie und Hans Scholl und Christoph Probst wahrte noch mühsam den äußerlichen Schein eines Gerichtsverfahrens, ließ noch einen Verteidiger zu und bedurfte noch eines Staatsanwaltes. Auf Staatsanwaltschaft und Verteidigung verzichtet das sowjetische Militärtribunal.

An den Flanken des U-förmigen Tisches haben wie immer Dolmetscher und Schriftführer ihre Plätze eingenommen. Die Studenten verteilen sich nach Aufforderung auf die zehn, dem Tribunal gegenüber aufgestellten Stühlen: die Studenten Herbert Belter, Siegfried Jenkner, Werner Gumpel, Karl Miertschischk, Otto Bachmann, Rolf Grünberger, Peter Eberle, Günter Herrmann, der Tischlergeselle Erhard Becker und der Student Hans-Dieter Scharf. Die Männer wissen nicht, dass ihr Strafmaß schon feststeht und dass die Reihenfolge der Plätze, die ihnen zugewiesen werden, genau der Höhe der Strafe entspricht: über den ersten wird die höchste, über den letzten die niedrigste Strafe verhängt werden.

III. Nach der Freiheit: Das Beispiel der „Belter-Gruppe"

Jetzt betritt das Tribunal, das aus dem Gardeoberst der Justiz Denisow und den Beisitzern, den Gardemajoren der Justiz Schewkow und Lytschew besteht, den Kellerraum.

Für die sowjetischen Offiziere wird es im Verlauf der zwei Verhandlungstage nicht darum gehen, etwas über die Angeklagten in Erfahrung zu bringen, ihre Schuld oder Unschuld festzustellen, Motivationen zu verstehen, eventuell mildernde Umstände ausfindig zu machen, auch die Dauer der Verhandlung, die zwei Tage, entsprechen der Regel. Alles, was in den Verhören festgehalten wurde, wird noch einmal aufgerollt und abgefragt, um aus den dürren Tatsachen eine handfeste Verschwörung aufzubauschen. Hier wird keine Schuld ermittelt, sondern es werden Schuldige produziert.

Nachdem Denisow die Verhandlung eröffnet hat, wird jeder von den zehn gefragt, ob ihm die Anklage klar sei, ob er sich für schuldig bekenne und vor Gericht aussagen würde. Danach wird Angeklagter nach Angeklagter anhand der Protokolle verhört. Sowohl der Richter als auch die Beisitzer, aber auch die Mitangeklagten stellen Zwischenfragen, teils um ihre „Mitschuld" zu reduzieren. So will Peter Eberle durch seine Intervention im Verhör von Rolf Grünberger klarstellen, dass er glaubte, eine harmlose Studentenzeitung von Grünberger und keine verbotenen Schriften erhalten zu haben. Und Rolf Grünberger hilft dem Freund, indem er aussagt: „Ich sagte zu Eberle, ich würde ihm eine Studentenzeitung geben, gab ihm aber die Zeitung der Telegraf."[96]

Der Ablauf ist streng ritualisiert. Ginge es nicht um Leben und Tod, mutete die Dramaturgie wie „Warten auf Godot" oder „Endspiel" an. Doch es geht um Leben und Tod, was die Angeklagten jedoch nicht ahnen. Herbert Belter hat sich wie alle anderen eine Verteidigungsstrategie zurechtgelegt. Gut oder schlecht, wie kann er das beurteilen? Ein Rechtsbeistand wird ihm nicht zur Verfügung gestellt. Im Protokoll zum Beschluss zur Verhandlung heißt es ausdrücklich und unmissverständlich: „ohne Beteiligung von Vertretern der staatlichen Anklage und der Verteidigung, verhandelt am 19. Januar 1951 in einer geschlossenen Gerichtsverhandlung in Dresden um 11 Uhr."[97]

Hat Herbert Belter im Verlauf des Prozesstages an George Orwells Roman „1984" gedacht, den er doch als Tarndruck gelesen hat? Besteht nicht zwischen der Literatur und dem Leben, dem wirklichen, dem realen Leben ein Unterschied? Wie nur können sich Fiktion und Realität so sehr annähern? Dass dieses Gerichtsverfahren überhaupt stattfindet, stellt einen Bruch der Verfassung der DDR dar, die zwingend vorschreibt, dass Bürger der DDR nur von Gerichten der DDR verurteilt werden dürfen. Die Anklage beruht auf dem für DDR-Bürger auf dem Gebiet der DDR nicht gültigen Strafgesetzbuch der RSFSR, und zwar nach dem berüchtigten Paragrafen 58, der 1927 erlassen und nach der Ermordung des sowjetischen Politikers Sergei Kirow 1934 noch einmal verschärft wurde. Paragraf 58 richtet sich gegen politische Feinde, gegen „konterrevolutionäre" Tätigkeit, genauer gegen all das, was man darunter verstehen kann und vor allem will. Er ist bewusst unscharf gehalten, offen für die rechtliche Absicherung jeglicher Willkür. Politische Gefangene wurden deshalb in den Gulags nur 58ziger genannt.

Herbert Belter, Karl Miertschischk, Werner Gumpel und Siegfried Jenkner werden Verstöße gegen Artikel 58-6 Teil 1, 58-10, Teil 2 und 58-11 vorgeworfen, allen anderen Angeklagten Delikte entsprechend Artikel 58-10 Teil 2 und 58-11. Der berüchtigte Artikel 58 des Strafgesetzbuches der RSFSR, der Rechtsbruch, Mord und Folter aus politischen Gründen die juristische Grundlage bietet, stellt

– im Abschnitt 6 die „Spionage, d. h. Weitergabe, Entwendung oder zwecks Weitergabe vorgenommene Sammlung von Nachrichten, die sich ihrem Inhalt nach als ein besonders schutzwürdiges Staatsgeheimnis darstellen, zugunsten ausländischer Staaten, konterrevolutionärer Organisationen oder Privatpersonen",

III. Nach der Freiheit: Das Beispiel der „Belter-Gruppe"

- im Abschnitt 10 „die Propaganda oder Agitation, die zu Sturz, Unterhöhlung oder Schwächung der Sowjetherrschaft oder zur Begehung einzelner konterrevolutionärer Verbrechen (Art. 58.2–58.9 dieses Gesetzbuches) auffordern, sowie Verbreitung, Herstellung oder Aufbewahrung von Schriften gleichen Inhalts"
- und im Abschnitt 11 die „die Vorbereitung oder Begehung der in diesem Kapitel vorgesehenen Verbrechen gerichtete organisatorische Tätigkeit jeglicher Art sowie Teilnahme an einer Organisation, die zur Vorbereitung oder Begehung eines in diesem Kapitel vorgesehenen Verbrechens gebildet worden ist", unter Strafe.[98]

Zum Strafmaß heißt es im Paragrafen: „Die Höchststrafe ist Erschießen bzw. die Deklaration zum Volksfeind und das Einziehen aller Vermögenswerte und der Bürgerrechte der UdSSR inklusive der Ausweisung aus der Sowjetunion. Bei mildernden Umständen kann dies zu einer Haftstrafe von mindestens drei Jahren mit Einziehen aller Vermögenswerte abgewandelt werden."[99]

Herbert Belter, Karl Miertschischk, Werner Gumpel und Siegfried Jenkner wird also nicht nur antisowjetische Tätigkeit, sondern zudem Spionage vorgeworfen, was für die vier Studenten die Todesstrafe bedeuten kann. Auch wenn diese Strafe im Raum steht, halten die Studenten ihre Anwendung für unmöglich. Was haben sie denn schon getan? Einen verbotenen Text gelesen, einen Artikel geschrieben, einmal ein paar Flugblätter ausgelegt – im Grunde Lappalien. Dass sie andererseits hier nicht mehr ungeschoren herauskommen, wissen sie, so versuchen sie ihre kaum vorhandenen Möglichkeiten zu nutzen, um zumindest das Strafmaß reduziert zu bekommen. Nach der Verlesung der Anklageschrift werden sie der Reihe nach befragt, ob sie sich schuldig bekennen. Jeder von ihnen kennt sein Geständnis. Fast alle räumen eine Teilschuld, aber eben nur eine Teilschuld ein. Herbert Belter, Karl Miertschischk, Werner Gumpel und Siegfried Jenkner erkennen „eine Schuld mei-

nerseits nach Art. 58-6 Teil 1 STGB RSFSR [...] nicht an." Den
Vorwurf der Spionage weisen sie damit von sich.[100]

Die zehn Angeklagten wollen vor Gericht aussagen. Die Aussagen und Fragen des Richters, die Konfrontation der Angeklagten mit Äußerungen in den Protokollen werden sich bis 21.30 Uhr hinziehen. Am 20. Januar 1951 wird die Gerichtsverhandlung um 9 Uhr fortgesetzt. All das entspricht der Norm, so verlaufen alle Verhandlungen des Militärtribunals. Da die Strafen im Vornhinein feststehen, gibt es bei den Richtern keinerlei Aufregung oder emotionale Reaktion, stoisch wird der immer gleiche Ablauf durchgesetzt. Sie sind alle Marionetten in einem blutigen, brutalen und menschenverachtenden Spiel.

Zuerst wird Herbert Belter das Wort erteilt, der die Verantwortung übernimmt: „Ich habe persönlich die Gruppe geleitet, der du Ménil, Jenkner, Miertschischk und Gumpel angehörten. Unsere Gruppe leistete dem Regime der DDR Widerstand."[101] Auffällig ist, dass alle Angeklagten immer wieder betonen, nicht gegen die Besatzungsmacht gehandelt zu haben, womit sie nicht nur formal, sondern auch inhaltlich dem Gericht die Zuständigkeit entziehen. Denisow geht über den Einwand hinweg, als sei er nie erhoben wurden. Ob die Russen zuständig sind oder nicht, die Studenten sind nun einmal in die Maschinerie der sowjetischen Justiz geraten, aus der es kein Entkommen gibt.

Zuweilen widersprechen sich die Angaben der Angeklagten im chronologischen Verlauf, doch interessiert sich das Gericht nicht dafür. Auch wenn es ihnen nichts nützt, sind die Studenten klug genug zu versuchen, den Hauptanklagepunkt gegen sich aufzuweichen. Für die vier der Agententätigkeit Beschuldigten bedeutet das, den Vorwurf der Spionage, den sie vehement abstreiten, zu widerlegen. Noch durch die Filter der mindestens doppelten Übersetzung – aus dem Deutschen durch eine schlechte Militärdolmetscherin und dann vom handschriftlichen Protokoll wieder ins Deutsche – und der ihnen aufgezwungenen Dramaturgie wird dennoch das große Erstaunen, das Erschrecken über den Anklagepunkt der Spionage deutlich. Es kommt ihnen widersinnig, absurd vor, dass sie wirklich für drei journalistische Artikel, die sie für den RIAS verfasst und an den RIAS weitergeleitet haben, der Spionage beschuldigt werden.

Werner Gumpel wird in seinem Schlusswort vor der Urteilsverkündung sagen: „In meinem Bericht an den RIAS habe ich nichts Geheimes geschrieben. Ich schrieb das, was allen bekannt war."[102] In seiner Aussage erklärt Gumpel, dass er von Herbert Belter von der Möglichkeit erfahren habe, „Artikel an den ‚Rias' zu geben und sie würden im Radio vorgelesen werden. Ich hoffte, Journalist zu werden und nahm deshalb mit Freuden den Vorschlag an, Artikel für Radiomeldungen zu schreiben. Ich schrieb für Zeitungen der Ostzone. Den ‚Rias' hielt ich für einen deutschen Sender. Mein Bericht über den ‚Rias' enthielt keine antisowjetische Propaganda. Ich war mit der Situation an der Universität und mit der FDJ-Leitung der Hochschule nicht einverstanden und erklärte deshalb mein Einverständnis, illegale Literatur zu verbreiten."[103] Gumpels Artikel hat die gemeinsame Versammlung von Studenten der Universität mit jungen Arbeitern des Böhlen-Werkes im Kongresssaal Leipzig im August 1950 zum Thema. Was, fragt Gumpel indirekt, sei an einer Versammlung geheim, an der über 3000 Jugendliche teilnehmen und deren Resolution öffentlich ausliegt. [104] Auf dieser Versammlung hat der Student Helmut Seidel, der später in Moskau weiter Philosophie studieren sollte, die Forderung erhoben, dass die Studenten, die sich weigern, der FDJ beizutreten, zu exmatrikulieren seien.

Auch Jenkners Artikel enthält nichts, was nicht bekannt ist. Jenkner berichtet über eine Vorlesung Hermann August Korffs, die von Studenten im FDJ-Hemd gestört wird.[105] Siegfried Jenkner führt vollkommen richtig vor dem Tribunal aus: „Ich habe mich der Spionage nicht schuldig bekannt, da das, was ich in meinem Bericht geschrieben habe, keine Spionage war, das waren Informationen über die Leipziger Universität."[106] Zumal alle Studenten, die im überfüllten Vorlesungssaal sitzen, Zeugen des Vorfalls werden.

Auch Karl Miertschischk versteht nicht, was an seinem Artikel den Tatbestand der Spionage erfüllen soll: „In meinem Bericht schrieb ich über die Fakultät für Naturwissenschaften, dass dort die FDJ ihre Arbeit stark entfalte und die Studenten wegen der gesellschaftlichen Arbeit keine Zeit hätten zu lernen, und dass alle mit dieser Situation unzufrieden seien."[107]

Zuvor hat Herbert Belter zum Vorwurf der Spionage gesagt: „Mir ist nicht klar, dass ich Spionage zugunsten der Amerikaner betrieben habe. Die Weitergabe von Informationen über die Universität halte ich nicht für Spionage, deshalb bekenne ich mich nicht schuldig, Spionage betrieben zu haben."[108] Er geht sogar noch einen Schritt weiter: „Die Verbreitung der Flugblätter gegen die Wahlen halte ich nicht für illegale Tätigkeit." Diesen Widerstand sieht Herbert Belter als legitim und damit als legal an. Er sei tätig geworden, „weil ich mit der Lage an der Universität Leipzig unzufrieden war, wir hatten keine Gewissens-, Rede- und Pressefreiheit. Die Universität Leipzig ist eine Volksuniversität und sie ist Teil der DDR, und wenn die Studenten keine Freiheit hatten, waren wir dann mit der Lage in der DDR selbst unzufrieden. Wir haben in der Universität für die Verfassungsrechte gekämpft, da die Universität eine akademische Hochburg der DDR ist. Mir war nicht bekannt, ob die DDR-Regierung das, was an der Universität geschah, unterstützte. Die Flugblätter, die ich verteilt habe, richteten sich gegen die DDR."[109]

Bei all dem, was in den Protokollen steht, muss man mit dem Problem der Übersetzung rechnen, denn zuweilen stimmen die Zuordnungen nicht. So sagte bspw. in einem anderen Prozess ein Angeklagter aus, dass sein Vater im Krieg gefallen sei. Die Dolmetscherin fragte nach, wohinein er gefallen sei.

Herbert Belter, der als erster Angeklagter in der Gerichtsverhandlung spricht, erklärt im Grunde das Gericht für nicht zuständig. Seiner Verteidigungslinie werden mehr oder weniger alle anderen Angeklagten folgen. Erstens ist das Gericht nicht zuständig und der Paragraf 58 nicht anwendbar, weil Herbert Belter sich niemals antisowjetisch betätigt hat. Sein ganzer Protest, seine Aktivitäten richteten sich ausschließlich gegen die DDR. Wenn er sich dafür überhaupt juristisch zu verantworten habe, dann doch vor einem Gericht der DDR. Selbst in dem Sonderdruck des „Monats" über die NKWD-Lager, den er verteilt habe, „wird von den Lagern in der Ostzone Deutschlands geschrieben."[110]

Eine zweite Verteidigungslinie, die aber Herbert Belter nicht wie Peter Eberle oder Hans-Dieter Scharf in Anspruch nimmt, besteht darin, nicht oder erst zu spät erkannt zu haben, dass es sich bei den verteilten Texten um Propagandaschriften handelt. Auf die Frage, ob die Angeklagten noch etwas zur Beweisaufnahme hinzufügen wollen, antwortet Hans-Dieter Scharf wahrheitsgemäß: „Ich möchte sagen, dass ich der DDR oder der Sowjetunion keinen Schaden zugefügt habe, ich hatte keine derartige Absicht und betrieb keine Propaganda."[111] Nach dem Abschluss der „Beweisaufnahme" erhalten die Angeklagten die Möglichkeit eines Schlusswortes vor der Urteilsverkündung. Herbert Belter sagt in etwa, denn der überlieferte Text ist verkürzt:

„Ich bekenne mich nicht der Spionage schuldig, was wir in den Berichten an den ‚Rias' geschrieben haben, ist kein Geheimnis. Ich werde wegen politischer Spionage angeklagt, aber ich lehne diese Anklage als unsinnig ab. Ich habe keine geheimen Informationen über politische Treffen an den ‚Rias' weitergegeben. Ich habe dem ‚Rias' Informationen über die Studententreffen übermittelt, an denen 3.000 Menschen teilnahmen und über die in den Zeitungen berichtet wurde. Mir wird vorgeworfen, antisowjetische, antidemokratische Literatur bewahrt zu haben. Ich bin mit dieser Bezeichnung der Literatur, die bei mir beschlagnahmt worden ist, nicht einverstanden. Das ist alles, was ich zu sagen habe."[112]

Jenkner, der unmittelbar nach Belter spricht, nimmt dessen Gedanken auf und bestreitet ebenfalls die Zuständigkeit des sowjetischen Militärgerichts: „Ich werde antisowjetischer Propaganda angeklagt, aber ich bin mit dieser Anklage nicht einverstanden.

Wenn ich Propaganda betrieben habe, dann gegen Maßnahmen, die in der Deutschen Demokratischen Republik durchgeführt werden, mit denen ich nicht einverstanden bin. Keinesfalls war meine Propaganda gegen die sowjetische Besatzungsmacht gerichtet. Wenn allerdings die Maßnahmen, die in der DDR durchgeführt werden, nach dem Willen der sowjetischen Besatzungsmacht erfolgen, dann ist auch in diesem Fall meine Tätigkeit nur indirekt gegen die sowjetischen Behörden gerichtet. Ich weise zurück, dass ich der Spionage schuldig sein soll. Hier wurde gesagt, da sich der ‚Rias' im amerikanischen Sektor befindet, seien alle Informationen, die wir an den ‚Rias' übermittelt haben, in die Hände der Amerikaner gelangt, aber das ist noch nicht bewiesen. Alle Menschen haben das Recht, sich in ihrem Interesse an Radiosender zu wenden, und das ist keine Spionage. Die ostdeutschen Sender übertragen auch oft Sendungen, in denen Briefe verlesen werden, die sie von Personen aus dem Westen erhalten haben. Für die Spionage gibt es spezielle Behörden im Staat. Vertreter aus Westdeutschland und anderen westlichen Ländern waren häufig bei den Studententreffen anwesend. Sie kehrten in ihre Heimat zurück und erzählten von dem Leben der Studenten in Ostdeutschland, aber das ist keine Spionage. Unsere Vertreter reisten auch zu westdeutschen Studentenversammlungen und kamen zurück und erzählten von dem Leben der Studenten im Westen, aber das ist wieder keine Spionage."[113]

Nun ist Karl Miertschischk an der Reihe. Er wird noch deutlicher als seine Kommilitonen. Von dem, was er dem Blutrichter ins Gesicht sagt, existieren zwei Versionen. Er ist empört über das Unrecht und über die Ungerechtigkeit, er ist zornig darüber, dass er von den Kommunisten so behandelt wird, wie sein Vater 1933 von den Nationalsozialisten. Laut Protokoll sagt er: „Ich wurde gemäß Artikel 58-10-2 des Strafgesetzbuches der RSFSR angeklagt, d. h. wegen antisowjetischer Propaganda. Wo sehen Sie hier Propaganda? Ich habe nur die Wahrheit gesagt, und wenn die sowjetischen Behörden die Wahrheit nicht mögen, ist das nicht meine Schuld.

III. Nach der Freiheit: Das Beispiel der „Belter-Gruppe"

Hier wird die von uns beschlagnahmte Literatur als antidemokratisch bezeichnet, aber ich glaube, es gibt nichts Antidemokratisches darin. Ich habe mich nicht an Spionage beteiligt. Wir haben keine geheimen Informationen übermittelt, und die Informationen, die wir an den ‚Rias' weitergegeben haben, sind nicht mit Spionage verbunden. Ich habe keine Anträge an das Gericht. Ich möchte erklären, dass ich als Bürger der DDR dagegen protestiere, von einem sowjetischen Gericht verurteilt zu werden."[114]

Nach den Erinnerungen von Hans-Dieter Scharf soll Karl Miertschischk jedoch wesentlich schärfer gesprochen haben, was, wenn man den starken Widerwillen gegen Unrecht, der Karl Miertschischk bewegte, kennt, wahrscheinlich ist und im Protokoll abgemildert wurde: „Nicht wir haben irgendwelche Verbrechen gegen die Sowjetunion begangen, sondern die Sowjetunion selbst wird von einer Bande Krimineller geführt, die Tausende ihrer eigenen Genossen auf dem Gewissen hat und einen beispiellosen Personenkult betreibt, demgegenüber Hitler eher als Nachahmer denn als Vorbild gesehen werden kann. Sie sollten hier auf der Anklagebank sitzen, nicht wir!"[115] Ungerührt nimmt Denisow Miertschischks Ausbruch zur Kenntnis, er prallt scheinbar an ihm ab.

Werner Gumpel erklärt: „Ich werde angeklagt, ich hätte gegen die sowjetischen Gesetze verstoßen. Alles, was ich getan habe, ist ein Ergebnis meiner Leichtfertigkeit. Ich wusste nicht, dass sich die Gesetze der Sowjetunion auch auf uns Deutsche erstrecken."[116] Offiziell taten sie das auch nicht, doch inoffiziell konnten die Russen in Ostdeutschland schalten und walten, wie sie wollten. Sie bespitzelten selbst ihre deutschen Genossen, weil sie allen und jedem misstrauten. Der Student Werner Gumpel, gerade einmal 20 Jahre alt, sagt weiter: „In meinem Bericht an den RIAS habe ich nichts Geheimes geschrieben. Ich schrieb das, was allen bekannt war. Ich bitte das Gericht, dies in Betracht zu ziehen." Doch das Gericht hat bereits vor der Verhandlung alles in Betracht gezogen.

Peter Eberle verweist darauf, dass er „lange Zeit politisch zum Nutzen der DDR tätig war. Die Tatsache, dass ich drei Broschüren verbreitet habe, ist unbedeutend im Vergleich zu meiner früheren Tätigkeit. Ich bin Mitglied der CDU und der Nationalen Front. Obwohl die Akte keine politische Einschätzung über mich enthält, denke ich, dass sich das Gericht eine Meinung über meine politische Überzeugung gebildet hat. Als Mitglied der CDU denke ich, dass die DDR auch weiterhin ihren demokratischen Aufbau fortsetzen wird. Ich bitte das Gericht zu berücksichtigen, dass ich lungenkrank bin."[117]

Auch Hans-Dieter Scharf, der als Letzter spricht, beruft sich auf eine „unbekannte Krankheit", an der er leidet.[118] Es ist 13 Uhr. Bevor sich das Gericht zur „Beratung" zurückzieht, tritt Denisow zu den Angeklagten und sagt mit kalter Verachtung: „Studentki!" Zu Deutsch: „Studenten!" Das ist seine ganze hilflose Antwort auf Miertschischks Ausbruch.

Die Zeit des Wartens wird für die jungen Männer zur Tortur.

Um 19.45 Uhr wird die Verhandlung endlich mit der Urteilsverkündung fortgesetzt. Als Herbert Belter das Todesurteil entgegennimmt, zuckt er mit keiner Miene, nur sein Adamsapfel springt auf und ab. Werner Gumpel wird über diesen Moment Jahrzehnte später sagen, dass „Herbert tapfer" war. Hans-Dieter Scharf wird zu zehn Jahren Zwangsarbeit verurteilt, die Strafe für „die ganz Unschuldigen", Otto Bachmann, Rolf Grünberger, Peter Eberle, Günter Hermann und der Tischlergeselle Erhard Becker, Karl Miertschischk, Werner Gumpel und Siegfried Jenkner zu 25 Jahre Zwangsarbeit. Der Richter fragt jeden Einzelnen, ob er das Urteil verstanden habe. Nur Herbert Belter antwortet kurz und knapp: „Das Urteil habe ich verstanden", die anderen sagen die ganze Formel auf: „Das Urteil und das Strafmaß habe ich verstanden."[119] Dabei ist Herbert Belter wohl der Einzige, der es in diesem Augenblick erfasst hat, denn es ist eindeutig grausam, eindeutig brutal und eindeutig endgültig. Für die anderen Studenten und den Tischlergesellen ist die Höhe der Strafe unfassbar, sie könne nicht glauben, dass es real ist, was ihnen widerfährt. Siegfried Jenkner erinnert sich Jahrzehnte an die Situation: „Als die uns

III. Nach der Freiheit: Das Beispiel der „Belter-Gruppe"

25 Jahre aufbrummten, das war ganz merkwürdig. Es war so irreal. Was uns wirklich getroffen hat, war natürlich das Todesurteil von Belter. Die 25 Jahre [...], wenn man 20 Jahre alt ist, das kann man sich gar nicht vorstellen. Hätten die uns damals zu 5 Jahren verurteilt, hätte uns das wahrscheinlich unmittelbar sehr viel härter getroffen, das war vorstellbar. 25 Jahre – das ist außerhalb der Vorstellungskraft."[120]

Einer nach dem anderen muss nun sein Urteil unterschreiben. Und sie tun es. Herbert Belter schleudert, nachdem er seinen Namen unter das Todesurteil gesetzt hat, den Füllfederhalter auf den Tisch, dass die Tinte spritzt, dann geht er wortlos zur Anklagebank zurück. Denisow erläutert ihm kühl und emotionslos, dass er berechtigt sei, ein Gnadengesuch einzureichen. Auf die übliche Frage des Richters antwortet Herbert Belter: „Das Recht auf Einreichung eines Gnadengesuchs habe ich verstanden." Er wird von seinen Kommilitonen getrennt und auch von allen anderen und so soll es bis zum Ende bleiben. Für ihn beginnt der einsame Weg in den Tod. Die Amerikaner nennen es: *dead man walking*.

Einen Tag später, am 21. Januar, verfasst Herbert Belter sein Gnadengesuch:

„Verehrter Herr Vorsitzender des Obersten Sowjets", schreibt er: „Ich Herbert Walter Belter, geboren am 21. Dezember 1929, wurde am 20. Januar 1951 von dem Sowjetischen Militärtribunal in Dresden zum Tode durch Erschießen verurteilt." Nachdem Herbert Belter die Paragrafen des Strafgesetzbuches, nach denen er verurteilt worden ist, aufgezählt hat, benennt er kurz die Vergehen, für die er verurteilt wurde und kommt dann zum eigentlichen Gesuch:

„Ich bitte Sie, Herr Vorsitzender, dieses für meine armen Eltern und mich sehr harte Urteil durch eine Begnadigung zu mildern.

Ich bitte Sie zu bedenken, dass ich erst einundzwanzig Jahre alt bin und mir überhaupt nicht über die Größe und Tragweite meiner Verbrechen im Klaren war; ich hatte nicht die Absicht, gegen die Sowjetunion zu agitieren. Wenn das nun doch geschehen ist, so tat ich es unbewusst. Ich habe die Sowjetunion auch nicht durch Spionage geschädigt, denn es liegt mir vollkommen fern, gegen die UdSSR Spionage zu treiben." Hier widerspricht er der Verurteilung wegen Spionage, wegen der er zum Tode verurteilt worden ist, auch in der Hoffnung, dass seine Unschuld in dieser Frage erkannt wird und er ein Urteil wie die anderen erhält, so dass er, gefangen und verschleppt zwar, aber dennoch überlebt. Wahrheitsgemäß führt er an: „Ich wollte nur einige Zustände an der Leipziger Universität bekämpfen" und in der DDR, könnte man ergänzen, doch eben nicht mehr. Später, als Herbert Belter und alle mit ihm Verurteilten am 23. Mai 1994 von der „Hauptabteilung Aufsicht über die Erfüllung der Gesetze in den Streitkräften" rehabilitiert werden, wird nicht nur festgestellt, dass die Studenten und der Tischlergeselle „aus politischen Motiven verfolgt wurden", sondern auch, dass das „Gericht keinen Grund hatte, Belter, Jenkner, Miertschischk und Gumpel die Beteiligung an irgendeiner Spionagetätigkeit gegen die UdSSR anzulasten."

Herbert Belter führt die elementarsten Gründe ins Feld, er denkt an seine Eltern: „Ich habe meine Verfehlungen erkannt und bitte Sie, Herr Vorsitzender, mir das Leben zu erhalten, denn ich bin das einzige Kind meiner armen Eltern, die ich durch meine Dummheit unglücklich gemacht habe." Im tiefsten Innern weiß er, dass er keine Gesetze gebrochen, keine Straftaten begangen hat, allenfalls „Dummheiten", vor denen ihn aber seine Eltern, als er im letzten Sommer in Rostock war, noch ausdrücklich gewarnt haben. Deshalb bittet Belter um Gnade, denn mehr und anderes bleibt ihm nicht, keine Beschwerde, kein Antrag auf Wiederaufnahme des Verfahrens. Wer soll das auch tun? Ihm wurde nicht einmal ein Verteidiger, ein Rechtsbeistand zugestanden. So appelliert er an den viel und hoch gepriesenen sozialistischen Humanismus: „Ich bitte Sie, Herr Vorsitzender, auch mich nach dem Satz der Sowjetischen Verfassung zu behandeln:

DAS WERTVOLLSTE GUT IST DER MENSCH

Ich bin noch jung, Herr Vorsitzender, und habe doch nur ein Leben zu verlieren, das Wertvollste, was der Mensch hat."[121]

Nachdem Herbert Belters Gnadengesuch ins Russische übersetzt worden ist, wird es am 10. Februar nach Moskau geschickt. Da ist Herbert Belter bereits auf dem Weg in die Butyrka. Er bleibt von seinen Kommilitonen getrennt.

Zunächst werden die Verurteilten in das NKWD-Gefängnis nach Berlin-Lichtenberg überstellt, bis sie zu einem Transport zusammengefasst werden, der sie über Brest nach Workuta bringen wird. Bereits der Transport in der Sowjetunion über Orscha, Moskau, Wologda nach Sibirien in speziellen Waggons wird zur Folter. Unter unmenschlichen Bedingungen schuften sie im Gulag von Workuta.

Das Verschwinden

Für die Eltern und Freunde bleiben die Studenten wie vom Erdboden verschluckt. So sehr sie auch nachfragen, sie erhalten keine Antwort, so als hätten ihre Kinder und Freunde niemals existiert. Karl Belter schreibt schon kurz nach der Verhaftung mehrmals an das Polizeipräsidium, zumal Herbert Belters Leipziger Vermieter Karl Belter auffordert, die Sachen seines Sohnes abzuholen. Der Vermieter und dessen Tochter mussten sich eidesstaatlich verpflichten, niemandem etwas über die Befragung und die Verhaftung von Herbert Belter zu sagen oder auch nur anzudeuten. Karl Belter weiß nur, dass sein Sohn von der Volkspolizei verhaftet wurde, von da verliert sich seine Spur. Entweder wird erst gar nicht auf seine Anfragen geantwortet oder man gibt vor, nichts zu wissen.

Karl Belter schreibt wieder und immer wieder, besonders dann, wenn es Hoffnung gibt, weil er von der Amnestie nach Stalins Tod 1953 hört oder nach dem XX. Parteitag, als Chruschtschow in einer legendären Rede mit dem „Personenkult" abrechnet. Den Terror der Stalinzeit verniedlichend unter „Personenkult" abzubuchen, stellt schon keine Verharmlosung mehr, sondern eine glatte Lüge dar. Am 1. Oktober 1952 schreibt Karl Belter an das Innenministerium und an den Generalstaatsanwalt der DDR: „Nachdem nun am 4.10.52 zwei Jahre vergangen sind und wir trotz aller bisherigen Bemühungen den Aufenthaltsort unseres Sohnes nicht erfahren konnten, ja, dass wir nicht einmal wissen, ob inzwischen eine Verurteilung stattgefunden hat oder unser Sohn sogar verstorben ist, bitten wir das Innenministerium der DDR, Hauptverwaltung Deutsche Volkspolizei unserer Ungewissheit dadurch ein Ende zu machen, dass uns von derselben der jetzige Aufenthaltsort unseres Sohnes bekanntgegeben wird."[122] Zu diesem Zeitpunkt ist sein Sohn bereits über ein Jahr tot. Im Juni 1956 stellt das Ministerium für Staatssicherheit fest, dass es „in der letzten Zeit, insbesondere nach dem XX. Parteitag der KPdSU und der III. Parteikonferenz der SED, Zuschriften aus der Bevölkerung gibt, in welchen Nachfragen nach verhafteten Personen enthalten sind."[123]

Karl Belter wendet sich an jede Stelle, die ihm aussichtsreich erscheint, 1954 auch an den Hohen Kommissar der Sowjetischen Kontrollkommission: „Seit nahezu 4 Jahren weiß ich nichts über den Verbleib meines Jungen." Er räumt ein, dass wenn sein Sohn „tatsächlich aufgrund seiner Jugend eine Unbesonnenheit getan hat, die gegen die Gesetze unserer Deutschen Demokratischen Republik verstieß", er bestraft werden muss. „Es müsste dann aber ebenso verständlich sein, dass wir als Eltern über das Urteil und den Aufenthalt unseres Sohnes Nachrichten erhalten. Meine Frau und ich leiden sehr unter den seelischen Belastungen, nicht zu wissen, ob unser einziges Kind noch unter den Lebenden weilt und wo es sich aufhält […] Ich bitte den Hohen Kommissar der UdSSR, meine seelische Notlage zu verstehen und mir mit den weitreichenden Verbindungen und Lebenserfahrungen zu helfen und zu unterstützen. Ein Lebenszeichen meines Sohnes, würden meiner Frau und mir nicht nur eine unendliche Freude geben, sondern auch die unbeschwerte Kraft, alles einzusetzen für das Wohl unserer jungen Republik."[124] Niemand wird ihnen Auskunft geben, nichts werden die Eltern bis zum Ende ihres Lebens über das Schicksal ihres Sohnes erfahren.

Auch die Eltern von Hans-Dieter Scharf wenden sich unermüdlich immer wieder an die Behörden der DDR, mehrmals auch an Wilhelm Pieck. Martha Scharf wird in ihrer großen Not sogar am 16. Oktober 1950 Anzeige gegen unbekannt wegen Menschenraubs stellen und die Staatsanwaltschaft ersuchen, „ihr unbedingt und bald Aufklärung über den Verbleib meines Sohnes zu beschaffen." Schließlich sei er aufgefordert worden, ins „Aufklärungslokal der Nationalen Front zu kommen", und weder die Staatsanwaltschaft noch die Polizei weiß etwas davon. Das deutet für Martha Scharf daraufhin, dass „weder ein Beamter der Polizei noch der Staatsanwaltschaft daran beteiligt sein kann", und begründet für sie den Verdacht auf Menschenraub.[125]

Werner Gumpels Vater, ein anerkannter Mediziner, nutzt seine Bekanntschaft mit dem Chirurgen Ferdinand Sauerbruch, aber auch der vermag nichts in Erfahrung zu bringen, obwohl Regierungsmitglieder zu seinen Patienten zählen. Am 12. September 1953 wendet sich Fritz Gumpel empört an den Präsidenten der Republik: „Etwa 2 Jahre danach [nach dem spurlosen Verschwinden des Sohnes] erhielt ich gelegentlich einer Vorsprache bei der Dresdener Dienststelle des Staatssicherheitsministeriums die Auskunft, dass er ‚verhaftet und verurteilt' sei. Über das ihm vorgeworfene Vergehen, über das gefällte Urteil, über seinen Aufenthalt und sein Befinden wurde jede Auskunft verweigert. Ich bin der Ansicht, dass dieses Verhalten eines staatlichen Organs gegen die Verfassung der demokratischen Gerichtsbarkeit verstößt. Sie können sich bestimmt den Kummer von Eltern vorstellen, die beinah 3 Jahre nichts von ihrem Kind gehört haben und keinerlei Möglichkeit besitzen, sich mit diesem in Verbindung zu setzen. Meine Arbeitskraft und damit meine verantwortungsvolle Tätigkeit wird schwer gehemmt, meine Frau ist der Verzweiflung nahe."[126]

Auch die Eltern von Günter Herrmann werden mehrmals bei dem für die Sorgen der Eltern tauben Präsidenten der DDR vorstellig. „In unserer Verzweiflung wenden wir uns nochmals an Sie, Herr Präsident. Unser Sohn ist nunmehr 2 Jahre und 8 Monate verschwunden und es war bisher nicht möglich, Auskunft darüber zu erhalten, warum er verhaftet wurde, ob er abgeurteilt ist, wo er sich befindet bzw. eine Nachricht von ihm persönlich zu bekommen. Dies ist uns nach einer solch langen Zeitspanne unverständlich, zumal dieser Fall völlig im Widerspruch zu unserer demokratischen Gesetzlichkeit steht. Wir wandten uns in dieser Angelegenheit bereits zweimal an die Präsidialkanzlei und erhielten die Nachricht, dass dieser Vorgang an die zuständige Dienststelle weitergeleitet wurde. Wir warteten geduldig, aber nichts hat sich weiter getan. Sehr verehrter Staatspräsident, helfen Sie doch bitte mit, den Bann der Ungewissheit endlich zu brechen. Das Leben wird unerträglich, wenn man von seinem Kind nichts mehr hört oder sieht und als Vater oder Mutter nicht weiß warum oder weshalb."[127]

Was soll Pieck antworten? Dass die Machtergreifung der SED in der SBZ auch auf solchen Schicksalen wie dem ihres Kindes beruhte?

In welcher Mischung aus Hilflosigkeit und Arroganz sich die Stasi die lästigen Anfragen der Eltern vom Hals schaffen will, belegt der Brief des Vaters von Peter Eberle, der berichtet, dass am 18. Mai 1952 ein junger Mann in Zivil in seiner Wohnung erschien und ihnen mitteilte, dass er sie im Auftrag des Staatssicherheitsdienstes Dresden darüber informieren soll, dass ihr Sohn verurteilt worden sei. Der junge Mann lehnte es ab, sich zu legitimieren oder sich auszuweisen oder Auskünfte über das Urteil und das Strafmaß zu geben, auch nicht darüber, wo sich der Sohn befindet. Das beruhigt die Eltern keineswegs.

Nicht einmal der VP-Offizier Walter Miertschischk vermag etwas über das Schicksal seines Sohnes in Erfahrung zu bringen. Empört hat er noch am 13. Oktober 1950 an seinen Sohn geschrieben: „Da wir bis heute immer noch keine Post von Dir haben, will ich nun einige Worte an Dich schreiben. Erstens: Warum bist Du nicht [...] ins Theater gekommen? Hast Du nicht weggekonnt? Oder bist Du krank geworden? Die Spieler haben alle angenommen, dass Du uns wenigstens ein Telegramm schicken würdest. Damit wir gleich gewusst hätten, warum Du nicht kommen konntest. Und nun haben wir bis heute keine Nachricht von Dir. Etwas mehr Anstand hätten wir eigentlich von Dir erwartet. Außer es ist dir etwas anderes zugestoßen, dass du nicht schreiben kannst. Ich habe mir schon alle Tage den Kopf zerbrochen. Ich war am Sonnabendfrüh zur Hauptprobe wie erschlagen. Es war ja auch keine Kleinigkeit. Wir konnten doch das Spiel nicht ins Wasser fallen lassen. So hat Alfred deine Rolle spielen müssen. Auf baldige Nachricht hoffend grüßen Dich Deine Eltern und Horst."[128] Doch sie werden von ihrem Sohn keine Antwort bekommen, und erst über drei Jahre später erfahren, dass Karl Miertschischk seine Theatergruppe nicht im Stich gelassen hat. Wie die anderen darf er erst 1953 mit einer Karte des Roten Kreuzes an seine Eltern ein Lebenszeichen schicken.

Die Amnestie anlässlich Stalins Tod ermöglicht Peter Eberle, Erhard Becker, Rolf Grünberger, Otto Bachmann, Hans-Dieter Scharf und Günter Herrmann die Rückkehr nach Deutschland. Für Karl Miertschischk, Siegfried Jenkner und Werner Gumpel schlägt erst 1955 die Stunde der Freiheit. Als Konrad Adenauer die letzten Kriegsgefangenen nach Hause holt, öffnet sich auch für diese drei Verschleppten das Tor von Workuta.

Da sie ihre Angehörigen nicht über die Entlassung benachrichtigen können, befinden sie sich in der Situation, Jahre nach ihrem spurlosen Verschwinden plötzlich vor der Tür ihrer Eltern zu stehen. Peter Eberle ruft von einer nahen Telefonzelle seinen Vater an und gibt sich als Mitgefangener aus, doch der Vater begreift sofort, wen er am Apparat hat, und sagt nur: „Komm nach Hause, Peter."

Auch Werner Gumpel fürchtet seinen Vater zu erschrecken und kündigt seine Rückkehr mit einem Telefonat an. Lange wird er nicht zu Hause bleiben, denn die Heimat hat er – wie die ande-

Das Verschwinden

ren auch – verloren. Als Chefarzt des Krankenhauses verfügt Werner Gumpels Vater in Annaberg über Beziehungen. So gelingt es, dass dem Sohn ein Ausweis ausgestellt wird, mit dem er mit dem Interzonenzug in den Westen fährt.

Bis auf den Tischler Erhard Becker bleibt keiner der Rückkehrer in der DDR, denn in diesem Staat besteht für keinen von ihnen noch eine Chance auf ein berufliches Fortkommen. Ostdeutschland wird eine Durchgangsstation für sie.

Doch sie studieren und machen ihre Abschlüsse. Peter Eberle wird – was er immer gewollt hat – Zahnarzt, aber es hält ihn nicht in Deutschland, er geht in die Schweiz. Otto Bachmann setzt sein Studium in den USA fort, arbeitet schließlich im Ford-Konzern und lebt in England. Aus Werner Gumpel, Siegfried Jenkner und Hans-Dieter Scharf werden renommierte Professoren der Wirtschafts- und Politikwissenschaft und der Chemie. Karl Miertschischk wird nicht Chemie, sondern Volkswirtschaft studieren, in der politischen Bildung tätig sein, die Volkshochschule in Gensingen aufbauen und früh, schon 1975, sterben. Ein Mann, der trotz Lager, seine Fröhlichkeit nicht aufgegeben hat. Günter Herrmann setzt das Studium der Chemie an der Freien Universität Berlin fort und arbeitet nach der Promotion zuletzt als Produktionsdirektor bei der BASF.

Eine groteske Posse erlaubt sich das Ministerium für Staatssicherheit mit Rolf Grünberger. Nach Hause zurückgekehrt, beginnt er im Chemiewerk Lauta zu arbeiten. Am 23. Februar 1954 legt ein Oberfeldwebel Wolf der Staatssicherheit eine Aktennotiz an über „einen jungen Kollegen, namens Grünberger, Rolf, welcher zu 25 Jahren Freiheitsstrafe verurteilt wurde". In der Aktennotiz heißt es: „Daraufhin zeigte mir der Genosse Major auf, dass dieser Kollege die besten Voraussetzungen für eine Anwerbung zum GI [Geheimer Informator, später IM] mit sich bringt, mit der Perspektive ihn zu den freiheitlichen Juristen nach Berlin zu schicken."[129]

Der Untersuchungsausschuss Freiheitlicher Juristen (UFJ) wird im Oktober 1949 gegründet, um Menschenrechtsverletzun-

III. Nach der Freiheit: Das Beispiel der „Belter-Gruppe"

gen und die Verletzungen der Rechtsstaatlichkeit in der DDR zu dokumentieren.

Weil Rolf Grünberger vom sowjetischen Staatssicherheitsdienst aus dem Studium gerissen, verurteilt und zur Zwangsarbeit nach Sibirien verschleppt wurde, bringt er also die besten Voraussetzungen mit, der Stasi als Spitzel zu dienen?

Oberfeldwebel Wolf wird zunächst enttäuscht: „In der 2-stündigen Unterhaltung wurde unser eigentlicher Zweck nicht erreicht, weil sich Genannter eine Bedenkzeit erbat, und zwar bis zum 22.2.1954." Doch am 25. Februar wird der Vorschlag, Rolf Grünberger als Geheimen Informanten zu führten, bestätigt. Wolf ist voller Verständnis für Grünberger, dessen Lagererfahrung er unterschätzt. Für ihn ist Grünberger „unbeholfen" und weiß nicht, wie er dem MfS helfen kann. „Wo ich ihm dann erstmals aufzeigte, dass es erforderlich ist innerhalb der Bevölkerung alles in Erfahrung zu bringen um somit unserer Regierung die wahre Stimmung zur Kenntnis zu bringen [...] Er brachte auch weiterhin zum Ausdruck, dass man Feinde unserer Gesellschaftsordnung liquidieren muss [...] Nach ca. einer Stunde verließen wir das Lokal und auf dem Wege zurück nach Kamenz schrieb er dann im Wagen seine Verpflichtung [...] Da der Genannte im Augenblick noch krank ist, wurde der nächste Treff noch nicht festgelegt [...] wir kamen überein, dass ich feststellen werde wann er wieder im Betrieb ist und dann werde ich ihm die Durchführung des nächsten Treffen mitteilen."[130] Da Rolf Grünberger davon ausgehen muss, dass er beobachtet wird, spielt er mit der Stasi Katz und Maus und bereitet seine Flucht in den Westen vor. Am 26. März 1954 beschließt das MfS in Hoyerswerda das Abbrechen der Verbindung. „Die Anwerbung erfolgte in bestem Einvernehmen. 3 Tage nach der Anwerbung setzte er sich illegal in den Westen ab."[131]

In West-Berlin setzt Rolf Grünberger das Studium der Chemie fort und arbeitet von 1956 bis 1989 als Chemotechniker in der Industrie.

Tod

Im Gegensatz zu seinen Kommilitonen kehrt Herbert Belter nicht zurück. Er bleibt verschwunden. Zum letzten Mal sehen die Gefährten ihn, der getrennt von ihnen in die Sowjetunion transportiert wird, in Brest.

Seit Februar 1951 wird er in der Lubjanka in Moskau festgehalten. Das mächtige und berüchtigte Gebäude, das von 1920 bis 1991 das Hauptquartier und das zentrale Gefängnis des sowjetischen Staatssicherheitsdienstes war und inzwischen das Hauptquartier des russischen Inlandgeheimdienstes (FSB) in Moskau ist, hat seinen zwar nicht offiziellen, doch weithin bekannten Namen von dem Platz, an dem es liegt. Es ist ein Ort der Folter, des Todes und der Verzweiflung. Am Tor hätten die berühmten Worte aus Dantes „Divina Commedia" stehen können: „Tu, der du eintrittst, alle Hoffnung ab."[132]

Stalins Opfer in den Zeiten der Großen Säuberung, des Großen Terrors, beispielsweise der Dichter Ossip Mandelstam, der Schriftseller Issak Babel, aber auch die deutsche Schauspielerin Carola Neher, die Frau des Dichters Erich Mühsam, der im KZ ermordet wurde, Zenzl Mühsam, der Mann von Margarete Buber-Neumann, Heinz Neumann, wurden hier eingesperrt und Parteiführer der Bolschewiki wie Nikolai Krestinski, Nikolai Bucharin, Lew Kamenew und Grigori Sinowjew sind in der Lubjanka hingerichtet worden.

Am 3. März 1951 untersucht der Major der Justiz Kutschin die „Strafsache gegen den Bürger Deutschlands Belter, Herbert Walter, geb. 1929 in Greifswald, Deutscher, ledig, in der Vergangenheit Mitglied der SED, Student der Leipziger Universität". Es handelt sich um die Entscheidung über die Bewilligung oder Ablehnung des Gnadengesuchs, das Herbert Belter nach der Urteilsverkündung einreichte.

Kutschin listet akribisch die aufgebauschten Anklagepunkte auf und referiert dann:

„In einem Gnadengesuch bereut BELTER die von ihm begangene Straftat und bittet, ihm in Hinblick auf seine Jugend und da er durch sein Handeln der Sowjetunion keinen Schaden zugefügt habe, das Leben zu erhalten."

Der Major der Justiz Kutschin stellt fest:

„In Anbetracht der erwiesenen Schuld und unter der besonderen Gefährlichkeit der verübten Straftat

HALTE ICH ES FÜR RICHTIG,

dem Urteil in der vorliegenden Strafsache zuzustimmen.

Generalmajor der Justiz Nikolajew und Generalmajor der Justiz D. Kitajew sind einverstanden."[133] Der Rest ist nur noch kommunistische Routine.

Worin besteht Hebert Belters Schuld? Darin, Literatur gelesen und weitergegeben zu haben? Die Blockwahl als demokratische Farce angesehen zu haben? Für Freiheit und Demokratie eingetreten zu sein? Welches Urteil spricht in der Urteilsbestätigung das System über sich, wenn bereits die simple Inanspruchnahme der Bürgerrechte eine besonders gefährliche Straftat, ein todeswürdiges Verbrechen darstellt? Rechtfertigt die Inanspruchnahme der Bürgerrechte Haft und sogar Exekution? Natürlich nicht.

Wird Herbert Belter Ende März in die Todeszelle des Butyrka-Gefängnisses in Moskau überführt oder bleibt er in der Lubjanka? Das lässt sich nicht mit letzter Sicherheit sagen.

So oder so, er ist allein, allein mit der Hoffnung, dass sein Gesuch bewilligt wird. Er weiß noch nicht, was ein Major ein paar Straßenzüge weiter festgestellt und verfügt hat. Erfüllt ihn noch Zuversicht, dass es nicht zum Äußersten kommt, hat er sich in sein Schicksal gefügt, aufgegeben, wechseln die Stimmungen? Niemand weiß, wie Herbert Belter die letzten vier Wochen seines Lebens verbracht hat. Stift und Papier werden ihm verwehrt, auch Bücher. Er darf weder seinen Eltern schreiben, Notizen machen, noch etwas lesen. Gespräche mit anderen Häftlingen finden nicht statt. Er ist allein mit seinem Urteil.

Ihn umgibt nur die Einsamkeit, dass Allein- und Verlassensein. Ihm wird die äußerste seelische Folter angetan.

Mitten in der Nacht des 28. April öffnet sich die Zellentür, Wachpersonal führt ihn über lange Gänge zum Gefängnishof, den er überquert, um in den „Pugatschow"-Turm zu gelangen. Eine schmale Treppe führt nach unten bis zu einem Geländer. Hier erwarten ihn bereits ein Staatsanwalt, der Direktor des Gefängnisses und Alexander Blochin, der Kommandeur der Exekutionseinheit des NKWD. Der Staatsanwalt fragt Herbert Belter nach seinem Namen, dann sagt er zu ihm: „Ihr Gesuch um Begnadigung ist abgelehnt. Das Urteil wird sofort vollstreckt."

Übersetzt werden die Worte des Staatsanwaltes nicht. Doch Herbert Belter kann sich denken, was der Mann gesagt hat.

Dann führt man ihn ein paar Stufen tiefer hinab durch eine Gittertür, die wie zum Hohn mit Herzen gemustert ist, in einen Raum, in dem so viel Elend sich versammelt hat, er ist angefüllt mit dem Sterben, dem gewaltsamen Tod. Ein Ort ohne Hoffnung. Hier zwingt man ihn vor einem Kugelfang in die Knie, während Alexander Blochin ihm mit einer deutschen Walther PP ins Genick schießt.

Blochin liebt diese Waffe, weil im Gegensatz zu den russischen Pistolen der Lauf nicht so schnell heiß wird, wenn man viele Menschen erschießt, was sich für ihn in Katyn bewährt hat. Als Kommandeur der Exekutionseinheit müsste er die Hinrichtung nicht selbst vornehmen, doch Alexander Blochin liebt auch diese Tätigkeit. In den drei Jahrzehnten, in denen er im Dienst des sowjetischen Staatssicherheitsdienstes steht, soll er persönlich über 20 000 Menschen ermordet haben. Zuweilen, wenn es wie in Katyn ein Massenmord wurde, band er sich eine Fleischerschürze um, um seine Uniform nicht zu verunreinigen.

Herbert Belters Leiche wird unmittelbar nach dem Mord ins Krematorium des Donskoi-Friedhofes gebracht, eingeäschert und in einem Massengrab beigesetzt.

III. Nach der Freiheit: Das Beispiel der „Belter-Gruppe"

Nichts sollte von ihm bleiben.

Erst 1994 – die Eltern von Herbert Belter sind längst verstorben – wird, was immer geahnt worden war, zur Gewissheit. Herbert Belters Mitstreiter erfahren endlich, was mit ihrem Freund und Kommilitonen geschah. Der Militär-Oberstaatsanwalt der Abteilung Rehabilitation Panasjugin bescheinigte am 23. Mai 1994, 53 Jahre nach dem Mord, „dass der deutsche Staatsbürger BELTER, HERBERT, geboren 1929 in Greifswald, verurteilt am 20. Januar 1951 vom Militärgericht des Truppenteils 48240 nach den Artikeln 58-6, Teil 1, 58-10, Teil 2 und 53-11 des Strafgesetzbuches der RSFSR zur Höchststrafe – Tod durch Erschießen, gemäß Punkt ‚a' Artikel 3,5 und 8, Teil 2 des Gesetzes der Russischen Föderation ‚Über die Rehabilitierung der Opfer der politischen Repression' vom 18. Oktober 1991 unter voller Wiederherstellung seiner Rechte (posthum) rehabilitiert ist."[134]

Dass die Verhaftung, Verurteilung und Hinrichtung von Herbert Belter juristisch nicht korrekt, sondern Mord war, bestätigte die sowjetische Militärgerichtsbarkeit hier. Herbert Belter wurde rehabilitiert, weil man ihn „aus politischen Motiven verfolgt" hatte. Nicht nur aus Sicht der „souveränen" DDR waren, zumindest rechtlich, die sowjetischen Justizorgane für den Bürger der DDR Herbert Belter nicht zuständig, sondern auch aus sowjetischer Sicht besaß das Militärgericht keinerlei Urteilskompetenz, denn, wie es in der Rehabilitation heißt, „sind die sowjetischen Strafgesetze auf die im vorliegenden Falle verurteilten Personen nicht anzuwenden, da sie ausländische Staatsbürger sind und außerhalb des Territoriums der UdSSR tätig waren."

Herbert Belters Tod war Unrecht.

Sowjetische Panzer garantieren die Diktatur

Pieck und Ulbricht glaubten sich am Ziel. Stalin genehmigt ihnen, den Aufbau des Sozialismus in der DDR offiziell zu machen. Endlich müssen sie die Stalinisierung Ostdeutschlands und der SED nicht mehr unter dem Tarnbegriff „antifaschistisch-demokratische Ordnung" verstecken, endlich können sie offen zum Aufbau ihrer Diktatur übergehen. Allerdings mahnt Stalin Pieck, Ulbricht Grotewohl und Oelßner bei einem Treffen am 7. April 1952 in Moskau, dass sie erst einmal einen richtigen Staat schaffen müssten, dass „man auch jetzt kein Geschrei um den Sozialismus zu machen braucht. Aber Produktionsgenossenschaften, das ist ein Stückchen Sozialismus, und volkseigene Unternehmen sind ebenfalls Sozialismus." Ulbricht entgegnet darauf, dass man „die in der DDR entstandenen gesellschaftlichen Verhältnisse etwas getarnt" habe.[135] Stalin empfiehlt, die Kollektivierung der Landwirtschaft nach sowjetischem Vorbild voranzutreiben. Man müsse die Großbauern durch Kolchosen, in der DDR dann Landwirtschaftliche Produktionsgenossenschaften (LPG) genannt, einkreisen, sie wirtschaftlich, sozial und menschlich isolieren. Die Verstaatlichung der Industrie müsse weiter vorangetrieben, die Grenzen durch eine Grenzpolizei gesichert und eine Armee geschaffen werden. Auf Stalins Frage, wer der Innenminister sei, dem die Kasernierte Volkspolizei und die Grenzpolizei untersteht, erwähnt Ulbricht Karl Steinhoff, der aus der SPD zur SED kam, und charakterisiert ihn als „ein(en) sehr friedliche(n) Menschen". Stalin fragt weiter: Können Sie keinen kämpferischen Menschen mit diesem Posten betrauen, (z. B.) einen Militärangehörigen?"[136] Nach der Rückkehr aus Moskau wird Steinhoff abgesetzt und an seine Stelle tritt der „kämpferische" Willy Stoph, der von 1935 bis 1945 der deutschen Wehrmacht angehört hatte.

Vom 9. bis 12. Juli 1952 tagt die 2. Parteikonferenz der SED, die zu dem Beschluss kommt: „Die politischen und die ökonomischen Bedingungen sowie das Bewusstsein der Arbeiterklasse und der Mehrheit der Werktätigen sind so weit entwickelt, dass der Aufbau des Sozialismus zur grundlegenden Aufgabe in der Deutschen Demokratischen Republik geworden ist."[137] Planmäßig sollen in allen Bereichen des Sozialismus die Grundlagen des Sozialismus geschaffen werden.[138] Laut der offiziellen „Geschichte der DDR" ließ „sich die 2. Parteikonferenz vom Leninschen Plan des sozialistischen Aufbaus leiten, der sich in der UdSSR bereits in der historischen Praxis bewährt hatte [...]".[139] Die „historische Praxis" bestand bspw. darin, dass Stalins Empfehlung der Kollektivierung der Landwirtschaft, in der Sowjetunion in den beginnenden 1930er Jahren durchgesetzt, nach neuesten Schätzungen zwischen acht und neun Millionen Menschen das Leben kostete, indem sie verhungerten.

Praktisch wirkt sich der verschärfte Kurs der SED so aus, dass die Grenze der DDR zur BRD nicht als Demarkationslinie, sondern als Grenze, die es zu sichern gilt, behandelt wird. Ein zehn Kilometer breiter Kontrollstreifen wird an der Grenze umgepflügt. Bis auf die Grenzübergangsstellen werden Straßen – und Eisenbahnverbindungen gekappt. Bewohner des Grenzgebietes, die „wegen ihrer Stellung in und zu der Gesellschaft eine Gefährdung der antifaschistisch-demokratischen Ordnung darstellen"[140], werden brutal umgesiedelt. In Thüringen wird diese Umsiedlungsaktion unter der Bezeichnung „Aktion Ungeziefer" geführt.[141] Insgesamt siedelt die Stasi 11 000 Bewohner um, 3000 von ihnen fliehen in die Bundesrepublik.

Um ein straffes, zentralistisches Regieren zu ermöglichen, schafft die SED die fünf Länder ab und teilt das Land in 14 Bezirke. Die Justiz wird in der Folge noch weit stärker zur politischen Justiz umgebaut. 1952 wandelt sich die DDR endgültig zum Unrechtsstaat. Die Justizverwaltung wird zentralisiert und das Gerichtsverfassungsgesetz verändert. Die Justiz ist nicht mehr unabhängig, sondern die Rechtsprechung hat „dem Aufbau des Sozialismus, der Einheit Deutschlands und dem Frieden zu dienen."[142] 1953 erreicht die DDR den Höhepunkt an Gefangenen in ihrer Geschichte mit 61 400 inhaftierten Personen.

Mit dem „Gesetz zum Schutz des Volkseigentums" vom 2. Oktober 1952 kann nun auch verstärkt Druck zur Kollektivierung in der Landwirtschaft und zum Zusammenschluss von Handwerkern zu Produktionsgenossenschaften des Handwerks (PGH) ausgeübt werden. Im Mai 1953 verkündet Ernst Melsheimer, dass dank des Gesetzes „nicht weniger als 7000 Verfahren mit rund 10 100 Personen allein wegen Verstöße gegen dieses Gesetz"[143] durchgeführt worden sind, Verfahren, die zu Haftstrafen, zu Enteignung, zum Ruin, zu unermesslichem Leid geführt haben. Vor dieser Politik fliehen immer mehr Bauern und Handwerker aus der DDR. Daraus resultieren große Probleme in der Versorgung der Bevölkerung mit Grundnahrungsmittel. Man hätte in der Frage der Kollektivierung der Landwirtschaft wirklich von der Sowjetunion lernen können – und die Finger davon lassen sollen. Der Großhandel wird zunehmend in die Hände der staatlichen Handelsorganisation (HO) gelegt, was die Versorgungspläne noch verschärft.

Die Schulen – und nach der zweiten Hochschulreform auch die Universitäten und Hochschulen – werden endgültig zu Orten der sozialistischen Indoktrination. Mit der Verordnung über die Neuorganisation des Hochschulwesens vom 22. Februar 1951 wird die zweite Hochschulreform angestoßen. Die Hochschule und Universitäten werden nun in voller Konsequenz staatliche Anstalten, zu deren Führung und zentraler Leitung das Staatssekretariat für das Hochschulwesen eingerichtet wird. Regelstudiengänge mit einheitlichen Studien- und Prüfungsplänen werden eingerichtet. Für alle Studenten wird verpflichtend das gesellschaftswissenschaftliche Grundstudium mit den Fächern Marxismus-Leninismus, Politische Ökonomie und dialektischer und historischer Materialismus sowie der Unterricht in russischer Sprache und Literatur und in Sport eingeführt. Statt des traditionellen Semesterstudiums haben sich die Studenten in ein durchreguliertes, verschultes, jeweils im Herbst beginnendes Zehnmonatsstudium zu schicken,

III. Nach der Freiheit: Das Beispiel der „Belter-Gruppe"

das in Herbst- und Sommersemester gegliedert ist. Damit wird das sowjetische Modell übernommen und die Studenten werden in Seminargruppen eingeteilt.

Eine der wichtigsten Lehren aus der Zeit des „Dritten Reiches", dass die Organe des Staates, die Schulen, Universitäten und Hochschulen weltanschaulich neutral zu sein haben, verkehren die Kommunisten in ihr Gegenteil. Es gilt, parteilich zu sein, den „Klassenstandpunkt" einzunehmen, also die Politik der SED zu vertreten.

Gegen die Mitglieder der Jungen Gemeinden in der evangelischen Kirche wird ein erbarmungsloser Kampf geführt, Schüler werden der Schule verwiesen und Studenten exmatrikuliert, wenn sie sich weigern, die Junge Gemeinde zu verlassen. Gebrochene Schülerbiografien sind das Ergebnis. Beeindruckend und erschütternd hat Uwe Johnson darüber in seinem ersten Roman: „Ingrid Babendererde. Reifeprüfung 1953" geschrieben.

Das Ergebnis dieser Politik der SED ist ein Fiasko. Die sozialistische Entwicklung, die in der DDR von der SED forciert wird, steuert auf einen wirtschaftlichen und politischen Zusammenbruch zu. Diese Stimmung erreicht alle Schichten der Bevölkerung. Unter den Flüchtlingen in die Bundesrepublik des Jahres 1952 befinden sich auch 2718 SED- und 2610 FDJ-Mitglieder. Insgesamt flüchten von Januar 1951 bis April 1953 447 000 Menschen in den Westen, allein vom Januar bis einschließlich April 1953 sind es 120 000 DDR-Bürger, die ihre Heimat verlassen, weil sie nicht in Ulbrichts Staat leben und die „Vorzüge des Sozialismus" genießen wollen.

Am 5. März 1953 stirbt Stalin. In Moskau bildet sich aus Stalins Entourage eine „kollektive Führung", in der sich Stalins Bluthund Lawrentij Berija als *primus inter pares* fühlt. Stalins Tod verhindert die große Terrorwelle gegen die jüdischen Ärzte und die Kosmopoliten, die Berija bereits im Auftrag des Diktators vorbereitet hat. Am 27. Mai 1953 wird im Präsidium des sowjetischen Ministerrats über die DDR debattiert. Nach dem Bericht des

Außenministers Wjatscheslaw Molotow, ergreift Berija das Wort: „Die DDR? Was ist sie wert, die DDR? Sie ist ja noch nicht einmal ein richtiger Staat. Sie wird nur durch sowjetische Truppen am Leben erhalten, selbst wenn wir sie mit Deutscher Demokratischer Republik betiteln." Molotow hält dagegen: „Die Demokratische Republik steht der Bundesrepublik in nichts nach. Ich verwahre mich aufs schärfste gegen eine derartige Haltung gegenüber einem befreundeten Land. Es hat das Recht auf Existenz als unabhängiger Staat."[144]

Um den Kessel nicht zum Platzen zu bringen, verordnen die sowjetischen „Freunde" ihren deutschen Genossen einen neuen Kurs. Die Kampagne zum Eintritt in die LPG soll zurückgenommen werden. Man wird sie Ende der 1950er, Anfang der 1960er Jahre wieder aufnehmen, wenn man fester im Sattel sitzt. Die Maßnahmen zur Enteignung des kleinen und mittleren Privatkapitals sind zu beenden, die harte Besteuerung der Freischaffenden, Handwerker und Privatunternehmer wird zurückgenommen. Politische Urteile sollen revidiert und allzu harte Urteile abgemildert werden. Der Kampf gegen die Kirche und gegen die Junge Gemeinde soll eingestellt werden. Grotewohl, Ulbricht und Oelßner nehmen am 4. Juni 1953 die Generalkritik an ihrer Politik in Moskau entgegen.

Doch es ist bereits zu spät. Zu viel hat sich angestaut und eine Mehrheit in der DDR will weder eine Mangelwirtschaft noch den Sozialismus. Zu allem Überfluss erhöht die SED noch am 28. Mai die Arbeitsnormen für Bauarbeiter um 10 Prozent, was einer Kürzung der Gehälter gleichkommt. Gleichzeitig veröffentlicht sie auf Druck aus Moskau die Korrektur ihrer Politik und gesteht öffentlich Fehler ein: „Das Politbüro des ZK der SED ging davon aus, dass seitens der SED und der Regierung der Deutschen Demokratischen Republik in der Vergangenheit eine Reihe von Fehlern begangen wurden, die ihren Ausdruck in Verordnungen und Anordnungen gefunden haben."[145] Auch wegen Kritik an solchen „Verordnungen und Anordnungen" verlieren Menschen ihre

III. Nach der Freiheit: Das Beispiel der "Belter-Gruppe"

Arbeit oder werden verhaftet, nicht wenige treiben diese "Verordnungen und Anordnungen" in den Ruin, das Resultat der "Verordnungen und Anordnungen" besteht in einer sehr schlechten Versorgungslage. Und nun soll alles nur ein Scherz gewesen sein, sollen sich die hohen Herren und Damen, die immer Recht haben, soll die Partei, "aus Leninschem Geist" und "von Stalin geschweißt", die immer Recht hat, sich geirrt haben? Das empfinden viele als Hohn.

Am 15. Juni 1953 beginnen die Unruhen in Berlin mit einem Sitzstreik der Bauarbeiter am Krankenhaus Friedrichshain. Die Arbeiter schicken eine Delegation zur Regierung, in der sie die Rücknahme der Normerhöhungen fordern. Ihre Forderung erreicht auch andere Baustellen. Am Morgen des 16. Juni rechtfertigt die FDGB-Zeitung *Tribüne* die Normerhöhungen noch. In der Stalinallee setzt sich eine Demonstration von 80 Arbeitern in Bewegung, der sich immer mehr Berliner anschließen. Gegen 13.30 Uhr demonstrieren bereits 10 000 Arbeiter. Gegen Mittag gibt der Rundfunk die Nachricht bekannt, dass die Normerhöhung zurückgenommen wird, weil sie völlig falsch wäre. Doch inzwischen fordern die Demonstranten auch "freie und geheime Wahlen". Die SED-Führung tagt im Friedrichstadtpalast. Ulbricht will der Volkspolizei einen Schießbefehl erteilen, doch Berija untersagt ihm das. Inzwischen lässt sich Berija minutiös über die Entwicklung in Ost-Berlin berichten und schickt die Berichte weiter an den engsten sowjetischen Führungskreis. In Moskau ist man alarmiert, es setzt sich die Meinung durch, dass die deutschen Genossen unfähig sind, den Staat zu führen. Am 17. Juni versammeln sich viele Berliner im Zentrum von Ost-Berlin, Streiks finden nun in der ganzen DDR statt, in Magdeburg, in Halle, im mitteldeutschen Industrierevier, in Dresden, in Görlitz, in Thüringen. Nur an der Leipziger Universität bleibt es ruhig – es sind Semesterferien. In Moskau erkennt man, dass sich die Streiks zum Volksaufstand ausweiten, doch sie haben keine organisatorischen Zentren,

Sowjetische Panzer garantieren die Diktatur

sie brechen spontan aus. Es fehlt eine oppositionelle Kraft, eine oppositionelle Organisation.

Am Vormittag des 17. Juni ziehen die Russen Panzer zusammen. „Die gegen die Regierung gerichtete Bewegung hat auch auf andere Städte der Republik übergegriffen", meldet der Chef des sowjetischen Staatssicherheitsdienstes in der DDR Iwan Fadejkin am 17. Juni um 14 Uhr an Berija. Um 16.20 Uhr berichtet Fadejkin darüber, dass in Magdeburg 70 000 Menschen „auf den Straßen der Stadt" demonstrieren und „Porträts von Lenin und Stalin und führenden Repräsentanten der DDR" zerreißen. „Das Gebäude der Magdeburger Bezirksleitung wurde demoliert [...] es besteht die Gefahr eines Angriffs auf das Gefängnis und die MfS-Dienststelle." Der Oberbefehlshaber der sowjetischen Streitkräfte in Deutschland Andrej Gretschko erteilt den sowjetischen Truppen „entsprechende Anweisungen". „In Görlitz, Bezirk Dresden, demoliert eine Menge von 3000 Menschen HO-Geschäfte, stürmt das Gefängnis und versucht, die Häftlinge zu befreien; außerdem hat sie die MfS-Dienstelle abgeriegelt und das Gebäude der SED-Kreisleitung demoliert. Von Gen. Gretschko werden sowjetische Truppen nach Görlitz geschickt."

Am 17. Juni um 13 Uhr wird der Ausnahmezustand verhängt. „Für die Herbeiführung einer festen öffentlichen Ordnung im Sowjetischen Sektor von Berlin wird befohlen:

1. Ab 13 Uhr des 17. Juni 1953 wird im Sowjetischen Sektor von Berlin der Ausnahmezustand verhängt.
2. Alle Demonstrationen, Versammlungen, Kundgebungen und sonstige Menschenansammlungen über 3 Personen werden auf den Straßen und Plätzen wie auch in öffentlichen Gebäuden verboten.
3. Jeglicher Verkehr von Fußgängern und der Verkehr von Kraftfahrzeugen und Fahrzeugen wird von 9 Uhr abends bis 5 Uhr morgens verboten.

III. Nach der Freiheit: Das Beispiel der „Belter-Gruppe"

Diejenigen, die gegen den Befehl verstoßen, werden nach den Kriegsgesetzen bestraft."[146]

Ulbricht darf endlich seinen heißersehnten Schießbefehl erlassen. Von ihm wird Gebrauch gemacht, mindestens 34 Menschen sterben. Auch die sowjetischen Truppen zeigen mit Panzern Präsenz, in Berlin allein mit 600 T 34, insgesamt kommen in der DDR zur Niederschlagung des Volksaufstandes 16 sowjetische Divisionen zum Einsatz. Die Sowjets setzen auf brutale Einschüchterung. Während die Panzer die Menge aufspalten und in die Nebenstraßen drängen, werden die isolierten Demonstrationen von der nachrückenden Infanterie aufgelöst.

Obwohl das Kriegsrecht herrscht, versammeln sich in einzelnen Städten wie in Halle Menschen. Unter massivem Zwang werden die Arbeiter genötigt, die Arbeit wiederaufzunehmen. Nun ist auch Ulbricht wieder zu sehen. Und er ordnet Vergeltungsmaßnahme an, ca. 15 000 Demonstranten werden nach der Niederschlagung des Volksaufstandes verhaftet.

Hatte die SED 1953 versucht, den Volksaufstand als faschistischen Putsch hinzustellen, so verbiegt sich die spätere offiziöse „Geschichte der DDR" völlig: „Die als Neuer Kurs bezeichnete Politik verbesserte die Bedingungen für die Durchsetzung der Generallinie der SED. Die Realisierung der seit dem 9. Juni gefassten Beschlüsse musste den konterrevolutionären Kräften die von ihnen erhoffte Unterstützung durch größere Teile des Volkes entziehen. Um dem zuvorzukommen, begannen sie ihren Putschversuch."[147] Der Volksaufstand fand nach Ansicht späterer DDR-Historiker statt, weil die SED so erfolgreich war. Für sie ist die Geschichte der DDR und der SED eine einzige Erfolgsgeschichte.

Damit wiederholen sie nur das, was auf der 15. Tagung des ZK des SED, die vom 24. bis zum 26. Juli 1953 stattfindet, als offizielle Version kanonisiert wird. Die Tagung kommt tatsächlich zu der verschwörungstheoretischen Auffassung, dass für „die Festlegung des faschistischen Putsches auf den 17./18. Juni internationale Gründe entscheidend" waren.[148] Weil die Waffenstillstandsverhandlungen in Korea vorankamen, weil die „Weltfriedensbewegung" nach der Tagung des Weltfriedensrates in Budapest „anwuchs" und schließlich der „zunehmende Widerstand gegen die amerikanische Bevormundung im kapitalistischen Lager selbst" größer wurde, „unternahmen faschistische Provokateure, die von amerikanischen Offizieren mit Waffen, Benzinflaschen und Instruktionen versehen waren, im demokratischen Sektor von Berlin einen faschistischen Putschversuch."[149] Natürlich ist es nach der kommunistischen Doktrin undenkbar, dass die Arbeiterklasse gegen ihre Vorhut protestiert oder sie sogar ihren Rücktritt von der Macht fordert. Das konnte nur das Werk von eingeschleusten Provokateuren sein.

Ein Grund, den die SED-Führung anführt, stellt ihre Erbärmlichkeit bloß, denn der Beweis für die „internationalen Zusammenhänge der großangelegten Provokation", des „faschistischen Putsches" vom 17. Juni findet sich in der „Entlarvung des imperialistischen Agenten Berija [...] Das Zentralkomitee der Sozialistischen Einheitspartei dankt dem Zentralkomitee der KPdSU für die rechtzeitige Entlarvung des Verräters Berija. Es drückt dem Zentralkomitee der KPdSU sein festes Vertrauen aus und bekundet seine Verbundenheit mit der Partei Lenins und Stalins."[150] 1956 sollte dann auch Stalin aus dem Himmel der kommunistischen Heiligen verbannt werden. Obwohl nach Stalins Tod Lawrentij Berija die Rolle des *primus inter pares* in der Führungsspitze der KPdSU einnimmt, treibt die anderen der pure Selbsterhaltungswille dazu, in einem schon drollig anmutenden Putsch Berija am 26. Juni 1953 festzunehmen und ihn erschießen zu lassen. Offiziell wird er am 23. Dezember 1953 in einem Geheimverfahren zum Tode verurteilt und noch am selben Tage hingerichtet. Wahrscheinlicher ist die Version, dass er unmittelbar nach dem Kidnapping erschossen wird, denn die Gefahr, dass Berijas Gefolgsleute ihn befreien, treibt zu einer schnellen, endgültigen Lösung.

Dass Berija nun zu einem Hauptschurken für den 17. Juni in Ost-Berlin erklärt wird, ist an Komik nicht mehr zu überbieten.

III. Nach der Freiheit: Das Beispiel der „Belter-Gruppe"

Verscharrt wird seine Asche auf dem Donskoi-Friedhof. Gescheitert ist der „Putschversuch", lügt die SED, weil „die Mehrheit der Bevölkerung der DDR, besonders der Arbeiterklasse [...] die Provokateure nicht unterstützt, sondern energisch zurückgewiesen hat."[151] Jeder sowjetischer Panzerfahrer ist demnach in Wahrheit ein ostdeutscher Arbeiter.

Die Quellenlage spricht allerdings eine anderen Sprache, denn es sind die sowjetischen Truppen, die den Volksaufstand niedergeschlagen haben. Ulbrichts Position, die nach Stalins Tod ins Wanken geraten ist, wird paradoxerweise durch den 17. Juni gefestigt. Alles, was in der Partei auch nur die leiseste Opposition gewagt hat, wird nun von Ulbricht unter dem Motto „Kampf dem Sozialdemokratismus" kaltgestellt. Da man nicht behaupten kann, dass gar keine Arbeiter am Volksaufstand teilgenommen und nur von Berija und den Amerikanern in Berlin, Magdeburg, Leipzig, Halle aufgehetzte Provokateure auf der Straße gestanden haben, verfällt die SED auf folgende Erklärung: „Außerdem bestanden in einigen Städten [...] illegale Organisationen aus ehemaligen SPD-Mitgliedern, die noch immer den arbeiterfeindlichen Auffassungen des Sozialdemokratismus anhingen [...]." Im Grunde stellt der Vorwurf des Sozialdemokratismus nichts anderes dar als die Verunglimpfung der Sozialdemokraten als Sozialfaschisten. „Die ehrlichen Arbeiter, die früher Mitglieder der SPD waren und den Agenten Gehör schenkten, begriffen nicht, dass sie damit gegen ihre eigenen Klasseninteressen und gegen die Ideale der deutschen Arbeiterbewegung auftraten."[152]

Ulbricht versteht unter Klasseninteresse im Grunde nur sein Machtinteresse. Deshalb will man den „systematischen Kampf" gegen das „Ostbüro" der SPD, aber auch gegen „brandlerische Spionagegruppen, Trotzkisten und SAP-Gruppen u. a." führen, also gegen alle, die nicht Ulbricht huldigen. Heinrich Brandler, Mitbegründer der KPD, wurde 1923 von der Parteispitze verdrängt.

Wie sehr der SED-Führung in diesen Juni-Tagen der Schreck bis ins Mark fährt, zeigt sich daran, zu welchen selbst für ihre

Sowjetische Panzer garantieren die Diktatur

Verhältnisse plumpen Lügen sie greifen muss, um sich das für sie Unerklärliche zu erklären. Der Aufstand geht nämlich nicht von Studenten, von Bürgern aus, sondern von der Arbeiterklasse, deren Avantgarde die SED doch sein möchte. Viele Intellektuelle und Künstler, die sich an den Feuern der Utopie die Hände wärmen, lehnen den Aufstand ab und schicken panegyrische Ergebenheitsadressen an Walter Ulbricht, so Paul Dessau, so Bertolt Brecht, so Anna Seghers, so Friedrich Wohl, so Erich Loest. In diesen Juni-Tagen wird deutlich, dass die Diktatur des Proletariats doch auch nur eine Diktatur über das Proletariat ist. Brecht notiert als ersten Versuch, das Geschehene zu verarbeiten, am 20. August 1953 in sein Arbeitsjournal: „Der 17. Juni hat die ganze Existenz verfremdet. In aller ihrer Richtungslosigkeit und jämmerlichen Hilflosigkeit zeigen die Demonstrationen der Arbeiterschaft immer noch, dass hier die aufsteigende Klasse ist. Nicht die Kleinbürger handeln, sondern die Arbeiter [...] Und doch hatten wir hier die Klasse vor uns, in ihrem depraviertesten Zustand, aber die Klasse. Alles kam darauf an, die erste Begegnung voll auszuwerten. Das war der Kontakt. Er kam nicht in der Form der Umarmung, sondern des Faustschlages."[153] Doch die SED will nichts auswerten. Symptomatisch dafür ist die Verlautbarung des Sekretärs des Schriftstellerverbandes, des gesinnungsstarken, aber poetisch schwachen Dichters Kurt Bartel, der sich Kuba nennt. Als der die Arbeiter geradezu altväterlich abkanzelt, platzt Brecht der Kragen. Er verfasst das allerdings zu seinen Lebzeiten nicht veröffentlichte Gedicht „Die Lösung":

„Nach dem Aufstand des 17. Juni
Ließ der Sekretär des Schriftstellerverbands
In der Stalinallee Flugblätter verteilen
Auf denen zu lesen war, daß das Volk
Das Vertrauen der Regierung verscherzt habe
Und es nur durch verdoppelte Arbeit
zurückerobern könne. Wäre es da

> Nicht doch einfacher, die Regierung
> Löste das Volk auf und
> Wählte ein anderes?"[154]

Und Brecht nennt 1953 im Gegensatz zur DDR-Propaganda und zur späteren Geschichte der DDR den 17. Juni nicht „Putsch", sondern „Aufstand". Doch auch Brecht, dessen schwächste lyrische Leistungen die Parteigedichte sind wie „Wer aber ist die Partei", „Lob des Kommunismus", „Die Erziehung der Hirse" und „Die Teppichweber von Kujan-Bulak ehren Lenin", kann seinen Glauben an den Kommunismus nur aufrechterhalten, wenn er sich zu dem Schluss zwingt: „Aber nun, als große Ungelegenheit, kam die große Gelegenheit, die Arbeiter zu gewinnen [...] In dem Augenblick, wo ich das Proletariat [...] wiederum ausgeliefert dem Klassenfeind sah, dem wieder erstarkenden Kapitalismus der faschistischen Ära, sah ich die einzige Kraft, die mit ihr fertig werden konnte."[155] Und die ist für Brecht die SED.

Der Dichter Heiner Müller erzählt in seinem Erinnerungsbuch eine Anekdote, die ein Licht auf die Denkweise von Ulbricht und auf seine Sicht auf den 17. Juni 1953 wirft: „Irgendwann traf ich in Ahrenshoop Jan Koplowitz, einen DDR-Schriftsteller, er erzählte mir, er habe Ulbricht getroffen, und der habe ihn gefragt: ‚Nu, Genosse Koplowitz, was schreibst'n jetzt?' Koplowitz war noch im ‚Bund proletarisch-revolutionärer Schriftsteller'[KPD-naher Schriftstellerverband am Ende der Weimarer Republik] gewesen und sagte: ‚Ich will jetzt ein Buch über den 17. Juni schreiben.' Da hat ihm Ulbricht erklärt, wie er das schreiben muss: ‚Nu, pass uff, das musste so schreiben. Da ist ein Funktionär, ja, und der hat Mist gebaut und muss in die Produktion, an die Basis. Und nu hat er weeche Hände, Macht macht weeche Hände, und kann nicht arbeeten, und nu moopt er.' Also eine Erklärung des 17. Juni aus der Schwierigkeit eines Funktionärs, der an die Basis versetzt wird und nicht mehr so richtig körperlich arbeiten kann und dann anfängt, die Proleten zum Aufstand anzustacheln, damit er nicht mehr arbeiten muss."[156]

Vielleicht trifft die Einschätzung des Dichters Heiner Müller doch sehr genau zu, wenn er schreibt: „Die große Qualität von Ulbricht war, dass er nie versucht hat, populär aufzutreten oder populistisch zu sein. Er hat damit gerechnet, dass er ein Volk von Feinden regiert, Honecker dann nicht mehr."[157] Ulbricht kam als Besatzungsmacht, aus Moskau eingeflogen – er blieb Besatzungsmacht. „Die Qualität von Ulbricht war, dass er ein Feigling war und deswegen geeignet für die Diktatur."[158]

So bleibt nur, dass die Gründung der DDR durch die Präsenz sowjetischer Panzer gegründet und am Leben erhalten werden konnte. Als die Panzer nicht mehr fuhren, fegte der zweite Volksaufstand, die Friedliche Revolution, in einem Akt der Selbstbefreiung die DDR hinweg.

In den 1970er Jahren hieß es im Text der DDR-Rockgruppe Renft, die 1975 verboten wurde: „Das Leben ist ein Lottoschein, auf dem der Funktionär die Kreuze macht". Genau das wollten diese Menschen schon Anfang der 1950er Jahre nicht mehr: fremdbestimmt sein, abhängig vom Wohlwollen eines politischen Apparats. Zwang, Druck, schlechte Versorgung, verlogene Parolen und ein wirtschaftlicher Aufbau, der zu langsam vorankam, da die Planwirtschaft ihn bremste, führte zu einer Unzufriedenheit, die 1952 an Stärke und Schärfe zunahm und 1953 durch die sowjetischen Panzer einen vorläufigen Abschluss fand. Die Ergebnisse des 17. Juni wirkten sich traumatisch aus. Deshalb gehörte es zu den wichtigsten Sätzen, die 1989 von Mund zu Mund gingen, dass diesmal die sowjetischen Panzer in den Kasernen bleiben und nicht fahren werden. Die sowjetischen Panzer standen am Anfang der DDR, sie sicherten sie ab, und als sie nicht mehr dazu bereit waren, verschwand die DDR.

Epilog
Nur die Spitze des Eisberges: Widerstand und Tod in der frühen DDR

Ein zufälliger Fund, einer von vielen: Mitten in den Akten der Staatssicherheit über Wolfgang Natonek findet sich ein Zettel der Vollzugsanstalt Hoheneck, des berüchtigten Frauengefängnisses. Auf diesem Formular über die Gefangene Jutta Erbstößer steht: „Den 11.2.1952 verstorben, Zeit 23.40 Uhr, Todes-Ursache: Selbstmord in VA Hoheneck". Auf einem weiteren Vermerk steht: „Jutta Erbstößer, geb. 24.10.1927 in Blankenheim (Kreis Sangerhausen), Beruf Wirtschaftsleiterin/Studentin, Uni Leipzig Studentin, Familienstand ledig, Ort der Festnahme: Leipzig, Leipzig W 31, Steubenstraße 51 […], TA: 24.1.1948, wo: Hoheneck, Karteikarte ausgestellt 16.2.1950, wo: Sachsenhausen, Übernahme durch die DVP 11.1.1950, Parteizugehörigkeit 1947 SED, BDM 1943-1945, Straftat: Spionage SMT Sachsen, verurteilt am Jan. 48 Aktenzeichen 63313, 25 Jahre Strafarbeitslager, Beginn der Strafhaft 25. Januar 1948, Beendigung der Strafe: 25. Januar 1973." Wie Werner Ihmels stirbt Jutta Erbstößer in der Haft. Sie nimmt sich das Leben, weil sie unter Druck gesetzt wird, Verrat zu üben. Als die Stasi droht, ihre Eltern zu verhaften, wenn sie nicht redet, sieht sie nur einen Ausweg. Sie erhängt sich in ihrer Zelle. Da ist sie 24 Jahre alt und seit vier Jahren im Gefängnis.

Geboren wird Jutta Erbstößer in Blankenheim, doch ihre Eltern ziehen bald nach Leipzig und eröffnen eine Bäckerei. Im Wintersemester 1947 beginnt sie an der Leipziger Universität mit dem Jurastudium. Wie viele andere auch glaubt sie an die neue Zeit, wird 1946 Mitglied in der SED und steckt voller Ideale. Ihr Ziel besteht darin, Vormundschafts- und Jugendrichterin zu werden. Durch ihre Arbeit in der FDJ sei sie mit vielen Jugendlichen zusammengekommen, auch mit Jugendlichen, die schon vor dem Jugendgericht standen. Die Schilderungen dieser Jugendlichen bringen sie zu der Überzeugung, dass viele Jugendliche zu hart bestraft werden und dadurch der Gemeinschaft verlorengehen. Sie glaubt, dass bei Jugendlichen Erziehung vor Strafe stehen müsse. Dafür will sie wirken. Doch sie muss bald erkennen, dass die Entwicklung doch nicht so frei ist und die SED keinen Aufbruch, sondern die Macht will. Sie möchte schon im Sommersemester 1948 von Leipzig nach Berlin wechseln, weil im Gegensatz zur Berliner juristisch-kriminalistischen Fakultät in Leipzig keine Vorlesungen in Kriminalistik gehalten werden, die sie aber in Berlin hören könnte. Doch dazu wird es nicht mehr kommen, denn Jutta Erbstößer wird Ende Januar 1948 verhaftet und schließlich wegen Spionage zu 25 Jahren Strafarbeitslager verurteilt. Möglich, dass die Verhaftung im Zusammenhang mit der Verhaftung von Otto Gallus und Luise Langendorf am 10. September 1947 steht, vor allem aber mit der von Karl Schwarze am 7. Dezember 1947, der wie Jutta Erbstößer Rechtswissenschaft studiert.

Die Liste der Leipziger Studenten, die von 1945 bis 1962 verhaftet, eingesperrt oder ermordet wurden, umfasst mindestens 91 Namen.

Die systematische Verfolgung von Andersdenkenden, von Kritikern, ihre langjährige Inhaftierung für Bagatellen, zumeist für Dinge, die sie nie begangen hatten und die konstruiert worden waren, wurde in der SBZ und in der DDR von Anfang an eingeführt und professionalisiert. Die Opfer des deutschen oder des sowjetischen Staatssicherheitsdienstes wurden verschwörungstheoretisch und paranoid zu Gruppen zusammengefasst, vor Gericht gestellt und verurteilt. Begünstigt wurde diese Praxis auch dadurch, dass die Emigranten aus der Sowjetunion, besonders Ulbricht und seine engste Entourage, glaubten, in ein Volk von Feinden zurückzukehren, das sie zu bekämpfen hatten. Sie agierten wie Kolonialherren. Ihre Machtbasis war nicht das Volk, sondern die sowjetischen Panzer und schließlich der sowjetische und deutsche Staatssicherheitsdienst.

Wenn man von Herbert Belter erzählt, muss man auch von dem oben schon erwähnten Arno Esch sprechen. Im Jahr 1946 beginnt Esch das Studium der Rechtswissenschaft in Rostock, tritt der FDJ und der LDP bei. Er widerspricht als Jugendreferent der LDP dem Führungsanspruch der SED an der Universität und organisiert die Betriebsgruppe der LDP an der Alma Mater. 1949 wird er auf dem Eisenacher Parteitag der LDP in den Zentralvorstand seiner Partei gewählt und verfasst das Parteiprogramm mit. Vor allem setzt er sich für eine liberale Demokratie ein, für Bürgerrechte, für freie Wahlen und für die Gewaltenteilung. Seine politische Haltung verdeutlicht sich in dem Satz „Ein liberaler Chinese steht mir näher als ein deutscher Kommunist." Mit 13 weiteren jungen Mitgliedern der LDP Mecklenburgs wird er am 18. Oktober 1949 festgenommen, vor ein sowjetisches Militärgericht gestellt, zum Tode verurteilt, in die Lubjanka nach Moskau verschleppt und dort am 24. Juli 1951 erschossen. Sein Leichnam wird eingeäschert und die Asche wie die Herbert Belters auf dem Donskoi-Friedhof verscharrt.

Die Geschichte von Herbert Belter in Leipzig, von Arno Esch in Rostock, das Schicksal der Studenten der konstruierten „Belter-Gruppe", das Schicksal von Wolfgang Natonek und Werner Ihmels, von Luise Langendorf und Jutta Erbstößer – es sind keine Ausnahmefälle, keine Einzelschicksale. Sie stehen stellvertretend für Tausende ähnliche Schicksale und ähnliche Leiden. Sie belegen, dass die kommunistische Diktatur wie jede totalitäre Diktatur auf Repression und Unterdrückung, auf Vermassung, auf Kollektivismus und Konformismus beruht, dass das Recht nur eine Funktion der Macht, wie auch das Individuum nur Eigentum der

Staatsmacht ist. Schuldig machte sich schon, wer sich dem Kollektivismus, der gemeinsamen Sprache und Sprachregelungen entzog.

923 deutsche Zivilisten wurden zwischen April 1950 und Dezember 1953 in Moskau hingerichtet. Nach jetzigem Kenntnisstand legten die sowjetischen Ankläger in der DDR dafür den Paragraf 58 des Strafgesetzbuches der RFSR zu Grunde. Nach der Verurteilung wurden die Todeskandidaten von den Mithäftlingen getrennt und über den Sammelpunkt Berlin-Lichtenberg nach Moskau in die Lubjanka oder in die Butyrka verschleppt.

In dem Jahr, in dem Herbert Belter erschossen wurde, 1951, ermordeten die Sowjets allein im Butyrka-Gefängnis 441 deutsche Männer und Frauen. Auch das Leid der Frauen in den ostdeutschen Gefängnissen wie dem berüchtigten Hoheneck, die Ermordung von Frauen in der SBZ und in der DDR aus politischen Gründen, ist noch viel zu wenig erforscht. Sie haben zu wenig Eingang in die bundesdeutsche Erinnerungskultur gefunden. Für einen demokratischen Staat ist das jedoch unerlässlich. Nicht nur deshalb, weil viele dieser Opfer für das Selbstverständnis der Demokratie stehen, für unseren Wertekanon, sondern weil in ihren Schicksalen auch universelle Mechanismen – wie Diktatur entsteht und wie Diktatur die Macht aufrechterhält – sichtbar werden. Diese Mechanismen sind nicht an die Provenienz der Diktatur gebunden, nicht an die Farbe, sondern sie funktionieren ähnlich, wie die Geschichte der Weißen Rose und der „Belter Gruppe" belegen. Nicht umsonst hat Wolfgang Böckenförde in seinem zu Recht berühmten Diktum festgestellt:

„Der freiheitliche, säkularisierte Staat lebt von Voraussetzungen, die er selbst nicht garantieren kann. Das ist das große Wagnis, das er, um der Freiheit willen, eingegangen ist. Als freiheitlicher Staat kann er einerseits nur bestehen, wenn sich die Freiheit, die er seinen Bürgern gewährt, von innen her, aus der moralischen Substanz des einzelnen und der Homogenität der Gesellschaft, reguliert. Anderseits kann er diese inneren Regulierungskräfte nicht von sich aus, das heißt mit den Mitteln des Rechtszwanges und autoritativen Gebots zu garantieren suchen, ohne seine Freiheitlichkeit aufzugeben und – auf säkularisierter Ebene – in jenen Totalitätsanspruch zurückzufallen, aus dem er in den konfessionellen Bürgerkriegen herausgeführt hat."[1]

Zu diesen Böckenförde'schen Voraussetzungen gehört ein historisches Bewusstsein, eine funktionierende, einer komplexen Historie gerecht werdende Erinnerungskultur. Immer wieder wird man sich derer erinnern müssen, die dem „Totalitätsanspruch" des Staates entgegengetreten sind, wie andererseits das Bewusstsein dafür wachzuhalten ist, wie schnell sich selbstermächtigende Gruppen oder Parteien den Staat erobern können, wie schnell der Rückfall in den staatlichen Totalitätsanspruch geschieht, wie schnell das Recht gebeugt werden kann. Der Weg in die Diktatur, das beweist die jüngere deutsche Geschichte, erfolgt nicht zwingend über einen Putsch, sondern schleichend.

Anhang

Danksagung

Ohne vielfältige Hilfe und Unterstützung hätte dieses Buch nicht entstehen können, denn es fußt auf aufwendigen Recherchen, auf Gesprächen, auf wertvollen Hinweisen.

Zuallererst möchte ich mich bei Dr. Joachim Klose von der Konrad Adenauer Stiftung Sachsen herzlich bedanken. Es ist ein großes Verdienst von Dr. Joachim Klose, Prof. Dr. Gerald Wiemers und Dr. Jens Blecher, dass die Geschichte der „Belter Gruppe" durch die Forschungen, die Materialsicherungen und die jährlich stattfindenden Belter-Dialoge nicht in Vergessenheit geriet.

Im Jahr 2018 nun lud mich Joachim Klose ein, einen Vortrag zu den 10. Belter Dialogen zu halten, die von der Konrad Adenauer Stiftung und der Universität zu Leipzig veranstaltet werden. Obwohl ich mich in der Geschichte, auch in der Geschichte der DDR, nicht so schlecht auskenne, war ich doch überrascht und erschüttert zugleich, als ich von dem Schicksal Herbert Belters, Siegfried Jenkners, Werner Gumpels, Karl Miertschischks, Günter Herrmanns, Otto Bachmanns, Peter Eberles, Rolf Grünbergers, Hans Dieter Scharfs und Erhard Beckers erfuhr, von denen ich bis zu dieser Einladung nichts wusste, so dass ich beschloss, diese Geschichte aufzuarbeiten. In dem Vorhaben wurde ich von der Konrad Adenauer Stiftung, vom Universitätsarchiv Leipzig und von der Stiftung Sächsische Gedenkstätten unterstützt, so dass mein Dank besonders Dr. Joachim Klose, Dr. Jens Blecher, Siegfried

Reiprich und nicht zuletzt dem Archivar der Stiftung Sächsische Gedenkstätten, Dr. Bert Pampel, gilt.

Die weitgefasste Recherche und das Studium der Quellen unterschiedlicher Herkunft zeigten, dass zum einen die Geschichte der „Belter Gruppe" nicht singulär ist, sondern dass zum anderen anhand der Schicksale mutiger Studenten von 1946 bis 1953 sehr persönlich, gleichzeitig aber auch paradigmatisch die Geschichte der Stalinisierung der Sowjetischen Besatzungszone und der DDR erzählt werden kann, dass die großen gesellschaftlichen und politischen Prozesse in das Leben dieser Studenten auf eine Art und Weise hineinwirkten, die es ermöglicht, aus der Perspektive ihrer Biographien diese Stalinisierungsprozesse darzustellen, mehr noch, es wurde deutlich, dass die DDR aus dem Geist oder genauer Ungeist des Stalinismus entstanden ist.

Mein großer Dank gebührt Hendrik Röder vom Brandenburgischen Literaturbüro und der Stiftung Aufarbeitung.

Die Zusammenarbeit mit Prof. Dr. Mike Schmeitzner vom Hannah-Arendt-Institut Dresden und der intensive Austausch mit Dr. Jens Blecher sowie die großartige und sehr kompetente Hilfe von Dr. Markus Anhalt von der Bundesbehörde für die Unterlagen des Staatssicherheitsdienstes der ehemaligen Deutschen Demokratischen Republik (BStU) besaßen für die Arbeit essenzielle Bedeutung.

Mein besonderer Dank gilt jedoch Prof. Dr. Werner Gumpel, der geduldig meine Fragen vor der Kamera beantwortete und mir einen einzigartigen Einblick in die Zeit und die Welt der Studenten der „Belter Gruppe" gewährte. Zu einem Gespräch mit Dr. Peter Eberle kam es leider nicht mehr.

Danken möchte ich auch Herrn Thomas Miertschischk, den Sohn von Karl Miertschischk, der mir half, die Biografie seines Vaters besser zu verstehen.

Last but not least danke ich meinem Lektor Dr. Patrick Oelze für das präzise Lektorat. Es war ein Vergnügen, vom Lektor angestoßen noch einmal an den Text zu gehen.

Quellen und Siglen

HAIT – GP/B: Hannah-Arendt – Institut Dresden, Akte Herbert Belter, Gerichtsprotokoll vom 9. Januar 1951

HAIT – VP/B: Hannah-Arendt – Institut Dresden, Akte Herbert Belter, Verhörprotokoll

UA – Na Ihmels: Universitätsarchiv Leipzig, Nachlass Werner Ihmels

UA – Na Lendle 04: Universitätsarchiv Leipzig, Tagebuch Ludwig Lendle (Typoskript)

UA – Pa: Universitätsarchiv Leipzig, Personen-Akte

UA – StuA: Universitätsarchiv Leipzig, Studenten-Akte

HAIT – Hannah-Arendt-Institut, Dresden
MEW – Marx Engels Werke
SAPMO – Stiftung Archiv der Parteien und Massenorganisationen der DDR im Bundesarchiv

Verzeichnis der benutzten Literatur

Die Toten des Volksaufstandes vom 17. Juni 1953, hrsg. v. Edda Ahrberg, Hans-Hermann Hertle, Tobias Hollitzer und der Stiftung zur Aufarbeitung der SED-Diktatur, Münster 2004

Der Volksaufstand vom 17. Juni 1953. Ursachen, Akteure, Folgen – Ein Überblick nach 60 Jahren, hrsg. v. Franz-Josef Schlichting und Hans-Joachim Veen, Erfurt 2012

„... stürmt die Festung Wissenschaft". Die Sowjetisierung der mitteldeutschen Universitäten seit 1945, hrsg. v. Amt für gesamtdeutsche Studentenfragen des Verbandes Deutscher Studentenschaften und „Colloquium", Zeitschrift der freien Studenten Berlins, Berlin 1953

Geschichte der DDR, hrsg. v. einem Autorenkollektiv unter Leitung von Rolf Badstübner, Berlin 1984

Baus, Ralf Thomas: Die Christlich-Demokratische Union Deutschlands in der sowjetisch besetzten Zone 1945 bis 1948, Gründung – Programm – Politik, Düsseldorf 2001

Benjamin, Walter: Gesammelte Schriften, Band I. 2, Frankfurt am Main 1991

Bondy, François: Pfade der Neugier, Portraits; Einsiedeln 1988

Brecht, Bertolt: Gedichte 5, in: ders.: Große Kommentierte Berliner und Frankfurter Ausgabe, Band XI, Berlin und Weimar 1988

Brieler, Ulrich: Unruhiges Leipzig. Beiträge zu einer Geschichte des Ungehorsams, Leipzig 2016

Buchheim, Karl Arthur: Eine sächsische Lebensgeschichte, München 1996

Chaussy, Ulrich, Gerd R. Ueberschär: „Es lebe die Freiheit!". Die Geschichte der Weißen Rose und ihrer Mitglieder in Dokumenten und Berichten, Frankfurt am Main 2013

Coppi, Hans, Stefan Heinz (Hrsg.): Der vergessene Widerstand der Arbeiter, Gewerkschafter, Kommunisten, Sozialdemokraten, Trotzkisten, Anarchisten und Zwangsarbeiter, Berlin 2012

Dante Alighieri: Die Göttliche Komödie, übersetzt von Karl Vossler, Leipzig 2001

DDR 1945–1970. Geschichte und Bestandsaufnahme, hrsg. v. Ernst Deuerlein, München 1975

Demke, Elena, Ciesla, Burghard: Der Volksaufstand vom 17. Juni 1953. Quellen – Fragen – Kontexte, Berlin 2013

Der totgeschwiegene Terror. Zwangsaussiedlung in der DDR. Thüringer Institut für Lehrerfortbildung, Lehrplanentwicklung und Medien, Bad Berka 2006; www.db-thueringen.de/servlets/MCRFileNodeServlet/dbt_derivate_00025982/82.pdf, abgerufen am 19.04.2023

Dokumente der SED. Beschlüsse und Erklärungen des Zentralsekretariats und des Parteivorstandes, Bd. I bis III, Berlin 1951 f.

Dokumente der SED. Beschlüsse und Erklärungen des Zentralkomitees sowie seines Politbüros und seines Sekretariats, Berlin 1954 ff.

Foitzik, Jan: Sowjetische Militäradministration in Deutschland (SMAD) 1945–1949, Berlin 1999

Foitzik, Jan: Sowjetische Kommandanturen und deutsche Verwaltung in der SBZ und frühen DDR. Dokumente, Berlin, München, Boston 2015

Gadamer, Hans-Georg: Philosophische Lehrjahre, Frankfurt am Main 2012

Geißler, Kurt: Geschichte des Schulwesens in der Sowjetischen Besatzungszone und in der deutschen Demokratischen Republik 1945 bis 1962, Frankfurt am Main 2000

Geschichte der SED. Ein Abriss, Berlin 1978

Gniffke, Erich W.: Jahre mit Ulbricht, Köln 1966

Gotschlich, Helga: „Das neue Leben muss anders werden ...". Studien zur Gründung der FDJ, Berlin 1996

Gotschlich, Helga: Aber nicht im Gleichschritt. Zur Entstehung der Freien Deutschen Jugend, Berlin 1997

Grashoff, Udo: Der DDR-Volksaufstand vom 17. Juni 1953: Wir wollen freie Menschen sein!, Erfurt 2015

Gromyko, Andrej: Erinnerungen, Düsseldorf 1989

Gumpel, Werner: Workuta – Die Stadt der lebenden Toten, Leipzig 2015

Handel, Gottfried, Roland Köhler (Hrsg.): Dokumente der Sowjetischen Militäradministration in Deutschland zum Hoch- und Fachschulwesen 1945–1949, Berlin 1975

Haritonow, Alexandr: Sowjetische Hochschulpolitik in Sachsen 1945–1949, Köln, Weimar 1995

Heine, Heinrich: Werke und Briefe, Band 1, Berlin und Weimar 1980

Herbst, Andreas, Winfried Ranke, Jürgen Winkler: So funktionierte die DDR. Band 2, Reinbek bei Hamburg 1994

„Tod den Spionen". Todesurteile sowjetischer Gerichte in der SBZ/DDR und in der Sowjetunion bis 1953, hrsg. v. Andreas Hilger, Göttingen 2006

Hoffmann, Dierk: Die DDR unter Ulbricht. Gewaltsame Neuordnung und gescheiterte Modernisierung, Zürich 2003

Jahnke, Karl Heinz, Michael Buddrus: Deutsche Jugend 1933– 1945. Eine Dokumentation, Hamburg 1989

„Stellt alles Trennende zurück!". Eine Quellenedition zum „Wartburgtreffen der Deutschen Studentenschaft Pfingsten 1948" in Eisenach, hrsg. v. Jürgen John in Verbindung mit Christian Faludi, Stuttgart 2010

DDR-Geschichte in Dokumenten. Beschlüsse, Berichte, interne Materialien und Alltagszeugnisse, hrsg. v. Matthias Judt, Berlin 1997

Kaff, Brigitte: Junge Union 1945–1950. Jugendpolitik in der sowjetisch besetzten Zone, Freiburg 2003

Kafka, Franz: Der Schlag ans Hoftor, in: ders.: Beim Bau der chinesischen Mauer, Berlin 1980

Kempowski, Walter: Im Block, München 2008

Kerouac, Jack: Unterwegs, Reinbek bei Hamburg 2006

Knabe, Hubertus: 17. Juni 1953. Ein deutscher Aufstand, Berlin 2003

Krauss, Werner: Über marxistische Abweichungen in älterer und jüngster Zeit, in: *Einheit* 2 (1947) 3, S. 253 ff. u. 2 (1947) 4, S. 356 ff.

Krönig, Waldemar, Klaus-Dieter Müller: Anpassung. Widerstand. Verfolgung. Hochschule und Studenten in der SBZ und der DDR 1945 bis 1961, Köln 1994

Lenin, W. I.: Ausgewählte Werke, Band I–VI 1975

Lenin, W. I.: Ausgewählte Werke, 3 Bde., Berlin 1979

Mählert, Ulrich: Die Freie Deutsche Jugend 1945–1949. Von den „Antifaschistischen Jugendausschüssen" zur SED-Massenorganisation. Die Erfassung der Jugend in der Sowjetischen Besatzungszone, Paderborn 1995

Markov, Walter: Wie viele Leben lebt der Mensch. Eine Autobiographie aus dem Nachlass, Leipzig 2009

Maruhn, Jürgen (Hrsg.): 17. Juni. Der Aufstand für die Demokratie, München 2003

Marx, Karl, Friedrich Engels: Ausgewählte Werke, Band IV, Berlin 1988

Mayer, Hans: Georg Büchner und seine Zeit, Berlin 1948

Mayer, Hans: Ein Deutscher auf Widerruf, Frankfurt am Main 1988

Mayer, Hans: Der Turm von Babel. Erinnerung an eine Deutsche Demokratische Republik, Frankfurt am Mai 1991

Mayer, Hans: Briefe 1948–1963, Leipzig 2006

Mayer, Hans: Der Hall Hans Mayer. Dokumente 1956–1963, Leipzig 2007

Müller, Heiner: Werke 3, Frankfurt am Mai 2000

Müller, Heiner: Eine Autobiographie, Frankfurt am Main 2005

Müller, Klaus-Dieter: Der 17. Juni 1953 im Spiegel sowjetischer Geheimdienstdokumente. 33 geheime Berichte des Bevollmächtigten des Innenministeriums der Sowjetunion in Deutschland vom 31. Mai bis zum 18. Juli 1953 über die Ereignisse in der DDR. Dokumente aus dem Zentralarchiv des Föderalen Sicherheitsdienstes der Russischen Föderation, Leipzig 2008

Natonek, Hans, Wolfgang Natonek: Briefwechsel 1946–1962, hrsg. v. Steffi Böttcher, Leipzig 2008

Natonek, Hans: Die Straße des Verrats. Publizistik, Briefe, ein Roman, Berlin 1982

Natonek, Wolfgang, Kurt Pförtner, (Hrsg.): Ihr aber steht im Licht. Eine Dokumentation aus sowjetischem und sowjetzonalem Gewahrsam, Tübingen 1962

Stalin wollte ein anderes Europa. Moskaus Außenpolitik 1940–1968, hrsg. von Harald Neubert, Berlin 2003

Nienhagen, Walter: Freiheit, die ich meine. Mein Leben im 20. Jahrhundert, Halle 2008

Der „Gesäuberte" Antifaschismus. Die SED und die roten Kapos von Buchenwald. Dokumente, hrsg. v. Lutz Niethammer und Karin Hartewig, Berlin 1994

Nikitin, Pjotr I.: Zwischen Dogma und gesundem Menschenverstand. Wie ich die Universitäten der deutschen Besatzungszone „sowjetisierte", Berlin 1997

Nothnagle, Alan L.: Building the East German myth, Ann Arbor 1999

Orwell, George: 1984, Zürich 1983

Ostrowski, Nikolai: Wie der Stahl gehärtet wurde, Berlin 1959

Otto, Wilfriede: Die SED im Juni 1953. Interne Dokumente, Berlin 2003

Pasternak, Peer: Hochschule und Wissenschaft in der SBZ/DD/Ostdeutschland 1945–1995. Annotierte Bibliographie für den Zeitraum 1990–1998, Weinheim 1999

Pieck, Wilhelm: Aufzeichnungen zur Deutschland-Politik 1945–1953, hrsg. v. Rolf Badstübner und Wilfried Loth, Berlin 1994

Die Aktion. Wochenschrift für Politik, Literatur und Kunst, hrsg. v. Franz Pfemfert, eine Auswahl von Thomas Rietzschel, Berlin und Weimar 1986

Roth, Heidi: Der 17. Juni 1953 in Sachsen, Köln, Weimar, Wien 1999

Rottleuthner, Hubert: Steuerung der Justiz in der DDR, Köln 1994

Rubiner, Frida: Diktatur und Demokratie. Zur Klärung viel missbrauchter Begriffe, in: *Einheit* 2 (1947) 4, S. 334–342

Scharf, Hans-Dieter: Von Leipzig nach Workuta und zurück. Ein Schicksalsbericht aus den frühen Jahren des ersten deutschen Arbeiter- und Bauernstaates 1950–1954, Dresden 1996

Der Volksaufstand vom 17. Juni 1953. Ursachen, Akteure, Folgen – ein Überblick nach 60 Jahren, hrsg. v. Franz-Josef Schlichting und Hans-Joachim Veen, Erfurt 2012

Schmeitzner, Mike: Im Schatten der FDJ – Die „Junge Union" in Sachsen 1945–1950, Göttingen 2004

Schroeder, Klaus: Der SED-Staat. Partei, Staat und Gesellschaft 1949–1990, München 2000

Schulz, Gerhard: Mitteldeutsches Tagebuch. Aufzeichnungen aus den Anfangsjahren der SED-Diktatur 1945–1950, München 2009

Schulz, Albert: Erinnerungen eines Sozialdemokraten, Oldenburg 2000

Schuster, Ulrike: Wissen ist Macht. FDJ, Studenten und die Zeitschrift Forum in der SBZ/DDR. Eine Dokumentation, Berlin 1997

Schwabe, Klaus: Die Zwangsvereinigung von KPD und SPD in Mecklenburg-Vorpommern, Schwerin 1998

Serke, Jürgen: Böhmische Dörfer. Wanderungen durch eine verlassene literarische Landschaft, Wien und Hamburg 1987

Stalin, J. W.: Fragen des Leninismus, Moskau 1942

Stalin, J. W: Werke, 13 Bde., Berlin 1950–1954

Sturzo, Luigi: Das bolschewistische Russland und das faschistische Italien, in: Gamal Morsi: Amerika ist immer woanders. Die Rezeption des American Dream in Italien, Marburg 2001

Sturzo, Luigi: Über italienischen Faschismus und Totalitarismus, Göttingen 2018

Suckut, Siegfried: Parteien in der SBZ/DDR 1945–1952, Bonn 2000

Viénot, Pierre: Ungewisses Deutschland, Frankfurt am Main 1932

Wagner, Manfred: „Beseitigung des Ungeziefers ...". Zwangsaussiedlung in den thüringischen Landkreisen Saalfeld, Schleiz und Lobenstein 1952 und 1961, Erfurt 2001

Wahl, Stefanie, Regine Möbius: Panzer gegen die Freiheit. Zeitzeugen des 17. Juni 1953 berichten, Magdeburg 2003

Walther, Klaus: Erik Neutsch. Spur des Lebens, Berlin 2010

Werkentin, Falco: Politische Strafjustiz in der Ära Ulbricht, Berlin 1997

Werkentin, Falco, Jutta Braun, Nils Klawitter: Die Hinterbühne politischer Strafjustiz in den frühen Jahren der SBZ/DDR, Berlin 2006

Wettig, Gerhard: Der Tjul'panov-Bericht. Sowjetische Besatzungspolitik in Deutschland nach dem Zweiten Weltkrieg, Göttingen 2012

Wolf, Christa: Kindheitsmuster, Berlin und Weimar 1976

Wolfgang Leonhard: Die Revolution entlässt ihre Kinder, Leipzig 1990

Wustmann, Markus: Die Gesellschaftswissenschaftliche Fakultät in Leipzig 1947–1951, Leipzig 2004

Zarusky, Jürgen (Hrsg.): Stalin und die Deutschen, München 2006

Zeller, Johannes: Pluralismusfiktion mit unpolitischer Parteienexistenz. Drei Etappen der Gleichschaltung der LDP in den Jahren 1948 bis 1950, dargestellt am Beispiel des Landesverbandes Sachsen-Anhalt, Hamburg 2014

Anmerkungen

Prolog: Zweierlei Arten des Erinnerns: Sophie Scholl und Herbert Belter

1. HAIT – GP/B
2. Orwell 1983, S. 25 f.
3. https://twitter.com/rubenmcloop/status/1390592341203947521, abgerufen am 15. Februar 2023
4. UA – Na Ihmels, Nr 1
5. UA – Na Ihmels, Nr 3 a

I. Die Hoffnung auf Freiheit: Jugend zwischen den Diktaturen

1. UA – Na Ihmels, Nr 1
2. Jahnke, Buddrus 1989, Nr. 51, S. 106
3. Wolf 1976, S. 396
4. Walther 2010, S. 42 f.
5. UA – StuA Neutsch
6. UA – StuA Neutsch
7. UA – StuA Neutsch
8. UA – StuA Neutsch
9. Heine 1980, Band 1, S. 436
10. MEW, Band 13, 9.
11. Müller, 2000, S. 393
12. Schulz 2009, S. 21
13. Einheit 2 (1947) 11, S. 1064 f.
14. Leonhard 1990, S. 406.
15. Gadamer 2012, S. 123
16. Chaussy, Ueberschär 2013, S. 31
17. Inge Scholl in der RIAS-Sendung „Studenten haben das Wort" vom 8. Mai 1951
18. HAIT – GP/B
19. Schulz 2009, S. 21

[20] Schulz 2009, S. 25
[21] Lendle, S. 209
[22] Lendle, S. 210
[23] Schulz 2009, S. 21
[24] Lendle, S. 212
[25] Lendle, S. 238
[26] Lendle, S. 229
[27] Lendle, S. 229
[28] Zit n. Festung Wissenschaft 1953, Eingangszitat
[29] Schulz 2009, S. 29
[30] Geschichte der DDR 1984, S. 55
[31] Zit. n. Geschichte der DDR 1984, S. 56
[32] Schulz 2009, S. 32
[33] Schulz 2009, S. 34

II. Das Gefühl der Freiheit: Der Klassenkampf gegen die Demokratie

[1] Student der Chemie und Biologie in Leipzig, im Juli 1952 von einem sowjetischen Militärgericht in Potsdam wegen Spionage, Vorbereitung von Terroraktionen und Bildung einer antisowjetischen Gruppe zu 25 Jahren Arbeitslager verurteilt, im Oktober 1955 aus dem Arbeitslager (erst Workuta, dann Inta) entlassen, 1955 Chemie-Studium in Marburg, 1970 Professor für Chemie.
[2] UA – StuA Langendorf
[3] Schulz 2009, S. 40
[4] Geschichte der DDR 1984, S. 40
[5] Buchheim 1996, S. 250 f.
[6] Schulz 2009, S. 99
[7] Schulz 2009, S. 129
[8] Schulz 2009, S. 127
[9] Forum Nr. 2, 12. Jahrgang 1947, S. 22
[10] „... stürmt die Festung der Wissenschaft" 1953, S. 59
[11] Dokumente 1975, S. 57
[12] vgl. Wustmann 2004, S. 127–134
[13] Schulz 2009, S. 129
[14] Schulz 2009, S. 129

Anmerkungen

15 Schulz 2009, S. 129
16 Schulz 2009, S. 130
17 UA - Na Ihmels, Nr 1, Eintrag vom 19. August 1945
18 Landgericht Leipzig, Aktenzeichen Az 3 Kls 824 JS 47193/93, S. 004
19 https://www.spiegel.de/politik/zugnummer-im-osten-a-b42797 6e-0002-0001-0000-000013490309, abgerufen am 12. März 2023
20 Nienhagen 2008, S. 144
21 https://rotfuchs.net/files/rotfuchs-beilagen-pdf/RF-128-09-08-Beilage-Schauprozess.pdf, abgerufen am 20. März 2023
22 UA – Ihmels PA_SG_0050
23 Archiv Stiftung Sächsische Gedenkstätten
24 Archiv Stiftung Sächsische Gedenkstätten, https://www.stsg.de/cms/sites/default/files/u7/Artikel%2058%20des%20Strafgesetzbuches%20UdSSR.pdf, abgerufen am 25. März 2023
25 https://rotfuchs.net/files/rotfuchs-beilagen-pdf/RF-128-09-08-Beilage-Schauprozess.pdf, abgerufen am 20. März 2023
26 Schulz 2009, S. 179
27 Schulz 2009, S. 178 f.
28 Lendle, S. 243
29 Lendle, S. 243
30 UA – Na Ihmels, Nr 3
31 1930 nannte Schumacher die KPD eine „rotlackierte Doppelausgabe der Nationalsozialisten"; 1945 charakterisierte Schumacher die KPD als „rot-lackierte Faschisten".
32 UA – Na Ihmels, Nr 3
33 UA – Ihmels PA_SG_0494_0051
34 UA – Na Ihmels, Nr 5a
35 UA – Na Ihmels, Nr 5a
36 UA – Na Ihmels, Nr 3
37 UA – Na Ihmels, Nr 5a
38 UA – Na Ihmels, Nr 5a
39 UA – Na Ihmels, Nr 5a
40 Natonek 2008, S. 57
41 Natonek 2008, S. 57
42 Zit n. Serke 1987, S. 100
43 Serke 1987, S. 117
44 Natonek 2008, S. 58

Anhang

45 UA – StuA Natonek
46 Natonek 2008, S. 62
47 Natonek 2008, S. 62 f.
48 Dokumente DDR, 1975, S. 47
49 Geschichte der DDR 1984, S. 35
50 Leonhard 1990, S. 406
51 Leonhard 1990, S. 405 f.
52 Wettig 2012, S. 234 f.
53 Wettig 2012, S. 235
54 Wettig 2012, S. 235
55 Geschichte der DDR 1984, S. 40
56 Geschichte der DDR 1984, S. 41
57 Wettig 2012, S. 210
58 Leonhard 1990, S. 457
59 Gniffke 1966, S. 74 f.
60 Geschichte der DDR 1984, S. 49
61 Natonek 2008, S. 63
62 Natonek 2008, S. 59
63 Natonek 2008, S. 63 f.
64 Ostrowski, 1959, S. 270
65 Lendle, S. 254
66 Lendle, S. 254
67 Der „Gesäuberte Antifaschismus" 1994, S. 311
68 Natonek 2008, S. 67
69 Stalin 6, 1952, S. 253
70 Wettig 2012, S. 66 f.
71 UA – StuA Gerhard Stiller
72 UA – StuA Gerhard Stiller
73 Lendle, S. 247
74 Lendle, S. 247
75 Zit. n. Anpassung 1994, S. 149
76 Anpassung 1994, S. 31
77 Geschichte der DDR 1984, S. 81
78 Lendle, S. 254
79 Lendle, S. 255
80 UA – Protokoll der öffentlichen Studentenvollversammlung vom 23.07.1947

Anmerkungen

[81] Brecht XI, 1988, S. 210
[82] Schulz 2009, S. 119
[83] Schulz 2009, S.101
[84] Gniffke 1966, S. 249 ff.
[85] Pieck 1994, S. 110–126
[86] Gniffke 1966, S. 251
[87] Zit. n. „Stellt alles Trennende zurück!" 2010, S. 42
[88] Schulz 2009, S. 129
[89] Mayer 1991, S. 63
[90] Geschichte der DDR 1984, S. 83
[91] Schulz 2009, S. 135
[92] Schulz 2009, S. 136
[93] UA – StuA Werner Deckers
[94] UA – StuA Werner Deckers
[95] UA – StuA Werner Deckers
[96] „Stellt alles Trennende zurück!" 2010, S. 125
[97] „Stellt alles Trennende zurück!" 2010, S. 184
[98] „Stellt alles Trennende zurück!" 2010, S. 227
[99] Schulz 2009, S. 138
[100] Schulz 2009, S. 133
[101] Schulz 2009, S. 133
[102] UA – StuRa 15. Dezember 1947
[103] UA – StuRa 15. Dezember 1947
[104] Schulz 2009, S. 146
[105] Geschichte der DDR 1984, S. 97
[106] Schulz 2009, S. 169
[107] UA – StuRa vom 30.06.1948
[108] UA – StuRa vom 30.06.1948
[109] UA – StuRa vom 30.06.1948
[110] UA – StuRa vom 30.06.1948
[111] Schulz 2009, S. 167
[112] Schulz 2009, S. 169
[113] Schulz 2009, S. 185
[114] Schulz 2009, S. 186
[115] BStU – Akte Natonek
[116] Anpassung 1994, S. 531

117 UA – StuRa vom 18.11.1948
118 UA – StuRa vom 18.11.1948
119 UA – StuRa vom 18.11.1948
120 UA – StuRa vom 18.11.1948
121 Geschichte der DDR 1984, S. 98
122 Pieck 1994, S. 246–263
123 Natonek 2008, S. 76 f.
124 Bis März 1946 tragen in der Sowjetunion die Ministerien die Bezeichnung Volkskommissariate, im März werden die Volkskommissariate in Ministerien umbenannt, so dass aus dem Volkskommissariat für Innere Angelegenheiten (NKWD) das Ministerium für innere Angelegenheiten (MWD) wird. Das Volkskommissariat für Staatssicherheit (NKGB), das dem NKWD unterstellt ist, heißt nun Ministerium für Staatssicherheit (Ministerstwo gossudarstwennoj besopasnosti, MGB) und wird ab 1954 zum KGB.
125 Markov 2009, S. 258
126 BStU – Akte Natonek
127 BStU – Akte Natonek
128 Natonek 1962, S. 205
129 Natonek 2008, S. 101
130 BStU – Akte Natonek
131 BStU – Akte Natonek
132 Serke 1987, S. 129
133 Schulz 2009, S. 187
134 Schulz 2009, S. 205

III. Nach der Freiheit: Das Beispiel der „Belter-Gruppe"

1 Rubiner 1947, S. 334
2 Rubiner 1947, S. 334
3 Marx/Engels 1988, Band IV, S. 397
4 Lenin 1975, Band IV, S. 358
5 Stalin 1942, S. 37
6 Schroeder 2000, S. 42.
7 So funktionierte die DDR, 2. Band, 1994, S. 714.
8 Schroeder 2000, S. 41f.

Anmerkungen

9 BStU – Natonek (AP 2573/63)
10 BStU – Natonek (AP 2573/63)
11 Wettig 2012, S. 237
12 Wettig 2012, S. 241
13 Geschichte der DDR 1984, S. 113
14 Geschichte der DDR 1984, S. 95
15 Geschichte der DDR 1984, S. 296
16 UA – StuA Belter
17 BStU – Akte Belter
18 BStU – Akte Belter
19 BStU – Akte Belter
20 BStU – Akte Belter
21 BStU – Akte Belter, LPZ AP 0003 Bd 5
22 BStU – Akte Belter, LPZ AP 0003 Bd 5
23 BStU – Akte Belter, LPZ AP 0003 Bd 5
24 BStU – Akte Belter, LPZ AP 0003 Bd 5
25 Namen und Schicksale der von 1945 bis 1962 in der SBZ/DDR verhafteten und verschleppten Professoren und Studenten, hrsg. vom Verband Ehemaliger Rostocker Studenten e. V. (VERS). Reprint des überarbeiteten und erweiterten Berichts von 1962, Berlin 1994
26 Gesetz über die Hitlerjugend (01.12.1936), in: documentArchiv.de [Hrsg.], URL: http://www.documentarchiv.de/ns/1936/hj_ges.html, abgerufen am 19. April 2023
27 Adolf Hitler, Reichenberger Rede vor Kreisleitern (HJ-Angehörigen) am 2. Dezember 1938, abgedruckt im *Völkischen Beobachter* vom 4. Dezember 1938
28 https://sites.google.com/site/sozialistischeklassiker2punkt0/zetkin/zetkin-geschichte-der-arbeiterbewegung/clara-zetkin-was-die-frauen-lenin-verdanken, abgerufen am 19. März 2023
29 Rubiner 1947, S. 340
30 UA – StuA Belter
31 UA – StuA Belter
32 Pieck 1994, S. 97
33 BStU – Akte Belter, LPZ AP 0003 Bd 5
34 Schwabe 1998, S. 91
35 Geschichte der DDR, 1994S. 113 f
36 Gespräch des Autors mit Werner Gumpel

37 https://www.kas.de/c/document_library/get_file?uuid=76a77614-6803-0750-c7a7-5d3ff7c46206&groupId=252038, abgerufen am 19. April 2023
38 UA – StuA Werner Gumpel
39 UA – StuA Werner Gumpel
40 UA – StuA Werner Gumpel
41 https://www.lzt-thueringen.de/files/dj.pdf, abgerufen am 19. April 2023
42 Nothnagle 1999, S. 13–15
43 UA – StuPa Jenkner Protokoll des Gesprächs mit Professor Jenkner in Hannover am 5.3.1991 mit Dr. König und Dr. Müller,
44 Sturzo 2001, S. 86
45 Bondy, 1988, S. 84
46 Geschichte der DDR 1984, S. 99
47 UA – StuA Karl Miertschischk
48 UA – StuA Karl Miertschischk
49 UA – StuA Otto Bachmann
50 UA – StuA Otto Bachmann
51 Scharf 1996, S. 23
52 Vortrag, UA– StuA Peter Eberle
53 UA – StuA Günter Herrmann
54 Schulz 2009, S. 235
55 Schulz 2009 S, 235
56 Lenin 1979, S. 77 f.
57 SAPMO BArch, Nachlass Fred Oelßner, NY 4215/42.
58 Schulz 2009, S. 235
59 Nienhagen 2008, S. 130
60 BStU – AP Leipzig 2537/63
61 BStU – AP Leipzig 2537/63
62 Zit. n. Rottleuthner 1994, S. 21
63 Werkentin, 1997, S. 32
64 UA – StuA Helmut du Ménil
65 UA – StuA Helmut du Ménil
66 Interview des Autors mit Werner Gumpel
67 BStU – Akte Belter
68 BStU – Akte Belter
69 Kerouac 2006, S. 13
70 HAIT – Akte Belter, Protokoll der Gerichtsverhandlung

Anmerkungen

71 BStU – AP Leipzig 2537/63
72 Geschichte der DDR 1984, S. 121
73 Geschichte der DDR 1984, S. 124
74 BStU – Akte Belter
75 Geschichte der DDR 1984, S. 124
76 BStU – Akte Belter
77 https://www.ceeol.com/search/article-detail?id=303737, abgerufen am 19. April 2023
78 BStU – Akte Belter
79 BStU – Akte Belter
80 BStU – Akte Belter
81 BStU – Akte Belter
82 BStU – Akte Belter
83 BStU – Akte Belter
84 BStU – Akte Belter
85 Scharf 1996, S. 54
86 HAIT – Akte Belter
87 Lenin 1975, Band II, S. 184 f.
88 HAIT - Akte Belter
89 HAIT – Akte Belter
90 HAIT – Akte Belter
91 HAIT – Akte Belter
92 HAIT – Akte Belter
93 Kafka 1980, S.37 f.
94 HAIT – Akte Belter
95 HAIT – Akte Belter
96 HAIT – Akte Belter
97 HAIT – Akte Belter
98 HAIT – Akte Belter
99 HAIT – Akte Belter
100 HAIT – Akte Belter
101 HAIT – Akte Belter
102 HAIT – Akte Belter
103 HAIT – Akte Belter
104 HAIT – Akte Belter
105 HAIT – Akte Belter
106 HAIT – Akte Belter

Anhang

107 HAIT – Akte Belter
108 HAIT – Akte Belter
109 HAIT – Akte Belter
110 HAIT – Akte Belter
111 HAIT – Akte Belter
112 HAIT – Akte Belter
113 HAIT – Akte Belter
114 HAIT – Akte Belter
115 Scharf 1996, S. 54
116 HAIT – Akte Belter
117 HAIT – Akte Belter
118 HAIT – Akte Belter
119 HAIT – Akte Belter
120 HAIT – Akte Belter
121 Staatsarchiv der Russischen Föderation (GARF) Fond 7523, opis 76 a, delo 18, list 120-127
122 BStU – Akte Belter
123 BStU – MfS HA IX/11 SMT Bd 9
124 BStU – Akte Belter
125 Archiv Stiftung Sächsische Gedenkstätten, Korrespondenz Eltern Prof. Dr. Hans Dieter Scharf
126 BStU – MfS – HA IX/11 Bd 18 Teil 2 von 2
127 BStU – MfS – Ha IX/11 AMT Bd 20
128 BStU – Akte Belter
129 BStU – Akte Belter
130 BStU – Akte Günther Herrmann, Archiv Nummer 196/54
131 BStU – Akte Günther Herrmann, Archiv Nummer 196/54
132 Dante 2001, S. 15
133 HAIT – Akte Belter
134 Rehabilitation vom 23. Mai 1994, UL, StuA Siegfried Jenkner, Akte Belter HAIT
135 Zarusky 2006, S. 202
136 Zarusky 2006, S. 194
137 Dokumente Band IV, 1954, S. 73
138 Zit. n. Geschichte der DDR 1984, S. 149
139 Geschichte der DDR 1984, S. 149
140 Wagner 2001, S. 77

[141] Der totgeschwiegene Terror 2006, S. 18
[142] Maruhn 2003, S. 39
[143] Maruhn 2003, S. 39
[144] Gromyko 1989, S. 441
[145] Dokumente Band IV, 1954, S. 428
[146] https://www.hdg.de/lemo/bestand/objekt/dokument-erklaerung-ausnahmezustand.html, abgerufen am 12. April 2023
[147] Geschichte der DDR 1984, S. 157
[148] Einheit Heft 8 August 1953, S. 946
[149] Einheit Heft 8 August 1953, S. 947
[150] Einheit Heft 8 August 1953, S. 947
[151] Einheit Heft 8 August 1953, S. 948
[152] Einheit Heft 8 August 1953, S. 949
[153] Brecht 1995, Band XXVII, S. 346
[154] Brecht 1988, S. 310
[155] Brecht 1995, Band XXVII, S. 346 f.
[156] Müller 2005, S. 106
[157] Müller 2005, S. 106
[158] Müller 2005, S. 106

Epilog: Nur die Spitze des Eisberges: Widerstand und Tod in der frühen DDR

[1] Ernst-Wolfgang Böckenförde: Die Entstehung des Staates als Vorgang der Säkularisation, in: Recht, Staat, Freiheit, Frankfurt am Main 2006, S. 112 f.